MANUAL

ERNST WALDER

AF076050

APRENDIENDO EL

GRIEGO

DEL NUEVO TESTAMENTO

Ediciones
PUMA

Aprendiendo el griego del Nuevo Testamento
Manual

Ernst Walder Gassman

Derechos de autor:
© 2015 Ernst Walder Gassman

Hecho el Depósito Legal en la Biblioteca Nacional del Perú N° 2014-19436
ISBN N° 978-612-4252-04-4

Primera edición: marzo 2015

Categoría: Herramientas del lenguaje

Editado por:
© 2015 Centro de Investigaciones y Publicaciones (CENIP) – Ediciones Puma
Av. Arnaldo Márquez 855, Jesús María, Lima - Perú
Telf.:   (511) 423–2772
E-mail:
    Administración: puma@cenip.org
    Perú: pedidos@edicionespuma.org
    Internacional: ventas@edicionespuma.org
Web: www.edicionespuma.org
Ediciones Puma es un programa del Centro de Investigaciones y Publicaciones (CENIP)

Diseño de carátula: Henrique Martins Carvalho
Diagramación: Hansel J. Huaynate Ventocilla

Reservados todos los derechos
All rights reserved
Ninguna parte de esta publicación puede ser reproducida, almacenada o introducida en un sistema de recuperación, o transmitida de ninguna forma, ni por ningún medio sea electrónico, mecánico, fotocopia, grabación o cualquier otro, sin previa autorización de los editores.

Contenido

Introducción 5
Abreviaciones.. 7

Parte 1: Aspectos teóricos del aprendizaje del griego del Nuevo Testamento 9

1. El alfabeto griego: su pronunciación y escritura 11
2. Puntuación y acentos.. 14
3. Los sustantivos masculinos de la segunda declinación................ 16
4. Los sustantivos neutros de la segunda declinación y la declinación de la palabra «Ἰησους».. 19
5. El artículo definido 21
6. El presente indicativo activo................................... 23
7. El futuro indicativo activo 25
8. El adjetivo... 26
9. El aoristo indicativo activo 28
10. Los sustantivos femeninos de la primera declinación................. 30
11. El artículo indefinido y los adjetivos de la primera y segunda declinación.. 33
12. Los sustantivos masculinos de la primera declinación................ 35
13. Las preposiciones 37
14. El verbo «εἰμί» y su presente indicativo.......................... 40
15. La negación.. 42
16. El imperfecto indicativo activo 43
17. Los verbos contractos: aoristo y futuro........................... 44
18. Las conjunciones (parte 1) 46
19. El pronombre personal: primera y segunda persona singular........... 48
20. El pronombre personal: primera y segunda persona plural............. 50
21. Presente e imperfecto indicativo activo de los verbos contractos en -αω y -οω 51
22. Pronombres personales: tercera persona singular y plural.............. 53
23. Presente e imperfecto indicativo activo de los verbos contractos en -εω............. 54
24. Verbos compuestos 56
25. Las conjunciones (parte 2) 58
26. El tiempo «*perfecto*» (y pluscuamperfecto) 60
27. La tercera declinación (parte 1) 61
28. La tercera declinación (parte 2) 63
29. La tercera declinación (parte 3) 65
30. La voz media-pasiva 67
31. La voz pasiva del tiempo «*futuro*» y «*aoristo*» 69
32. Los verbos defectivos (o deponentes) 70
33. Los verbos mudos: labiales 72
34. Los verbos mudos: guturales 74
35. Los verbos mudos: dentales 76

36. Los pronombres demostrativos 78
37. Los pronombres indefinidos e interrogativos 79
38. Exégesis: el tiempo «*presente*» 80
39. Las palabras πας, μεγας, πολυς 81
40. El verbo «εἰμὶ» 83
41. El pronombre reflexivo 84
42. Los pronombres recíprocos y posesivos 85
43. El pronombre relativo 87
44. El adjetivo: los diferentes grupos 89
45. El adjetivo: los diferentes grados 92
46. Exégesis: los tiempos «*imperfecto*» y «*futuro*» 94
47. Exégesis: los tiempos «*aoristo*» y «*perfecto*» 95
48. Los números 96
49. El imperativo activo 98
50. El imperativo medio-pasivo 101
51. El aoristo 2 103
52. El subjuntivo 105
53. El optativo 108
54. Los verbos líquidos 109
55. El infinitivo 112
56. Los participios 115
57. El uso atributivo de los participios 119
58. El uso semítico de los participios 120
59. El uso adverbial de los participios 121
60. Los participios: aspectos varios 122
61. Los verbos en -μι: verbos nasales 124
62. Los verbos en -μι: verbos radicales 126
63. Los verbos en -μι: con reduplicación en el presente 127
64. El caso genitivo 134
65. El caso dativo 136
66. Verbos irregulares: λεγω (decir) 137
67. Verbos irregulares: ἔχω (tener) 140
68. Verbos irregulares: ἐρχομαι (venir) 142
69. Verbos irregulares: ὁραω (ver) 144
70. Verbos irregulares: ἐσθιω (comer) 146
71. Verbos irregulares: φέρω (llevar, traer) 148
72. Verbos irregulares: ἀναιρεω (matar) 150
73. Verbos irregulares varios 152
74. Verbos irregulares: verbos con -ν en el presente 153
75. Verbos irregulares: verbos con -σκ en el presente 155
76. Verbos irregulares: οἰδα (saber, conocer) 157
77. Verbos irregulares: γίνομαι (llegar a ser) 158
78. Verbos irregulares: εἰμί (ser, estar) 160

Parte 2: Ejercicios prácticos para el aprendizaje del griego del Nuevo Testamento. 161

Introducción

El contenido de este libro tiene algunas características muy específicas:

1. No se pone mucho énfasis en la pronunciación, pues sólo sirve como un marco de referencia para quienes enseñan y estudian griego. El idioma griego koiné no es un idioma hablado hoy, de modo que no tiene mucha importancia la correcta pronunciación.
2. Se enfatiza la deducción y aplicación. Como consecuencia de ello, se memorizan solamente las palabras más frecuentes; pero en los ejercicios y traducciones se encontrarán también palabras no memorizadas que pertenecen al mismo tema tratado, de manera que el estudiante podrá analizarlas y traducirlas con la ayuda de un diccionario.
3. En las traducciones se presentan, en su mayoría, oraciones con palabras ya conocidas y temas ya tratados, de modo que el estudiante tendrá la satisfacción de poder traducir sin la ayuda de muchas explicaciones adicionales. De esta manera, se logra además una repetición permanente, tanto de las palabras como de los temas. A partir del *Capítulo 23* se traducen mayormente oraciones del Nuevo Testamento. Las partes de las oraciones que no han sido transcritas del texto novotestamentario están indicadas con puntos suspensivos dentro de parentesis (...).
4. Es recomendable que las oraciones sean traducidas lo más fiel posible al texto griego en el mejor castellano posible.
5. Conforme al avance en el aprendizaje, se darán ayudas para la traducción de las oraciones. Estos pasos podrían parecer demasiado rígidos, pero se ha demostrado que ayudan a sistematizar la traducción y a obtener por lo menos una traducción básica.
6. El curso pone mucho énfasis en la práctica, por lo que no solamente se introducen los temas gramaticales, sino que para cada tema presentamos una hoja de ejercicios —mayormente de análisis de formas— y una hoja de oraciones que se deben traducir. Las introducciones a los temas se han dividido en partes tan pequeñas que debería ser posible empezar en la misma clase de introducción con los ejercicios de análisis. Es recomendable dejar el resto de los ejercicios como tarea y repasar y corregirlos en la clase siguiente.
7. En los ejercicios, las palabras deben ser analizadas para identificar las formas, determinar su léxica y traducir cada forma.
8. Al inicio de cada clase se debe realizar una prueba de diez formas, las cuales deben ser analizadas en no más de diez minutos. De esta manera, se obliga al estudiante a repasar permanentemente lo aprendido. De todos modos, es necesario establecer un límite de tiempo para dichas pruebas, porque es importante que el estudiante logre cierta velocidad al analizar las formas. De no ser así, podría demorar la traducción de las oraciones y esto retrasará el progreso del aprendizaje y la satisfacción correspondiente.
9. En este manual se usa el término "defectivo" para los verbos que carecen de una voz activa y cuya forma de voz pasiva o media se traduce con la voz activa al castellano. De esta

manera no será necesario explicar cada vez que la forma gramatical sea de voz pasiva o media, sabiendo que la traducción debe ser en voz activa. Algunos llaman también a estos verbos "deponentes".

10. En este manual se usa el término "léxica" el cual se refiere a la forma como se la encuentra en un diccionario.
11. El curso, en sí, termina en el capítulo 65. Los capítulos del 66 al 78 están dirigidos a aquellos que desean profundizar en el estudio de los verbos irregulares.

Abreviaciones

Formas	Nombre	Abreviación
Caso	Nominativo	Nom
	Genitivo	Gen
	Dativo	Dat
	Acusativo	Ac
	Vocativo	Voc
Número (Núm)	Singular	Sg
	Plural	Pl
Género (Gén)	Masculino	Masc
	Femenino	Fem
	Neutro	Neu
Modo	Indicativo	Ind
	Imperativo	Imp
	Infinitivo	Inf
	Subjuntivo	Sub
	Optativo	Opt
	Participio	Part
Voz	Activa	Act
	Pasiva	Pas
	Media	Med
	Medio-Pasiva	MP
	Defectivo	Def
Tiempo (Tiem)	Presente	Pres
	Imperfecto	Impf
	Futuro	Fut
	Aoristo	Ao
	Aoristo 2	Ao2
	Perfecto	Perf
	Pluscuamperfecto	Plusc
Persona (Pers)	Primera persona	1
	Segunda persona	2
	Tercera persona	3
Grado	Positivo	Posit
	Comparativo	Comp
	Superlativo	Super

Parte I

Aspectos teóricos del aprendizaje del griego del Nuevo Testamento

Capítulo 1

El alfabeto griego: su pronunciación y escritura

Introducción

El lenguaje sirve para la comunicación, pero se puede comunicar también sin lenguaje o con uno muy reducido. Es posible usar señas (como la policía al dirigir el tráfico), sonidos (como el llanto de los bebés) o simplemente algunas palabras (como el turista que visita un país extranjero sin conocer muy bien el idioma).

Este hecho nos hace ver que el lenguaje se adapta a la exigencia de la comunicación. Cuanto más básica es ésta, tanto más limitada es la forma del lenguaje, y viceversa, es más complicado y sensible, cuanto más profundo y filosófico es el tema. Sea en un caso o en otro, el lenguaje es un sistema de códigos —sean palabras, sean estructuras— que permiten la comunicación. Cada grupo humano constituye su propio sistema de códigos, y en la mayoría de los casos en forma no planificada. Por lo tanto, el lenguaje está en un flujo permanente para adaptarse a las nuevas situaciones de la vida.

Igual ocurrió con el griego. Este idioma forma parte de la familia lingüística indogermánica, a la cual pertenecen también el latín, el alemán, el inglés, el español, los idiomas eslavos, el sánscrito, etc., pero no el hebreo o el quechua.

El texto más antiguo en griego que se encontró, fue de la cultura de Micenas (hacia aprox. 1100 a. C.). En la época que siguió (1100 a. C.–300 a. C.), existieron varios dialectos griegos, el uno junto al otro. Los más importantes fueron: el jónico-ático (Atenas, Islas Egeas), el dórico (en el sur de Grecia actual), el eólico (en el norte) y el arcado (en el centro del Peloponeso). El ático es el llamado «*griego clásico*» de Sófocles, Eurípides, Platón y Aristóteles. El jónico es el griego de Homero.

En el imperio de Alejandro Magno (siglo IV a. C.) el griego llegó a ser lengua universal, lo cual quiere decir que fue la lengua del comercio, de la cultura, la política, la filosofía, etc. No solamente la gente culta hablaba este idioma, sino el pueblo en general. Este griego ya no era el griego clásico, sino que se basaba en el dialecto ático, y se llamaba «ἡ κοινὴ διαλεκτος», el dialecto común, o también el griego helenista. En este idioma o dialecto también están escritos todos los textos del Nuevo Testamento.

Podemos resumir entonces, diciendo que el griego del Nuevo Testamento pertenece a la misma familia lingüística que la del español, por lo cual no es tan diferente del «*sistema de códigos*» de éste para la comunicación.

El alfabeto griego está conformado por 24 letras, las cuales se derivan del alfabeto fenicio. Es importante que el alumno las aprenda. Para ello, a continuación se mostrará una tabla cuyo contenido comprende el nombre de las letras del alfabeto, tanto en español como en griego, así como las letras mayúsculas y minúsculas, su equivalente en español y su debida pronunciación en este idioma.

Nombre en español	Letra mayúscula	Letra minúscula	Equivalente en español	Pronunciación
Alpha	A	α	a	a
Beta	B	β	b	b
Gamma	Γ	γ	g	ver «*explicaciones*»
Delta	Δ	δ	d	d
Epsilon	E	ϵ	e	e
Zeta	Z	ζ	dz	dz
Eta	H	η	e	e
Theta	Θ	θ	z	t/z española
Iota	I	ι	i	i
Kappa	K	κ	k	k
Lambda	Λ	λ	l	l
Mu	M	μ	m	m
Nu	N	ν	n	n
Xi	Ξ	ξ	x	ks (como en «*taxi*»)
Omicron	O	o	o	o
Pi	Π	π	p	p
Rho	P	ρ	r	r
Sigma	Σ	σ/ς	s	s
Tau	T	τ	t	t
Upsilon	Υ	υ	u	u
Fi	Φ	φ	f	f
Ji	X	χ	j	j
Psi	Ψ	ψ	ps	ps
Omega	Ω	ω	o	o

Explicaciones

1. En la pronunciación de las letras griegas se usa el primer sonido del nombre de la letra. Alpha es una «*a*», y no hay sonido «*lpha*»; Lambda es una «*l*», y no existe un sonido «*ambda*».
2. Las siguientes letras suenan como en el castellano:
   α, β, γ, δ, ϵ, ι, κ, λ, μ, ν, o, π, ρ, σ, τ
3. Las vocales en griego son:
   α, ϵ, η, ι, o, υ, ω.
4. En griego existen dos letras «*e*»: una corta (ϵ) y otra larga (η).
5. También existen dos letras «*o*»: una corta (o) y otra larga (ω).

6. Gamma (γ) usualmente tiene un sonido fuerte como en «gato» delante de «α, ο, ω» y de la mayoría de las consonantes, y un sonido suave como en «yeso» delante de «ε, αι, η, ι, υ, ει, ου». A su vez, cuando está seguida inmediatamente por «γ, κ, ξ, χ», su pronunciación es como una «n», por lo cual se llama «gamma nasal». La palabra «ἄγγελος» es pronunciada «ányelos» o «ánguelos»; la palabra «ἄγκυρα» se pronuncia «ankura» y la palabra «ἔγχριω», «enjrio».
7. La letra «Theta» (θ) se pronunciaba probablemente como «z» en español, pero también se la puede pronunciar como «t».
8. Los diptongos son dos vocales que se pronuncian como una sola sílaba:

Diptongos			
αι	como	ai	en baile
ει	como	ei	en peine
οι	como	oi	en oigo
αυ	como	au	en australia
ου	**como**	**u**	**en sufrir**
ευ, ηυ	como	eu	en Europa
υι	como	ui	en buitre

9. Hay dos letras «s». «ς», que se escribe sólo al final de una palabra, y «σ» al inicio o dentro de la palabra. Existían más variables de letras, pero una parte se perdió a lo largo de los años, y otra fue eliminada cuando se inventó la imprenta.
10. La mayoría de las letras griegas mayúsculas son parecidas a las minúsculas, pero hay algunas que son diferentes. Éstas hay que aprenderlas con especial cuidado.
11. Se debe tener especial cuidado con las letras que tienen similar escritura entre el griego y el español. Ellas no necesariamente son las mismas:

Griego	η	υ	ρ	χ	ω
Español	n	v	p	x	w

12. El griego también tiene dos «espíritus». Toda palabra que empieza con una vocal posee un espíritu. El **Espíritu rudo** (῾) sobre la vocal inicial se pronuncia como «j». La palabra «ὑπερ» se pronuncia «juper». El **Espíritu suave** (᾿) sobre la vocal inicial no se pronuncia. La palabra «ἐπι» es pronunciada «epi». Tanto el espíritu rudo como el suave forman parte de la palabra y tienen que ser escritos.
13. Los espíritus suave y rudo, en el caso de una mayúscula, no se ponen encima de la letra, sino delante: «Ἁγαρ»
14. La consonante «ρ» al inicio de una palabra siempre lleva un espíritu rudo, pero no se pronuncia. La palabra «ῥαββι» se pronuncia «rabi».
15. Originalmente había más letras, pero salieron de uso antes del periodo clásico. En algunos casos su influencia puede aún ser sentida, especialmente en formas verbales. Una de estas letras es la **digamma**, representada por «Ϝ».

Capítulo 2

Puntuación y acentos

Introducción

El texto original del Nuevo Testamento no tenía <u>puntuación</u>, pues fue escrito juntando una palabra a otra. A pesar de esto, los lectores griegos entendían el contexto, pero no con base en la puntuación, sino en la estructura de las oraciones (gramática, sintaxis). La puntuación fue añadida para facilitar la lectura y la comprensión, pero hasta hoy se podría entender el texto sin estos signos.

La puntuación en el NT griego es como sigue:

Carácter	Coma	Punto	Punto y coma / dos puntos	Signo de interrogación
en castellano	,	.	; / :	¿ ?
griego del NT	,	.	:	;

De igual modo los <u>acentos ortográficos</u> fueron añadidos posteriormente a la redacción original del texto del NT. En las ediciones actuales el texto novotestamentario lleva estos acentos. Casi toda palabra griega lleva uno, el cual está ubicado sobre una vocal y muestra qué sílaba recibe mayor fuerza de voz.

Hay tres tipos de acentos:

agudo	´
grave	`
circunflejo	ˆ

En algunos pocos casos es importante hoy conocer los tipos de acentos para poder distinguir con mayor facilidad los diferentes significados de algunas palabras; por ejemplo:

τίς	¿quién?
-τὶς/τις	alguien, alguno/a

En este curso no se pone mucho énfasis en la distinción de los tipos de acentos, con excepción de dos casos:

1. Para marcar la atención de una palabra al leerla.
2. Para distinguir el significado de las palabras.

Explicaciones

1. **Elisión.** Si una vocal final es breve, se la puede omitir ante una palabra que empieza con una vocal. La omisión se indica por medio de un apóstrofo. La elisión se ve principalmente en preposiciones y partículas como

δι' αὐτου	=	δια αὐτου
κατ' οἰκον	=	κατα οἰκον
ἐπ' οὐρανον	=	ἐπι οὐρανον

2. **Crasis.** Esto es la unión de una palabra con la que sigue, mediante la omisión y contracción de vocales. Afecta a la conjunción και y al artículo.

   Ejemplos:

   | και | + | ἐγω | = | καγω |
   | το | + | ὀνομα | = | τουνομα |

3. **Diéresis.** Cuando dos vocales que normalmente forman un diptongo, no deben hacerlo, se pone el símbolo «¨». Esto significa que se deben pronunciar las dos vocales en forma separada.
4. No hay diferencia en la pronunciación de los distintos acentos.
5. El circunflejo se coloca encima de una vocal larga (o una sílaba que incluye sonido vocálico largo); el agudo y el grave van encima de una vocal corta (o una sílaba que incluye sonido vocálico corto).

Vocabulario

θεός (ὁ)	dios, Dios
κύριος (ὁ)	señor
ἄνθρωπος (ὁ)	hombre, ser humano
Χριστός (ὁ)	Cristo, el ungido
υἱός (ὁ)	hijo
ἀδελφός (ὁ)	hermano
λόγος (ὁ)	palabra
οὐρανός (ὁ)	cielo
νόμος (ὁ)	ley
ἄγγελος (ὁ)	ángel, mensajero
κόσμος (ὁ)	mundo, universo, tierra
ὄχλος (ὁ)	multitud
Παῦλος (ὁ)	Pablo
Πέτρος (ὁ)	Pedro
λαός (ὁ)	gente, pueblo

Traducción

Por el momento traducimos todos los sustantivos con el artículo definido, aunque debe constar que la traducción del artículo depende de si se antepone un artículo al sustantivo o no (ver *Capítulo 11*).

Capítulo 3

Los sustantivos masculinos de la segunda declinación

Introducción

En una forma muy básica, un niño puede indicar y decir a su mamá «*auto*» usando una sola palabra, y la mamá entiende que el niño está apuntando a un auto en la calle. Pero normalmente se suelen relacionar los sustantivos con otros sustantivos; por ejemplo: *El auto en la calle, El auto de mi papá*. Para relacionar los sustantivos dentro de una oración se puede, en primer lugar, establecer distintas formas de relación: a quién pertenece, dónde está, de dónde viene, con qué se hace, etc. Hay muchas posibles relaciones. En segundo lugar, se pueden establecer diferentes formas de cómo expresar esta relación: con prefijos, sufijos, posición dentro de la oración, etc. Pero teóricamente también serían posibles alternativas más raras, como: escribir cierta relación con color rojo, con otro tipo de letra, adornar la palabra con una flor, etc.

En la familia lingüística indogermánica parecen haber existido originalmente ocho diferentes relaciones o funciones:

- Función de sujeto o actor principal (de la idea)
- Función de origen o pertenencia
- Función de asignación (a quién se da)
- Función de complemento directo (un objeto que necesita el verbo para hacer sentido)
- Función de invocación (dirigirse a alguien)
- Función de localización
- Función de separación
- Función de instrumentalidad (a través de qué medio se hace algo)

Formalmente se usaban sufijos para expresar estas ocho diferentes funciones, con el nombre de <u>desinencias</u>. Las palabras tenían una raíz y terminaciones distintas, según la función.

Esta forma ha cambiado en algunos idiomas modernos, como el inglés y el español, que usan preposiciones en vez de sufijos. Por lo tanto, la persona que habla español tiene que cambiar de esquema cuando aprende griego, pero la idea básica sigue siendo la misma: usando preposiciones o sufijos, se quiere expresar cuál es la relación de un sustantivo con otra parte de la oración.

A la acción de poner diferentes sufijos para expresar la relación del sustantivo, se llama «*declinar*». En griego existen tres tipos de declinaciones. Las palabras que se rigen según <u>la primera declinación</u> terminan mayormente con las vocales -α (alfa) o -η (eta); las que se declinan según <u>la segunda declinación</u> acaban con -ος o -ον, y las de <u>la tercera declinación</u> finalizan con una consonante. Cada sustantivo griego pertenece a un solo tipo de declinación.

De igual modo, la mayoría de los sustantivos tiene sólo un género y éste nunca varía. Aunque en la primera y segunda declinación los sustantivos en su mayoría presentan el mismo género, esto no es una norma absoluta; la declinación no define el género.

Las relaciones que encontramos en griego son:
- Función de **sujeto** (caso nominativo).
- Función de **origen, pertenencia, definición, descripción** o **calificación** (caso genitivo); se traduce en español con la preposición «*de*».
- Función de **asignación/adscripción** (caso dativo); se traduce en español con la preposición «*a*».
- Función de **objeto**, que el verbo necesita para expresar un sentido (caso acusativo); se traduce en español a veces con la preposición «*a*» (si el objeto es una persona).
- Función de **invocación** (caso vocativo).

El paradigma de la segunda declinación masculina es como sigue:

Caso	Singular (Sg)	
Nominativo (Nom)	κύρι-ος	el señor
Genitivo (Gen)	κυρί-ου	del señor (de el señor)
Dativo (Dat)	κυρί-ῳ	al señor (a el señor)
Acusativo (Ac)	κύρι-ον	al señor (a el señor)
Vocativo (Voc)	κύρι-ε	¡señor!

Caso	Plural (Pl)	
Nominativo (Nom)	κύρι-οι	los señores
Genitivo (Gen)	κυρί-ων	de los señores
Dativo (Dat)	κυρί-οις	a los señores
Acusativo (Ac)	κυρί-ους	a los señores
Vocativo (Voc)	κύρι-οι	¡señores!

Explicaciones

1. El nuevo método histórico-científico por el cual el griego ha sido estudiado en años recientes, ha descubierto que el grupo idiomático al cual pertenece este idioma, tenía originalmente ocho casos; cada uno con su desinencia: nominativo, vocativo, genitivo, dativo, acusativo, locativo, instrumental y ablativo.

   En el griego se ha reducido el número de casos a cinco, y en los idiomas modernos aún más.

2. Si el sustantivo en caso acusativo es una persona, la traducción al castellano se hace con la preposición «*a*»: Yo amo a mi mujer.

   Si el sustantivo en caso acusativo *no* es una persona, la traducción al castellano se hace *sin* la preposición «*a*»: Yo uso un tenedor para comer.

3. La forma léxica es la forma de la palabra como aparece en el diccionario. La forma léxica de los sustantivos es idéntica al nominativo singular

4. La «*i*» debajo de una vocal (ᾳ) se llama «*iota suscrita*» e identifica una «*i escondida*».

5. En griego los nombres de personas llevan el artículo definido, pero en castellano los nombres propios no lo hacen (ὁ Παῦλος = Pablo).

6. Existen algunos sustantivos de la segunda declinación que no son masculinos sino femeninos (ver vocabulario del *Capítulo 12*).
7. También existen algunos sustantivos «*contractos*» de la segunda declinación. Se llaman así porque sus vocales se contraen y ya no aparece la palabra en la forma que se espera. La palabra más frecuente es ὁ νοῦς (la mente, la razón) cuya declinación es como sigue:

Caso	Singular (Sg)	Plural (Pl)
Nominativo (Nom)	νοῦς	νοῖ
Genitivo (Gen)	νοῦ	νῶν
Dativo (Dat)	νῷ	νοῖς
Acusativo (Ac)	νοῦν	νοῦς

Vocabulario

δοῦλος (ὁ)	siervo, esclavo
οἶκος (ὁ)	casa
ὀφθαλμός (ὁ)	ojo
φαρισαῖος (ὁ)	fariseo
ἄρτος (ὁ)	pan
τόπος (ὁ)	lugar
θάνατος (ὁ)	muerte
ἀπόστολος (ὁ)	apóstol, enviado
καιρός (ὁ)	tiempo
πρεσβύτερος (ὁ)	anciano
καρπός (ὁ)	fruta
θρόνος (ὁ)	trono
λίθος (ὁ)	piedra

Capítulo 4

Los sustantivos neutros de la segunda declinación y la declinación de la palabra «'Ιησους»

Introducción

Segunda declinación de los sustantivos neutros

En castellano todos los sustantivos que se refieren a los hombres o a la mayoría de animales machos son del género masculino; los que denotan mujeres o animales hembras, mayoritariamente, son del género femenino; y todos los demás sustantivos son del género neutro. Pero en griego la regla no es tan simple y clara: en este idioma «*el niño*» tiene el género neutro «τέκνον, παιδίον».

Todos los sustantivos que en el nominativo singular terminan en «-ον» son sustantivos neutros.

La declinación de los sustantivos neutros de la segunda declinación es como sigue:

Caso	Singular (Sg)	Plural (Pl)
Nominativo (Nom)	τέκνον	τέκνα
Genitivo (Gen)	τέκνου	τέκνων
Dativo (Dat)	τέκνῳ	τέκνοις
Acusativo (Ac)	τέκνον	τέκνα
Vocativo (Voc)	τέκνον	τέκνα

Declinación de la palabra «'Ιησοῦς»

La palabra 'Ιησοῦς tiene una pequeña modificación de la segunda declinación: no presenta formas separadas del vocativo y dativo; ambos siguen la forma del genitivo.

Nominativo (Nom)	'Ιησοῦς	Jesús
Genitivo (Gen)	'Ιησοῦ	de Jesús
Dativo (Dat)	'Ιησοῦ	a Jesús
Acusativo (Ac)	'Ιησοῦν	a Jesús
Vocativo (Voc)	'Ιησοῦ	¡Jesús!

Explicaciones

1   Los casos nominativo y acusativo (y vocativo) tienen las mismas desinencias, de modo que recién en la traducción se sabe si un determinado sustantivo está en nominativo (= sujeto) o acusativo (= objeto).

2   A veces **los sujetos plurales neutros son seguidos por el verbo singular**. En otras palabras, el sujeto plural neutro es tratado como si fuese un sustantivo colectivo singular. Esta regla se aplica más a sustantivos que representan a un objeto y menos en caso de referirse a una persona.

Ej.: «*Los recipientes* **es** *de color rojo*», en vez de «*Los recipientes* **son** *de color rojo*».

Vocabulario

ἔργον (τό)	trabajo
τέκνον (τό)	niño
πρόσωπον (τό)	la cara
εὐαγγέλιον (τό)	evangelio
σημεῖον (τό)	señal
πλοῖον (τό)	bote
ἱερόν (τό)	templo
ἱμάτιον (τό)	ropa
δαιμόνιον (τό)	demonio
σάββατον (τό)	día de reposo (*sabat*)
παιδίον (τό)	niño
θηρίον (τό)	bestia, fiera
μνημεῖον (τό)	tumba
πρόβατον (τό)	oveja

Capítulo 5

El artículo definido

Introducción

Tanto en griego como en español, cada sustantivo pertenece a un género. En griego hay tres géneros; en español conocemos mayormente dos (en alemán existen tres; en inglés, uno). Cada sustantivo pertenece a un género en un determinado idioma, lo cual no significa que necesariamente sea del mismo género en otro idioma. Por ejemplo, el sol en español pertenece al género masculino, y la luna al femenino, mientras que en alemán es al revés.

El artículo define a qué género pertenece un determinado sustantivo.

No se debe confundir el género con la declinación. Aunque en la segunda y primera declinación las desinencias del artículo (que expresa el género) y el sustantivo (que está formado por la declinación) son casi idénticas, son dos aspectos distintos. Por lo tanto, podemos encontrar también sustantivos de la segunda declinación que tienen un artículo femenino, y en este caso ya no hay concordancia en la forma.

En los diccionarios griego-español siempre se indica el género del respectivo sustantivo poniendo el artículo correspondiente entre paréntesis: ἄνθρωπος (ὁ).

El artículo definido es el **único** artículo en griego. No existe artículo indefinido como en castellano (el árbol, un árbol). Por esta razón, podemos referirnos al artículo definido simplemente como «*artículo*».

El artículo tiene caso, número y género, y siempre va en concordancia con el sustantivo que modifica; es decir, si un sustantivo es nominativo, singular, masculino (ἄνθρωπος), el artículo que modifica estará en nominativo, singular, masculino (ὁ).

Las formas que van con los sustantivos en el género masculino son como siguen:

Caso	Masc/Sg	Masc/Pl
Nominativo (Nom)	ὁ (υἱός)	οἱ (υἱοί)
Genitivo (Gen)	τοῦ (υἱοῦ)	τῶν (υἱῶν)
Dativo (Dat)	τῷ (υἱῷ)	τοῖς (υἱοῖς)
Acusativo (Ac)	τὸν (υἱὸν)	τοὺς (υἱοὺς)

El artículo que va con el sustantivo neutro se declina como sigue:

Caso	Neu/Sg	Neu/Pl
Nominativo (Nom)	τὸ (τέκνον)	τὰ (τέκνα)
Genitivo (Gen)	τοῦ (τέκνου)	τῶν (τέκνων)
Dativo (Dat)	τῷ (τέκνῳ)	τοῖς (τέκνοις)
Acusativo (Ac)	τὸ (τέκνον)	τὰ (τέκνα)

Explicaciones

1. El artículo no es idéntico a la declinación. Mientras que la declinación es una forma de definir los casos, y por lo tanto define la función del sustantivo dentro de la oración, el artículo define el género.

ὁ υἱός	=	sustantivo masculino / segunda declinación
τὸ ἔργον	=	sustantivo neutro / segunda declinación
ὁ προφήτης	=	sustantivo masculino / primera declinación
τὸ ἔθνος	=	sustantivo neutro / tercera declinación

2. Los nombres propios en griego llevan el artículo definido, mientras que en castellano no llevan artículo:

ὁ Παῦλος	=	Pablo
τῷ Παύλῳ	=	a Pablo

Capítulo 6

El presente indicativo activo

Introducción

El presente indicativo activo en griego es básicamente de la misma forma que en castellano. Describe una acción que usualmente ocurre en el presente.

El presente indicativo activo es la primera forma verbal que se trata en este curso. Con este tema empezamos a tocar una de las bases de la oración, que es el **verbo conjugado**. Esta forma expresa la acción principal de la oración, pudiendo ser acompañada por otras acciones subordinadas.

El verbo conjugado está compuesto por dos partes: el **tema verbal** (la raíz) y la **desinencia** (sufijo). El tema verbal es la forma simple del verbo y constituye el fundamento de su inflexión. La desinencia es la terminación propia y sirve para distinguir parte del tiempo, la persona, el número y la voz.

Uno de los elementos de la gramática griega que se debe conocer en esta lección es que si una oración no contiene una palabra en el mismo nominativo (es decir, no hay sujeto visible), el sujeto está incluido en el mismo verbo, es **tácito**. Igual como en castellano, el verbo no necesita ser acompañado por el pronombre personal respectivo para ser completo; la desinencia identifica suficientemente la persona y el número.

A continuación se presenta el paradigma del presente indicativo activo:

Núm	Pers	Presente (Pres)/Indicativo (Ind)/Activo (Act)	
Sg	1	λύ-ω	yo estoy desatando/yo desato
	2	λύ-εις	tú estás desatando/tú desatas
	3	λύ-ει	él está desatando/él desata
Pl	1	λύ-ομεν	nosotros estamos desatando/nosotros desatamos
	2	λύ-ετε	ustedes están desatando/ustedes desatan
	3	λύ-ουσι(ν)	ellos están desatando/ellos desatan

Explicaciones

1. Al final de la tercera persona plural podemos encontrar una «*ν movible*», la cual algunas veces puede encontrarse omitida.
2. El tema verbal es importante porque lleva consigo el significado de la palabra. La mayoría de los cambios están en la desinencia del verbo, pero también hay cambios al principio del verbo y muchas veces en el tema mismo.
3. Los verbos cuyos temas verbales terminan en -υ/-ι se llaman «*verba vocalia*».
4. La traducción de la segunda persona plural en nuestro paradigma es conforme a la traducción en castellano. En español debería ser con «*vosotros*» o con «*ustedes*».
5. La forma léxica es la forma de la palabra como aparece en el diccionario. La forma léxica de los verbos en griego es la **primera persona singular de presente indicativo activo**. En castellano la forma léxica de los verbos es la forma del infinitivo (cantar).

Hay algunas excepciones para los verbos que carecen de esta forma.

Vocabulario

πιστεύω	creer
ἀκούω	escuchar
λύω	desatar
περισσεύω	abundar
θεραπεύω	sanar
κλαίω	llorar
κελεύω	mandar
βασιλεύω	reinar
δουλεύω	servir, ser esclavo

Traducción

Para expresar una idea es indispensable un «*actor*», que hace, siente, piensa, etc., y también es necesaria una acción. El actor está representado por el sujeto (por lo tanto se encuentra en caso nominativo) y la acción se halla representada por el verbo conjugado. Una oración completa básica sería, por ejemplo: «*Él come*».

➢ Para traducir una oración se traduce primero el *verbo conjugado*.

➢ En segundo lugar se busca y traduce el *sujeto*. Para determinar el sujeto, se buscan todos los nominativos. A veces no se encuentra un nominativo. En este caso, el sujeto es tácito, lo cual quiere decir que está incluido en la forma del verbo conjugado. Lo mismo sucede en castellano.

Ejemplo: «*Ayer no llamaste*». (No es necesario decir: «*Ayer tú no llamaste*»).

➢ Ya que las formas del nominativo de los sustantivos neutros son idénticos con las formas del acusativo, hay que definir si la forma cumple el rol de sujeto (= nominativo) o de objeto (= acusativo)

➢ El genitivo especifica un sustantivo (o pronombre); por lo tanto, debe ser traducido junto con el sustantivo (pronombre) respectivo.

Capítulo 7

El futuro indicativo activo

Introducción

El tiempo futuro en griego tiene el mismo significado que en castellano: describe una acción que ocurrirá en el futuro; señala generalmente lo que sucederá.

A continuación se presenta el paradigma del futuro indicativo activo:

Núm	Pers	Futuro (Fut)/Indicativo (Ind)/Activo (Act)	
Sg	1	λύ-σ-ω	(yo) desataré
	2	λύ-σ-εις	(tú) desatarás
	3	λύ-σ-ει	(él) desatará
Pl	1	λύ-σ-ομεν	(nosotros) desataremos
	2	λύ-σ-ετε	ustedes desatarán
	3	λύ-σ-ουσιν	(ellos) desatarán

Explicaciones

1. El tiempo futuro se forma insertando una «σ», que es «*el signo del futuro*» entre el tema verbal y la desinencia del presente:

λυ	+	σ	+	ω
Tema verbal		Signo del futuro		Desinencia del presente

2. El verbo «κλαίω» (y también «καίω») cambia su tema verbal en el futuro y demás tiempos. Sólo mantiene su forma original en el presente e imperfecto. En los otros tiempos la «ι» (iota) cambia a «υ» (úpsilon). Así, sus formas en el futuro son:

Futuro de κλαίω	Futuro de καίω
κλαύσω	καύσω
κλαύσεις	καύσεις
κλαύσει	καύσει
κλαύσομεν	καύσομεν
κλαύσετε	καύσετε
κλαύσουσιν	καύσουσιν

Capítulo 8

El adjetivo

Introducción

Los adjetivos son el grupo de palabras que especifican un aspecto de un sustantivo; por lo tanto, se los usa en relación con nombres o sustantivos. Es importante recordar que los adjetivos, igual como en el caso de los artículos, tienen que concordar con los sustantivos en cuanto a número, género y caso.

Además se usa el adjetivo de tres diferentes modos:
- Uso atributivo (se aclara algo sobre el sustantivo adjunto)
- Uso sustantivado (el adjetivo se transforma en sustantivo)
- Uso predicativo (se afirma algo del sustantivo formando una oración)

Uso atributivo

En este uso el adjetivo tiene dos posiciones en relación con el sustantivo: está entre el artículo y el sustantivo o después de éste, pero se debe repetir el artículo. La traducción al castellano es la misma.

| ὁ ἀγαθος ἀνθρωπος | el hombre bueno/el buen hombre |
| ὁ ἀνθρωπος ὁ ἀγαθος | |

Uso sustantivado

En este uso el adjetivo lleva un artículo y es considerado un sustantivo. El artículo puede ser masculino o neutro (y posteriormente también femenino).

ὁ ἀγαθος	el bueno
του ἀγαθου	del bueno
τῳ ἀγαθῳ	al bueno
οἱ ἀγαθοι	los buenos
το ἀγαθον	lo bueno
τα ἀγαθα	los buenos

Uso predicativo

El uso predicativo se tratará junto con el verbo «*ser/estar*».

Explicaciones

1. El adjetivo es un «*atributo*». Esto quiere decir que explica algo sobre un sustantivo. En griego hay otras formas que pueden estar en «*posición atributiva*»; es decir que especifican algo sobre el sustantivo. Todos los atributos, sean adjetivos, participios, pronombres, frases, etc., están entre el artículo y el sustantivo, o después de éste, repitiéndose el artículo.

2. En el diccionario (= forma léxica) se anota primero el adjetivo en su forma de nominativo, masculino, singular. Además se añaden las desinencias del nominativo de los otros dos géneros. De esta manera se sabe a qué declinación pertenece un determinado adjetivo.
ἀγαθος, -η, -ον
3. Los adjetivos deben concordar con el sustantivo en número, caso y género, pero pueden ser distintos en cuanto a la declinación.

Vocabulario

ἀγαθός	bueno
ἀγαπητός	amado
ἅγιος	santo, dedicado
αἰώνιος	eterno
ἄλλος	otro
δίκαιος	justo
ἕκαστος	cada uno
ἕτερος	otro
ἴδιος	propio
ἰουδαῖος	judío
καλός	bueno
νεκρός	muerto
ὅλος	entero, completo
πιστός	fiel
πονηρός	malvado, cruel
πρῶτος	primero

Capítulo 9

El aoristo indicativo activo

Introducción

El aoristo expresa una acción pasada en su forma más simple, no distinguiendo entre acción completa e incompleta; no significa nada en cuanto a conclusión, sino que simplemente presenta la acción terminada como un «*punto*» en el pasado. Por lo tanto, muestra dos características: una acción en el pasado y otra que se reduce a un punto (la acción comienza y concluye en un solo acto).

Para expresar el aspecto temporal pasado, las formas del aoristo llevan un tipo de «*prefijo*» que se llama «*aumento*». Este «*aumento*» se caracteriza por la letra «ε» y es a la vez la característica de todos los tiempos pasados. El tema verbal, o «*raíz*», es igual como en las formas que ya conocemos. Además se agregan las desinencias características del aoristo, tal como se puede ver en el paradigma.

Para traducir las formas del aoristo al castellano, se debe saber que le corresponde el «*pretérito indefinido*».

A continuación se presenta el paradigma del aoristo indicativo activo:

Núm	Pers	Aoristo (Ao)/Indicativo (Ind)/Activo (Act)	
Sg	1	ἔλυσα	(yo) desaté
	2	ἔλυσας	(tú) desataste
	3	ἔλυσε (ν)	(él) desató
Pl	1	ἐλύσαμεν	(nosotros) desatamos
	2	ἐλύσατε	Ustedes desataron
	3	ἔλυσαν	(ellos) desataron

Explicaciones

1. El tiempo «*aoristo*» se forma insertando la sílaba «σα», que es «*el signo del aoristo*» entre el tema verbal y las desinencias:

ἐ	+	λυ	+	σα	+	ς
Aumento		Tema verbal		Signo del aoristo		Desinencia del aoristo

2. Si un verbo empieza con vocal, esta, al unirse con el aumento, se alarga y resulta otra forma.

α	+	ε	=	η
ε	+	ε	=	η/ει
ει	+	ε	=	η
ευ	+	ε	=	-/ηυ

ο	+	ε	=	ω
οι	+	ε	=	ῳ
αι	+	ε	=	ῃ
αυ	+	ε	=	ηυ

3. Si el verbo empieza con «-ι» o «-υ», no hay un aumento visible. Solamente la desinencia hace ver a qué tiempo pertenece la forma.
4. La forma léxica sigue siendo la primera persona singular del presente indicativo activo.

Capítulo 10

Los sustantivos femeninos de la primera declinación

Introducción

Al introducir el tema sobre sustantivos (*Capítulo 3*) empezamos diciendo que éstos tienen tres tipos de declinación; esto quiere decir que hay tres formas de establecer las desinencias. El curso se inició con los sustantivos de la segunda declinación, los cuales son en su mayoría del género masculino o neutro, y cuyo tema principal termina en «o». Los sustantivos de la tercera declinación se tratarán posteriormente.

El tema principal de los sustantivos de la primera declinación termina mayormente en «η» (ἀρχη) o «α» (ἡμερα).

Los paradigmas de la primera declinación son de la siguiente manera:

Sustantivo que termina en -η

Caso	Singular (Sg)		Plural (Pl)	
Nominativo (Nom)	κεφαλή	la cabeza	κεφαλαί	las cabezas
Genitivo (Gen)	κεφαλῆς	de la cabeza	κεφαλῶν	de las cabezas
Dativo (Dat)	κεφαλῇ	a la cabeza	κεφαλαῖς	a las cabezas
Acusativo (Ac)	κεφαλήν	la cabeza	κεφαλάς	las cabezas
Vocativo (Voc)	κεφαλή	¡cabeza!	κεφαλαί	¡cabezas!

Sustantivo que termina en -εα, -ια, -ρα

Caso	Singular (Sg)		Plural (Pl)	
Nominativo (Nom)	ἐκκλησία	la iglesia	ἐκκλησίαι	las iglesias
Genitivo (Gen)	ἐκκλησίας	de la iglesia	ἐκκλησιῶν	de las iglesias
Dativo (Dat)	ἐκκλησίᾳ	a la iglesia	ἐκκλησίαις	a las iglesias
Acusativo (Ac)	ἐκκλησίαν	la iglesia	ἐκκλησίας	las iglesias
Vocativo (Voc)	ἐκκλησία	¡iglesia!	ἐκκλησίαι	¡iglesias!

Tema principal que termina en otras consonantes, que no sean -ρ

Caso	Singular (Sg)		Plural (Pl)	
Nominativo (Nom)	γλῶσσα	la lengua	γλῶσσαι	las lenguas
Genitivo (Gen)	γλώσσης	de la lengua	γλωσσῶν	de las lenguas
Dativo (Dat)	γλώσσῃ	a la lengua	γλώσσαις	a las lenguas
Acusativo (Ac)	γλῶσσαν	la lengua	γλώσσας	las lenguas
Vocativo (Voc)	γλῶσσα	¡lengua!	γλῶσσαι	¡lenguas!

Los sustantivos de la primera declinación que se introducen en este capítulo, son todos del género femenino.

Los sustantivos femeninos también tienen sus artículos definidos, y éstos son muy similares a las desinencias de los sustantivos:

Caso	Singular (Sg)	Plural (Pl)
Nominativo (Nom)	ἡ	αἱ
Genitivo (Gen)	τῆς	τῶν
Dativo (Dat)	τῇ	ταῖς
Acusativo (Ac)	τὴν	τάς

Explicaciones

1. Los artículos definidos deben concordar por supuesto en número, género y caso con el sustantivo al que está conectado.
2. El genitivo singular y el acusativo plural de los sustantivos cuyo tema principal termina en -εα, -ια, -ρα son idénticos morfológicamente. Por ello, se debe ver el artículo correspondiente, si lo hay, para saber qué caso es.

Vocabulario

ἀγάπη (ἡ)	amor
ἀληθεία (ἡ)	verdad
ἁμαρτία (ἡ)	pecado
ἀρχή (ἡ)	principio, inicio
βασιλεία (ἡ)	reino
γῆ (ἡ)	tierra
γλῶσσα (ἡ)	lengua
γραφή (ἡ)	escritura
δικαιοσύνη (ἡ)	justicia, justificación
δόξα (ἡ)	gloria
εἰρήνη (ἡ)	paz
ἐκκλησία (ἡ)	iglesia, asamblea
ἐντολή (ἡ)	mandamiento
ἐξουσία (ἡ)	autoridad
ἐπαγγελία (ἡ)	promesa
ἡμέρα (ἡ)	día
θάλασσα (ἡ)	mar
ζωή (ἡ)	vida
καρδία (ἡ)	corazón
κεφαλή (ἡ)	cabeza
οἰκία (ἡ)	casa

παραβολή (ἡ)	parábola
σοφία (ἡ)	sabiduría
συναγωγή (ἡ)	sinagoga
φωνή (ἡ)	voz
χαρά (ἡ)	gozo
ψυχή (ἡ)	vida, alma
ὥρα (ἡ)	hora

Capítulo 11

El artículo indefinido y los adjetivos de la primera y segunda declinación

El artículo indefinido

Como se mencionó en el *Capítulo 5*, el griego tiene un sólo artículo: el artículo definido. Tiene para cada género su propia forma (*Capítulos 5 y 10*).

Si el sustantivo *no* tiene artículo, se debe considerar que es un *sustantivo indefinido*. Estos sustantivos se traducen al castellano con los artículos indefinidos «*un, una, unos, unas*», o «*algún, alguna, algunos, algunas*».

| ὁ δοῦλος | el siervo |
| τῇ καρδίᾳ | al corazón |

| αἱ κεφαλαί | las cabezas |
| τῶν ἀνθρώπων | de los hombres |

| δοῦλος | un/algún siervo |
| καρδίᾳ | a un/algún corazón |

| κεφαλαί | (unas/algunas) cabezas |
| ἀνθρώπων | de (unos/algunos) hombres |

Los adjetivos de la primera y segunda declinacion

Los adjetivos no sólo aparecen en género masculino, sino también en femenino. Igual como en el género masculino y neutro, los adjetivos en femenino están ubicados en los mismos sitios en cuanto a artículo y sustantivo, y también pueden ser sustantivados.

Se pueden diferenciar tres diferentes grupos de adjetivos: uno cuyo tema de la forma femenina termina en -α, otro cuyo tema de la forma femenina termina en -η, y el tercer grupo que tiene las mismas formas de los adjetivos para el género masculino y femenino.

Primer grupo (femenino, termina en -α)

Caso	Sg/Masc	Sg/Neu	Sg/Fem	Pl/Masc	Pl/Neu	Pl/Fem
Nom	ἅγιος	ἅγιον	ἁγία	ἅγιοι	ἅγια	ἅγιαι
Gen	ἁγίου	ἁγίου	ἁγίας	ἁγίων	ἁγίων	ἁγίων
Dat	ἁγίῳ	ἁγίῳ	ἁγίᾳ	ἁγίοις	ἁγίοις	ἁγίαις
Ac	ἅγιον	ἅγιον	ἁγίαν	ἁγίους	ἅγια	ἁγίας
Voc	ἅγιε	ἅγιον	ἁγία	ἅγιοι	ἅγια	ἅγιαι

Segundo grupo (femenino, termina en -η)

Caso	Sg/Masc	Sg/Neu	Sg/Fem	Pl/Masc	Pl/Neu	Pl/Fem
Nom	καλός	καλόν	καλή	καλοί	καλά	καλαί
Gen	καλοῦ	καλοῦ	καλῆς	καλῶν	καλῶν	καλῶν
Dat	καλῷ	καλῷ	καλῇ	καλοῖς	καλοῖς	καλαῖς
Ac	καλόν	καλόν	καλήν	καλούς	καλά	καλάς
Voc	καλέ	καλόν	καλή	καλοί	καλά	καλαί

Tercer grupo (femenino y masculino, idéntico)

Caso	Sg/Masc	Sg/Neu	Sg/Fem	Pl/Masc	Pl/Neu	Pl/Fem
Nom	ἄφθαρτος	ἄφθαρτον	ἄφθαρτος	ἄφθαρτοι	ἄφθαρτα	ἄφθαρτοι
Gen	ἀφθάρτου	ἀφθάρτου	ἀφθάρτου	ἀφθάρτων	ἀφθάρτων	ἀφθάρτων
Dat	ἀφθάρτῳ	ἀφθάρτῳ	ἀφθάρτῳ	ἀφθάρτοις	ἀφθάρτοις	ἀφθάρτοις
Ac	ἄφθαρτον	ἄφθαρτον	ἄφθαρτον	ἀφθάρτους	ἄφθαρτα	ἀφθάρτους
Voc	ἄφθαρτε	ἄφθαρτον	ἄφθαρτε	ἄφθαρτοι	ἄφθαρτα	ἄφθαρτοι

Explicaciones

1. Un adjetivo sustantivado en género neutro se puede traducir con «*lo*»:

το ἀγαθον	lo bueno

   Pero es mucho mejor interpretar este término «*lo*», que representa una cosa, y decir:

το ἀγαθον	la cosa buena/la buena cosa

   El plural sería:

τα ἀγια	las cosas santas

2. El adjetivo sustantivado puede tener todos los géneros, números y casos, al igual que los sustantivos.

3. Si la última letra de la raíz del adjetivo es una vocal o la consonante ρ, la forma femenina termina con la letra α. Si la raíz acaba con una consonante (excepto ρ), la forma femenina finaliza con la letra η.

Capítulo 12

Los sustantivos masculinos de la primera declinación

Introducción

Este grupo nos muestra claramente la diferencia entre género y declinación, porque los sustantivos de esta categoría llevan el artículo masculino con sus declinaciones, mientras que las desinencias de los sustantivos muestran en su mayoría las características de la primera declinación.

Los sustantivos masculinos de la primera declinación terminan en -ης o en -ας.

El paradigma es como sigue:

Termina en -ης

Caso	Singular (Sg)			Plural (Pl)		
Nom	ὁ	προφήτης	el profeta	οἱ	προφῆται	los profetas
Gen	τοῦ	προφήτου	del profeta	τῶν	προφητῶν	de los profetas
Dat	τῳ	προφήτῃ	al profeta	τοῖς	προφήταις	a los profetas
Ac	τὸν	προφήτην	al profeta	τούς	προφήτας	a los profetas
Voc		προφῆτα	¡profeta!		προφῆται	¡profetas!

Termina en -ας

Caso	Singular (Sg)			Plural (Pl)		
Nom	ὁ	νεανίας	el joven	οἱ	νεανίαι	los jóvenes
Gen	τοῦ	νεανίου	del joven	τῶν	νεανιῶν	de los jóvenes
Dat	τῷ	νεανίᾳ	al joven	τοῖς	νεανίαις	a los jóvenes
Ac	τὸν	νεανίαν	al joven	τούς	νεανίας	a los jóvenes
Voc		νεανία	¡joven!		νεανίαι	¡jóvenes!

Explicaciones

1. La desinencia del genitivo singular es igual que la segunda declinación (-ου).
2. En algunos casos el vocativo singular de los sustantivos que terminan en -ης puede ser -η (en vez de -α).
3. Los nombres propios sólo tienen una forma en singular.

4. El genitivo de algunos nombres propios no es -ου, sino más bien -α; por ejemplo:

Nom	Ἰούδας	Judas
Gen	Ἰούδα	de Judas
Dat	Ἰούδα	a Judas
Ac	Ἰούδαν	a Judas
Voc	Ἰούδα	¡Judas!

5. Muchos sustantivos que representan una función o una profesión pertenecen a este grupo:

κριτης	juez
στρατιωτης	soldado
τελωνης	publicano
κλεπτης	ladrón

6. Hay que poner mayor énfasis en la desinencia del nominativo singular de este grupo de sustantivos porque se parece al genitivo singular de algunos sustantivos femeninos (ἀγαπης). Si el sustantivo en el texto está acompañado por su artículo, no hay mucho problema porque el artículo ayuda a definir el caso. De todos modos el diccionario ayuda a definirlo.

7. Hay también algunos sustantivos *femeninos de la segunda declinación*:

ἡ ὁδός	camino
ἡ ἄμπελος	vid
ἡ παρθένος	virgen

8. En sustantivos como Ἰουδας se debe tomar en cuenta que las formas del genitivo y del vocativo son idénticas.

Vocabulario

προφήτης (ὁ)	profeta
μαθητής (ὁ)	discípulo
Σατανᾶς (ὁ)	Satanás
Ἰωάν(ν)ης (ὁ)	Juan
Ἰούδας (ὁ)	Judas
Ἡρώδης (ὁ)	Herodes
Ἡλίας (ὁ)	Elías
Μωϋσῆς (ὁ)	Moisés

Capítulo 13

Las preposiciones

Introducción

Las preposiciones conforman un grupo de palabras inflexibles, lo cual quiere decir que sus formas no se modifican por declinación o conjugación.

El propósito de las preposiciones es determinar o definir la relación entre los sustantivos o partes de la oración. La misma función cumplen los casos de los sustantivos, pero es un uso más culto y desarrollado. Una de las diferencias entre el griego clásico y el griego koiné es justamente ésta: el primero usaba a menudo las declinaciones de los sustantivos para expresar su relación con otro sustantivo, mientras que el segundo en muchas ocasiones reemplazaba los casos por preposiciones. Para nosotros, este uso es más fácil porque los idiomas modernos han simplificado de la misma manera la relación entre los sustantivos y estamos acostumbrados al empleo de preposiciones.

Cada preposición exige que el sustantivo que le sigue tenga un caso determinado (genitivo, dativo o acusativo), pero, por estar dentro del conjunto «*preposición-sustantivo*», este sustantivo no tiene que ser traducido al castellano necesariamente con la característica del caso, sino conforme a lo que exige el idioma castellano.

Se trata de agrupar las preposiciones en tres grupos:

1. Las preposiciones que tienen un solo caso

ἐν	+ Dativo	en
συν	+ Dativo	con
εἰς	+ Acusativo	a, hacia, en
ἀπο	+ Genitivo	de, desde
ἐκ / ἐξ	+ Genitivo	de
προ	+ Genitivo	delante de, antes de
ἀντι	+ Genitivo	en lugar de, por
ἀνα	+ Acusativo	en medio de

2. Las preposiciones que tienen dos casos

δια	+ Genitivo	por medio de, por
	+ Acusativo	por causa de
κατα	+ Genitivo	contra, de lo alto de
	+ Acusativo	según
μετα	+ Genitivo	con
	+ Acusativo	después de
περι	+ Genitivo	acerca de
	+ Acusativo	alrededor de, cerca de

ὑπερ	+ Genitivo	por, para, en favor de
	+ Acusativo	más allá de, superior a
ὑπο	+ Genitivo	por
	+ Acusativo	debajo de

3. Las preposiciones que tienen tres casos

ἐπι	+ Genitivo	sobre, en, a
	+ Dativo	sobre, en, a
	+ Acusativo	sobre, en, a
παρα	+ Genitivo	de
	+ Dativo	junto a, al lado de
	+ Acusativo	junto a, a lo largo de
προς	+ Genitivo	a favor de
	+ Dativo	a, cerca de
	+ Acusativo	a, hacia

Vocabulario

Es idéntico a *Las preposiciones que tienen un solo caso* (ver punto 1).

Explicaciones

1. ἐκ / ἐξ:

   Se escribe «ἐκ» si le sigue una palabra que empieza con consonante.

   Se escribe «ἐξ» si le sigue una palabra que empieza con vocal.

2. Si el sustantivo que le sigue tiene al inicio una vocal, la preposición pierde su vocal final, y ésta es reemplazada por un apóstrofo (').

   ἀπ' οὐρανου

3. Solamente las dos preposiciones προ y περι se salvan de esta regla y mantienen su vocal final.

4. En algunos casos la preposición pierde su vocal final, y además la vocal inicial del sustantivo que le sigue tiene un espíritu rudo; en este caso «*se suaviza*» la consonante de la preposición. Ejemplos:

μετά ἁμαρτίας	(μετ' ἁμαρτίας)	μεθ' ἁμαρτίας
ἐπί υἱῷ	(ἐπ' υἱῷ)	ἐφ' υἱῷ
ἀπό ἁγίου	(ἀπ' ἁγίου)	ἀφ' ἁγίου

5. Hasta ahora siempre traducíamos el caso genitivo con la preposición «*de*» al castellano y el caso dativo con la preposición «*a*». Esta regla no se aplica en el caso de las preposiciones. El sustantivo que sigue a la preposición tiene su caso debido a la preposición.

   μεθ' ἁμαρτιας no se traduce «*con de pecado*», sino solamente «*con pecado*».

Traducción

Los pasos para la traducción son los siguientes:
1. Buscar y traducir el verbo conjugado.
2. Buscar y traducir el sujeto (nominativo o tácito).
3. Buscar y traducir las partes preposicionales (la preposición más las palabras determinadas por ella).
4. Todo el resto de la oración.

Capítulo 14

El verbo «εἰμί» y su presente indicativo

Introducción

El verbo «εἰμί» se utiliza en griego para los dos verbos en castellano «*ser*» y «*estar*». Conforme al contexto se tienen que traducir las formas del verbo «εἰμί» con las formas castellanas del verbo «*ser*» o con las de «*estar*».

El presente indicativo del verbo «εἰμί» presenta el siguiente paradigma:

Núm	Pers		Presente (pres)/Indicativo (Ind)
Sg	1	εἰμί	(yo) soy, estoy
	2	εἶ	(tú) eres, estás
	3	ἐστί(ν)	(él) es, está
Pl	1	ἐσμέν	(nosotros) somos, estamos
	2	ἐστέ	ustedes son, están
	3	εἰσι(ν)	(ellos) son, están

Junto con la introducción de las formas del presente indicativo del verbo «εἰμί», se puede ahora introducir el uso predicativo de los adjetivos.

En el *Capítulo 8* se ha explicado el uso atributivo del adjetivo. En ese uso, el adjetivo declara algo adicional en cuanto al sustantivo. En el uso predicativo el adjetivo describe algo indispensable para la comprensión del sustantivo. Esto ocurre cuando el verbo conjugado es pues «εἰμί». Oraciones como «*Un burro está*» o «*Tú eres*» no son oraciones completas pues necesitan una explicación más (= complemento); por ejemplo: «*Un burro está en el jardín*»/ «*Un burro está enfermo*» o «*Tú eres mi amigo*»/«*Tú eres bueno*».

En este tipo de construcción también puede aparecer un adjetivo como explicación del sustantivo (enfermo, bueno). La posición del adjetivo en relación con el sustantivo está después del sustantivo **sin** repetir el artículo, o antes del conjunto artículo-sustantivo

ὁ δοῦλος ἀγαθός (= ὁ δοῦλος ἐστίν ἀγαθός)	el siervo es bueno
ἀγαθός ὁ δοῦλος (= ἀγαθός ἐστίν ὁ δοῦλος)	el siervo es bueno

Pero se debe constatar que la versión con la forma del verbo «εἰμί» no existe. Únicamente por la posición del adjetivo se pueden distinguir el uso atributivo y el uso predicativo.

Si el sustantivo es indefinido (cuando no tiene artículo), la posición es la misma:

ἀγαθός δοῦλος	un siervo bueno/un buen siervo
δοῦλος ἀγαθός	

Explicaciones

1. La segunda persona singular del presente indicativo «εἶ» (eres, estás) se escribe casi igual como la palabra «εἰ» (si). La única diferencia para distinguir las dos palabras es el circunflejo sobre el espíritu suave de la segunda persona singular.
2. En el griego, gracias al uso predicativo de los adjetivos, la oración no necesita llevar ninguna forma del verbo conjugado «εἰμί» (ésta puede omitirse), y aun así resulta ser una oración.
3. Tanto el sujeto como su explicación (o complemento) están en caso nominativo, de modo que puede haber en una oración varias palabras en este caso. Por esta razón, se recomienda buscar *todos los nominativos* de una oración para tener una idea clara del sentido básico de ella.
4. En griego es importante hacer la distinción entre el adjetivo atributivo y el adjetivo predicativo. Esta distinción consiste en que el predicativo especifica algo indispensable y principal, mientras que el atributivo es una descripción incidental y adicional.
5. Menos común es el significado «*existir, hay*» para el verbo εἰμί. En este caso, la forma del verbo εἰμί está sola, sin complemento:

| Εἰσίν γὰρ εὐνοῦχοι | hay (existen) eunucos (Mt 19.12) |

Capítulo 15

La negación

Introducción

Hay principalmente dos partículas de negación en griego: οὐ y μή. Ambas se traducen negando una afirmación. La diferencia entre las dos partículas está en la función que cumplen en las oraciones.

Οὐ: Es la negación objetiva que trata solamente con hechos; es decir, se usa esta partícula para expresar un hecho comprobado negativo. También es la negación definitiva, final y tajante. Cuando a Juan Bautista se le preguntó si él era «*el profeta*», simplemente respondió «οὐ» (Jn 1.21). Con esta respuesta todo quedó claro.

El uso predominante de esta partícula es con el modo indicativo, pero en algunos casos también la encontramos con el subjuntivo, el infinitivo y el participio.

Cuando se utiliza «οὐ» en una pregunta, se espera la respuesta afirmativa «*sí*», como en el siguiente ejemplo:

Οὐκ ἐστίν ὁ υἱος τοῦ τέκτονος;		
¿No es el hijo del carpintero?	=	Él es el hijo del carpintero ¿no es así?
Respuesta: Sí		

Μή: Es la negación subjetiva, que envuelve la voluntad y el pensamiento. La negación es menos tajante y definitiva; es más bien suave y con cierta duda. Es la partícula de la negación limitada. Siendo los modos subjuntivo, optativo e imperativo los modos de duda e incertidumbre, es lógico que esta partícula predomine en estos casos.

Cuando se utiliza «μή» en una pregunta, se espera la respuesta negativa «*no*», como en el siguiente ejemplo:

Μή πάντες ἀπόστολοι;		
¿Son todos apóstoles?	=	Acaso ¿todos son apóstoles?
Respuesta: No		

Explicaciones

1. La partícula «οὐ» cambia de forma delante de palabras que empiezan con vocales (οὐκ εἰμί) y delante de las que empiezan con vocales con un espíritu rudo (οὐχ υἱός ἐστίν).
2. La partícula «οὐ» es muy semejante a otra palabra, que tiene un espíritu rudo «οὑ» y es un pronombre relativo.
3. Tampoco debe confundirse con la conjunción οὖν.
4. También existen negaciones compuestas; es decir, negaciones que vienen unidas a otra palabra (οὐδε, μηδε, οὐκετι, μηκετι, οὐδεις, μηδεις, etc.).
5. La doble negación οὐ μή se usa para denotar una negación enfática.

Capítulo 16

El imperfecto indicativo activo

Introducción

En griego, igual como en castellano, existen dos tiempos pasados: aoristo e imperfecto. La diferencia entre ambos radica no en el aspecto temporal —ya que ambos hablan del tiempo pasado— sino en el aspecto subjetivo: expresa cómo el que habla quiere que se entienda la realización del hecho. El aoristo enfoca la acción como un hecho único que se realizó, mientras que el imperfecto lo hace como algo que se repite, que progresa, que siempre es así.

A continuación se presenta el paradigma del imperfecto indicativo activo:

Núm	Pers	Imperfecto (Imp)/Indicativo (Ind)/Activo (Act)	
Sg	1	ἔλυον	(yo) desataba
	2	ἔλυες	(tú) desatabas
	3	ἔλυε (ν)	(él) desataba
Pl	1	ἐλύομεν	(nosotros) desatábamos
	2	ἐλύετε	ustedes desataban
	3	ἔλυον	(ellos) desataban

Explicaciones

1. El tiempo «*imperfecto*» se forma sin insertar una sílaba, como sí ocurre en el caso del aoristo.

ἐ	+	λυ	+	ο	+	ν
Aumento		Tema verbal		Vocal de conexión		Desinencia del Imperfecto

2. Las reglas en cuanto a los cambios por causa del aumento son iguales a las del caso aoristo (ver *Capítulo 9*).

3. Es importante observar que la forma de la primera persona singular es idéntica a la tercera persona plural: «ἔλυον».

4. Ya que el sistema verbal prioriza el aspecto subjetivo de realización y no el temporal, se tiene que poner el tiempo imperfecto al mismo nivel que el presente, porque ambos expresan la duración y la repetición de la acción. Esto se hace evidente en el caso de los verbos «καιω» y «κλαιω» cuyo tema verbal en el tiempo imperfecto es «και»/«κλαι».

Imperfecto	ἔκλαιον	ἔκλαιες	ἔκλαιε(ν)
Aoristo	ἔκλαυσα	ἔκλαυσας	ἔκλαυσεν

Capítulo 17

Los verbos contractos: aoristo y futuro

Introducción

Hasta el momento hemos conocido únicamente verbos cuyos temas verbales terminan en -υ (παιδευ-/λυ-) o en -ι (χρι-). Sus formas conjugadas no tienen muchos cambios fuera de las reglas. Los otros grupos de los verbos, sí son sometidos a ciertos cambios ortográficos, mayormente debido al «*choque*» de determinadas letras y a la pronunciación.

El segundo grupo de verbos que vamos a conocer son los llamados «*verbos contractos*», cuyo tema verbal finaliza en «-α, -ε, -ο».

Cuando la vocal final no tiene un contacto con otra vocal, sino más bien con una consonante, como en el caso de los tiempos futuro y aoristo, la vocal final se alarga y llega a ser «-η» u «ω».

Tiem	τιμάω	ποιέω	δουλοω
Fut	τιμήσω	ποιήσω	δουλώσω
	τιμήσεις	ποιήσεις	δουλώσεις
	τιμήσει	ποιήσει	δουλώσει
	τιμήσομεν	ποιήσομεν	δουλώσομεν
	τιμήσετε	ποιήσετε	δουλώσετε
	τιμήσουσιν	ποίησουσιν	δουλώσουσιν
Ao	ἐτίμησα	ἐποίησα	ἐδούλωσα
	ἐτίμησας	ἐποίησας	ἐδούλωσας
	ἐτίμησεν	ἐποίησεν	ἐδούλωσεν
	ἐτιμήσαμεν	ἐποιήσαμεν	ἐδουλώσαμεν
	ἐτιμήσατε	ἐποιήσατε	ἐδουλώσατε
	ἐτίμησαν	ἐποίησαν	ἐδούλωσαν

Explicaciones

1. Hay que tomar nota de que en caso de los verbos contractos, la forma léxica no coincide con la primera persona singular del presente indicativo activo.
2. A veces la vocal de unión no se alarga con -η o con -ω, sino que se mantiene la vocal corta; por ejemplo: ἐκοπίασα (y no ἐκοπίησα), ἐκάλεσεν (y no ἐκάλησεν).

   Otros verbos de este tipo son: γελαω, κλαω, σπαω, χαλαω, πειναω.

Vocabulario

ἀγαπαω	amar
γενναω	engendrar
ἐρωταω	preguntar
τιμαω	honrar
ζαω	vivir
πλαναω	engañar
πληροω	llenar, cumplir, completar, acabar
σταυροω	crucificar
φανεροω	manifestar, mostrar, hacer público
δικαιοω	justificar
τελειοω	acabar, terminar, completar, cumplir

Capítulo 18

Las conjunciones
(parte 1)

Introducción

Hasta este momento se han estudiado y traducido oraciones e ideas simples: esto es, oraciones que contenían una sola idea y, por ende, un solo verbo conjugado. Como en cualquier idioma, en griego también se pueden unir ideas y oraciones. A las palabras que unen dos ideas o dos oraciones se las llama «*conjunciones*». Por lógica, estas conjunciones deberían estar, como eslabón de enlace, entre las dos ideas. En griego hay algunas conjunciones que están situadas justamente en este lugar, pero también existen otras que, a pesar de cumplir un rol de unión, se encuentran en otro sitio. En esta lección se conocerán algunas conjunciones que están en el lugar de unión, entre las dos ideas.

Oración simple	Los publicanos engañaban a sus paisanos.
Oración compuesta coordinada	Los publicanos engañaban a sus paisanos y trataban de enriquecerse a costa de ellos.
Oración compuesta subordinada	Los publicanos engañaban a sus paisanos porque los odiaban.
Idea compuesta (con varios núcleos en el sujeto)	Los publicanos y los romanos engañaban a los judíos.

Explicaciones

1. La conjunción «καὶ», aparte de ser conjunción, puede cumplir también la función de un adverbio. En este caso se la traduce como «*también*». En la mayoría de los casos se reconoce esta otra función adverbial porque «καὶ» es antecedido por otra conjunción o por otra palabra; y no se encuentra al principio de la oración.

2. La misma conjunción «καὶ» no siempre une dos oraciones marcadas, sino a veces coordina únicamente dos ideas. En este caso, no se encontrará en ambas partes de la oración un verbo conjugado. A pesar de esto, es recomendable subdividir la oración antes de la palabra «καὶ».

Vocabulario

ἀλλά	sino, pero, más bien, sin embargo
εἰ	si (¡cuidado! εἰ-εἶ)
ἤ	o
καί	y, pero, también
ὅτι	que, porque, : (dos puntos)
καθώς	como, de manera que (en realidad es una partícula de comparación)
ὡς	como, de modo que (en realidad es una partícula de comparación)

Traducción

1. A partir de este capítulo se debe cambiar una vez más el procedimiento en cuanto a la traducción. Para facilitar la traducción y evitar la confusión de las ideas y oraciones, se tiene que subdividir las oraciones antes de traducirlas. Estas subdivisiones se pueden detectar por la puntuación (coma, punto y coma, dos puntos) y/o por las conjunciones:

> Οἱ τελῶναι ἐπλάνησαν τοὺς στρατιώτας // ὅτι ἠγάπησαν τὸν ἀργύριον

2. Ahora los pasos para la traducción son los siguientes:
   a) <u>Dividir</u> la oración en sus partes, buscando conjunciones y/o signos de puntuación.
   b) <u>Traducir</u> parte por parte siguiendo las pautas mencionadas anteriormente:
      1. Buscar el verbo conjugado de la primera parte de la oración, y traducirlo.
      2. Buscar el sujeto (nominativo o tácito) en la primera parte de la oración y traducirlo.
      3. Buscar y traducir las partes preposicionales (la preposición más las palabras determinadas por ella) de la primera parte de la oración.
      4. Traducir todo el resto de la primera parte de la oración.

Capítulo 19

El pronombre personal: primera y segunda persona singular

Introducción

El pronombre es un elemento del lenguaje que se emplea para evitar la monotonía que naturalmente resultaría de la multiplicación indefinida del nombre o del sustantivo; se lo usa para evitar la «*repetición del sustantivo*». En el transcurso de los cursos de griego se irá conociendo varios grupos de pronombres con su uso respectivo.

En este capítulo se empieza a tratar el «*pronombre personal*» que reemplaza al sustantivo en sus funciones dentro de la oración: de sujeto (nominativo), objeto (acusativo y dativo) y explicación o especificación (genitivo).

Caso	1ra persona (1) /Singular (Sg)		2da persona (2)/Singular (Sg)	
Nom	ἐγω	yo	σύ	tú
Gen	μοῦ/ἐμοῦ	de mí, mi	σοῦ	de ti, tu
Dat	μοί/ἐμοί	a mí, me	σοί	a ti, te
Ac	μέ/ἐμέ	a mí, me	σέ	a ti, te

Explicaciones

1. En griego no es necesario decir «ἐγω λύω» para expresar que el verbo está en la primera personal singular «*yo desato*». El simple uso de la forma «λύω» se traduce «*yo desato*». La desinencia del verbo mismo muestra la persona y el número del sujeto, sin la adición del pronombre. <u>La presencia del pronombre personal en este caso significa «*énfasis*» del sujeto</u>. Pero no se puede aplicar esta regla en forma estricta para la exégesis de textos novotestamentarios, ya que en algunos casos parece que el autor simplemente añadió el pronombre sin la intención de enfatizar el sujeto.

Οὐχ ὡς ἐγω θέλω, ἀλλ' ὡς σύ.
No como <u>yo</u> quiero, sino como <u>tú</u> (quieres). (Mt 26.39)

2. Las formas enfáticas (ἐμου, ἐμοι, ἐμε, etc.) siempre se usan para <u>enfatizar</u> en los siguientes casos: para expresar una contraposición y después de preposiciones.

εἰ ἠγάπησαν ἐμε, ἀγαπήσουσιν καὶ τοὺς ἀποστόλους
si amaron a mí, amarán también a los apóstoles

ἔκλαυσεν μετ' ἐμοῦ
lloró conmigo

3. La traducción con la preposición (de mí, a mí, etc.) puede resultar más fácil al principio, pero no es un castellano elegante, de modo que se debería acostumbrar a poner el pronombre antes del verbo en la traducción a pesar de que en el griego se encuentra al final.

| ὁ υἱός μου | = | el hijo de mí | = | mi hijo |

Vocabulario

αἰτέω	pedir
ζητέω	buscar
λαλέω	hablar
μαρτυρέω	dar testimonio, testificar
ποιέω	hacer
τηρέω	guardar, vigilar
ἀκολουθέω	seguir
καλέω	llamar
θεωρέω	mirar, ver
μισέω	odiar

Capítulo 20

El pronombre personal: primera y segunda persona plural

Introducción

Igual como en el singular, también existen formas para la primera y segunda personal <u>plural</u>. Las formas son como siguen:

Caso	1ra persona (1)/Plural (Pl)		2da persona (2)/Plural (Pl)	
Nom	ἡμεῖς	nosotros	ὑμεῖς	ustedes
Gen	ἡμῶν	de nosotros, nuestro	ὑμῶν	de ustedes, sus
Dat	ἡμῖν	a nosotros, nos	ὑμῖν	a ustedes, les
Ac	ἡμᾶς	a nosotros, nos	ὑμᾶς	a ustedes, los/las

Explicaciones

1. Las desinencias del plural no son familiares o conocidas en este momento porque pertenecen a una declinación que se aprenderá más tarde. Es recomendable memorizarlas bien porque aparecen con frecuencia en los textos.
2. Hay que prestar suma atención a las vocales iniciales de estos dos pronombres, ya que se prestan para ser confundidas porque se ven casi iguales. La vocal característica de «nosotros» es la «ἡ», mientras que la vocal característica de «ustedes» es la «ὑ».
3. En español la segunda persona plural sería «vosotros» o «ustedes».
4. La traducción al castellano del genitivo se adecúa al género en castellano:

ἡ ἀγάπη ἡμῶν	=	nuestro amor
ὁ οἶκος ἡμῶν	=	nuestra casa
οἱ νόμοι ὑμῶν	=	sus leyes
αἱ ἐντολαί ὑμῶν	=	sus mandamientos

Vocabulario

Vale la pena introducir en este momento las formas del aoristo irregular de dos verbos que aparecen muy a menudo en el texto griego:

ἔρχομαι	ἦλθεν	vino	3ra persona (3)/Singular (Sg)
	ἦλθον	vinieron	3ra persona (3)/Plural (Pl)
λεγω	εἶπεν	dijo	3ra persona (3)/Singular (Sg)
	εἶπον	dijeron	3ra persona (3)/Plural (Pl)

Capítulo 21

Presente e imperfecto indicativo activo de los verbos contractos en -αω y -οω

Introducción

Tanto en el tiempo presente como en el imperfecto de los verbos contractos, **chocan** dos vocales, lo cual tiene como consecuencia una **contracción** de las letras, y por lo tanto, un cambio en la morfología.

A continuación se presenta el paradigma del presente indicativo activo:

Núm	Pers	Presente (Pres)/Indicativo (Ind)/Activo (Act)	
Sg	1	τιμῶ (-αω)	(yo) honro
	2	τιμᾷς (-αεις)	(tú) honras
	3	τιμᾷ (-αει)	(él) honra
Pl	1	τιμῶμεν (-αομεν)	(nosotros) honramos
	2	τιμᾶτε (-αετε)	ustedes honran
	3	τιμῶσι(ν) (-αουσιν)	(ellos) honran

Núm	Pers	Presente (Pres)/Indicativo (Ind)/Activo (Act)	
Sg	1	σταυρῶ (-οω)	(yo) crucifico
	2	σταυροῖς (-οεις)	(tú) crucificas
	3	σταυροῖ (-οει)	(él) crucifica
Pl	1	σταυροῦμεν (οομεν)	(nosotros) crucificamos
	2	σταυροῦτε (-οετε)	ustedes crucifican
	3	σταυροῦσι(ν) (-οουσιν)	(ellos) crucifican

El paradigma del imperfecto indicativo activo es como sigue:

Núm	Pers	Imperfecto (Impf)/Indicativo (Ind)/Activo (Act)	
Sg	1	ἐτίμων (-αον)	(yo) honraba
	2	ἐτίμας (-αες)	(tú) honrabas
	3	ἐτίμα (-αε)	(él) honraba
Pl	1	ἐτιμῶμεν (-αομεν)	(nosotros) honrábamos
	2	ἐτιμᾶτε (-αετε)	ustedes honraban
	3	ἐτίμων (-αον)	(ellos) honraban

Núm	Pers	Imperfecto (Impf)/Indicativo (Ind)/Activo (Act)	
Sg	1	ἐσταύρουν (-οον)	(yo) crucificaba
	2	ἐσταύρους (-οες)	(tú) crucificabas
	3	ἐσταύρου (-οε)	(él) crucificaba
Pl	1	ἐσταυροῦμεν (-οομεν)	(nosotros) crucificábamos
	2	ἐσταυροῦτε (-οετε)	ustedes crucificaban
	3	ἐσταύρουν (-οον)	(ellos) crucificaban

Explicaciones

1. Como consecuencia de las contracciones, las vocales finales ya no son las que antes se conocían, sino que es necesario acostumbrarse a otras.

2. La diferencia entre la segunda y tercera persona singular en presente e imperfecto, es —aparte del aumento al inicio de la forma— únicamente la existencia o falta del «*iota subscriptum*» debajo de la vocal final. En el presente se evidencia de esta manera la letra «*i*» que se perdió por la contracción.

3. Como en cualquier tiempo imperfecto, también en este grupo la primera persona singular es idéntica a la tercera persona plural.

4. La forma léxica no corresponde con ninguna forma real. Normalmente la forma léxica es idéntica a la primera persona singular del presente indicativo activo, pero en el caso de los «*verbos contractos*» no es así.

    La forma léxica es: ἀγαπαω.

    La primera persona singular presente es: ἀγαπῶ

5. El verbo «ζαω» es irregular, aunque no se lo nota en los tiempos de aoristo y futuro.

    Probablemente el verbo originalmente era: «ζηω».

    Las formas son estas:

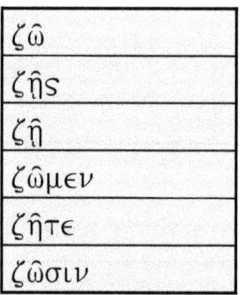

El otro verbo irregular no es muy frecuente; es el verbo «χραομαι».

Capítulo 22

Pronombres personales: tercera persona singular y plural

Introducción

En comparación con los pronombres personales de la primera y segunda persona, existen más formas en la tercera persona porque se hace evidente y visible el género (él, ella, ello).

Las formas son estas:

Núm	Masc	Neu	Fem	
Sg	αὐτός	αὐτό	αὐτή	él, ello, ella
	αὐτοῦ	αὐτοῦ	αὐτῆς	de él, ello, ella –(su)
	αὐτῷ	αὐτῷ	αὐτῇ	a él, ello, ella –(le)
	αὐτόν	αὐτό	αὐτήν	a él (le/lo), ello (lo), a ella (la)
Pl	αὐτοί	αὐτά	αὐταί	ellos, ellos, ellas
	αὐτῶν	αὐτῶν	αὐτῶν	de ellos, de ellos, de ellas –(sus)
	αὐτοῖς	αὐτοῖς	αὐταῖς	a ellos, a ellos, a ellas –(les)
	αὐτούς	αὐτά	αὐτάς	a ellos –(los), ellos –(los), a ellas –(las)

Explicaciones

1. En algunos casos, el pronombre personal de la tercera persona funciona como un adjetivo, pero únicamente en el caso nominativo.
2. Si está ubicado antes del conjunto artículo-sustantivo o antes de otro pronombre, y se encuentra en el mismo caso como el artículo y el sustantivo, se traduce como el adjetivo «*mismo*».

αὐτὸς ὁ ἄνθρωπος	el hombre mismo
αὐτὸς ἐγώ	yo mismo

3. Si está ubicado entre el artículo y el sustantivo, y se halla en el mismo caso como el artículo y el sustantivo, se traduce también como el adjetivo «*mismo*».

ὁ αὐτὸς ἄνθρωπος	el mismo hombre

4. Lo mismo vale para cualquier otro caso; por ejemplo:

τοῦ υἱοῦ αὐτοῦ	de su hijo
τοῦ αὐτοῦ υἱοῦ	del mismo hijo
αὐτοῦ τοῦ υἱοῦ	del hijo mismo

Capítulo 23

Presente e imperfecto indicativo activo de los verbos contractos en -εω

Introducción

Igual como en el *Capítulo 21*, los tiempos del presente e imperfecto muestran las contracciones de dos vocales.

A continuación se presenta el paradigma del presente indicativo activo de los verbos en -εω:

Núm	Pers	Presente (Pres)/Indicativo (Ind)/Activo (Act)	
Sg	1	λαλῶ (-εω)	(yo) hablo
	2	λαλεῖς (-εεις)	(tú) hablas
	3	λαλεῖ (-εει)	(él) habla
Pl	1	λαλοῦμεν (-εομεν)	(nosotros) hablamos
	2	λαλεῖτε (-εετε)	ustedes hablan
	3	λαλοῦσι(ν) (-εουσιν)	(ellos) hablan

El paradigma del imperfecto indicativo activo es como sigue:

Núm	Pers	Imperfecto (Impf)/Indicativo (Ind)/Activo (Act)	
Sg	1	ἐλάλουν (-εον)	(yo) hablaba
	2	ἐλάλεις (-εες)	(tú) hablabas
	3	ἐλάλει (-εε)	(él) hablaba
Pl	1	ἐλαλοῦμεν (-εομεν)	(nosotros) hablábamos
	2	ἐλαλεῖτε (-εετε)	ustedes hablaban
	3	ἐλάλουν (-εον)	(ellos) hablaban

Explicaciones

1. Hay tres reglas de contracción que se aplican en el caso de los verbos que terminan en -εω:

a)	ε	+	ε	=	ει
b)	ε	+	ο	=	ου
c)	ε	+	ου/ω	=	ου/ω

2. El verbo «καλεω» tiene un cambio en su forma en ciertos tiempos:
   * en aoristo la forma es ἐκάλεσεν.
   * en futuro la forma es καλεσω.
   * en perfecto y voz pasiva la forma pierde la «α» y resulta «-κλη».

3. Los verbos ἀρκεω, τελεω, αἰνεω, φορεω reemplazan la e larga (η) por una e corta (ε):

| ἐτελεσα | en vez de | ἐτελησα |

4. Los verbos πνεω y πλεω sufren un pequeño cambio en las raíces fuera del presente/imperfecto:

| ἐπνευσα | en vez de | ἐπνησα |

5. Los verbos ῥυω y χεω son más irregulares aún, pero poco frecuentes:

Presente	ῥυω
Futuro	ῥευσω
Aoristo/Pasivo	ἐρρύην

Presente	χεω
Futuro	χεῶ
Aoristo	ἐχεα
Perfecto	κεχυκα

Capítulo 24

Verbos compuestos

Introducción

Los verbos que conocemos hasta ahora, y también los que se conocerán en el futuro, pueden estar compuestos de diferentes maneras:

a)	Sustantivo	+	verbo	=	ψευδο-μαρτυρεω	dar falso testimonio
b)	«a»	+	verbo	=	ἀ-δικεω	hacer injusticia
c)	Preposición	+	verbo	=	κατα-μαρτυρεω	testificar contra

En al caso «a», el verbo compuesto se considera como una sola palabra, y por lo tanto, el aumento se antepone.

En el caso «b», el verbo compuesto es considerado como una sola palabra, y por lo tanto la «α» al principio se transforma junto con el aumento en «η».

Las preposiciones que aparecen como prefijos no son consideradas como parte del verbo original, y por lo tanto, el aumento se pone <u>entre prefijo y verbo</u>. Este hecho tiene varias consecuencias:

a) El aumento no está al inicio.
b) Las preposiciones que terminan con una consonante (προς, εἰς, ὑπερ) no son modificadas; solamente aparece el aumento luego de cada preposición:

| προσ-κυνεω | προσ-ε-κυνησα |

c) Las preposiciones que terminan con una vocal pierden esa vocal, la cual es reemplazada por el aumento:

| ἀπο-λυω | ἀπ-ε-λυον |

d) Las preposiciones «περι» y «προ» reaccionan como en el inciso «b». Esto quiere decir que no pierden su vocal final, sino que simplemente añaden el aumento, el cual puede producir un cambio en la vocal inicial del verbo:

| προ-οριζω | προ-ωρισεν (προ-ε-ορισεν) |

e) La preposición «ἐκ» se transforma en «ἐξ» porque con el aumento, la letra que sigue ya no es una consonante sino una vocal:

| ἐκ-κλειω | ἐξ-ε-κλεισθη |

f) Las preposiciones «ἐν» y «συν» recuperan, con el aumento, su forma original, la cual, sin aumento es bastante variada:

| συμ-μαρτυρεω | συν-ε-μαρτυρησεν |
| ἐγ-καλεω | ἐν-ε-καλεσα |

Explicaciones

1. Todas las preposiciones pueden llegar a ser prefijos de verbos.
2. El significado del verbo no cambia automáticamente según el significado de su prefijo, aunque puede resultar así en algunos casos:
   βαινω (ir), ἀναβαινω (subir), συναναβαινω (subir junto con), καταβαινω (descender), etc.
3. Según la contracción de la letra «ν» con la consonante siguiente, resultan las siguientes contracciones:

ἐν-κλειω	ἐγ-κλειω	(ἐνεκλεισεν)
ἐν-βαινω	ἐμ-βαινω	(ἐνεβην)
ἐν-μενω	ἐμ-μενω	(ἐνεμενον)
ἐν-πιπτω	ἐμ-πιπτω	
ἐν-φυσαω	ἐμ-φυσαω	

4. Para la «ν» en «συν» valen las siguientes contracciones:

συν-κλειω	συγ-κλειω	(συνεκλεισαν)
συν-χαιρω	συγ-χαιρω	
συν-ζητεω	συ-ζητεω	
συν-λαλεω	συλ-λαλεω	
συν-βαλλω	συμ-βαλλω	
συν-πιπτω	συμ-πιπτω	
συν-φωνεω	συμ-φωνεω	

Vocabulario

παρακαλεω	llamar, rogar, consolar, animar, exhortar
περιπατεω	andar, caminar
ἀπολυω	soltar, despedir, poner en libertad
ἐπερωταω	preguntar
προσκυνεω	postrarse, adorar
μετανοεω	arrepentirse, cambiar el pensamiento

Capítulo 25

Las conjunciones (parte 2)

Introducción

Las conjunciones cumplen la función de unir dos ideas o dos frases o de establecer una relación entre ellas. Por lo tanto, están situadas entre las dos ideas que se van a unir, o, desde otra perspectiva, al inicio de una segunda idea que se una a otra anteriormente referida.

En algunos casos, la conjunción no está ubicada donde debería encontrarse por su función, sino en una posición más alejada. Éste es el caso de las conjunciones «γαρ», «οὖν» y «δε». Para encontrar el lugar donde se tiene que dividir la oración, se deben trasladar mentalmente las conjunciones a posiciones anteriores. Sobre todo, hay que tomar esto en cuenta en la traducción.

Οὕτως γὰρ ἠγάπησεν ὁ θεὸς τὸν κόσμον (Jn 3.16)
<u>Porque</u> de tal manera amó Dios al mundo...

Πάλιν οὖν αὐτοῖς ἐλάλησεν ὁ Ἰησοῦς (Jn 8.12)
<u>Entonces</u> Jesús de nuevo les dijo

Εἶπεν δὲ Πέτρος (Hch 3.6)
<u>Pero/y</u> Pedro dijo

Explicaciones

▸ En muchos casos es recomendable no traducir la conjunción «δε», pero sí tomar en cuenta su función dentro de la construcción.

▸ La conjunción «δε» puede ser un sustantivo: ὁ δε, ἡ δε, οἱ δε.
La traducción es como sigue: *«pero él», «pero ella», «pero ellos»*.

▸ ὁ δε puede aparecer en combinación con «ὁ μεν»: ὁ μεν-ὁ δε/οἱ μεν-οἱ δε.
En este caso la traducción es *«el uno – el otro»/«uno – otro»/«los unos – los otros»/«algunos – otros»*.

Vocabulario

γαρ	porque, pues
οὖν	así que, por consiguiente
δε	y, pero, más bien, ya que
ἀρα	así que, pues, por tanto, entonces, luego
ἀχρι	hasta
ἑως	hasta, hasta que

διο	por tanto, por eso
ἐαν	si
ἱνα	para que, a fin de que
ὁπως	para que, como
ὁταν	cuando, cada vez que
ὡστε	de manera que, por lo tanto

Capítulo 26

El tiempo «*perfecto*» (y pluscuamperfecto)

Introducción

El último tiempo principal del griego (aparte de los tiempos «*presente*», «*futuro*» y «*aoristo*») es el tiempo «*perfecto*». El aspecto temporal pasado de este tiempo se llama «*pluscuamperfecto*». Este par es comparable con el de «*presente-imperfecto*».

Las formas son las siguientes:

Núm	Perfecto (Perf)		Pluscuamperfecto (Plusc)	
Sg	λέ-λυ-κα	he desatado	(ἐ)-λε-λύ-κειν	había desatado
	λέ-λυ-κας	has desatado	(ἐ)-λε-λύ-κεις	habías desatado
	λέ-λυ-κεν	ha desatado	(ἐ)-λε-λύ-κει	había desatado
Pl	λε-λύ-κα-μεν	hemos desatado	(ἐ)-λε-λύ-κει-μεν	habíamos desatado
	λε-λύ-κα-τε	ustedes han desatado	(ἐ)-λε-λύ-κει-τε	ustedes habían desatado
	λε-λύ-κασι(ν)	han desatado	(ἐ)-λε-λύ-κει-σαν	habían desatado

Explicaciones

1. El perfecto tiene varias características:
   * Falta la vocal que une el tema verbal con la desinencia.
   * La consonante inicial es duplicada (= reduplicación); para la mejor pronunciación se interpone entre las dos consonantes la letra «ε».

     Si la primera letra es una consonante aspirada (φ, χ, θ), en la reduplicación aparece la misma letra, pero en forma dura (π, κ, τ).

     Si la primera letra es una vocal, no es reduplicada sino alargada, y se parece al aumento del tiempo imperfecto o aoristo.

     Si las letras iniciales de la palabra son varias consonantes, se reduplica sólo la primera o se añade únicamente la letra «ε».
   * Existe otra característica más, que no es general en todas las formas: se interpone entre el tema verbal y la desinencia la letra «κ» (ἠγαπήκατε, ἠρωτήκαμεν).

2. En los verbos compuestos la reduplicación se encuentra entre el prefijo y la raíz; igual como el aumento.

3. La tercera persona singular del perfecto también puede tener la desinencia -καν. La forma sería en este caso: λελύκαν.

4. El pluscuamperfecto también tiene sus características, pero es una forma tan rara que no es necesario aprender todas las formas. La característica de un tiempo pasado, el aumento «ε», no siempre existe.

5. El significado del tiempo perfecto está en su aspecto subjetivo, y no en el temporal. El perfecto se usa para enfatizar el resultado de un hecho, y por lo tanto este hecho tiene un efecto hasta el momento de la actualidad.

Capítulo 27

La tercera declinación (parte 1)

Introducción

El idioma griego conoce una tercera forma de cómo declinar los sustantivos y palabras que tienen la connotación de un sustantivo. A esta declinación se la denomina «*tercera*», en comparación con la segunda (-ος) y la primera (-α/-η).

Mientras que en la primera y segunda declinación se encontraban géneros limitados y pocas desinencias, en la tercera encontraremos los tres géneros y todo tipo de desinencias.

Para dominar esta declinación, se tiene que aprender las formas de distintos sustantivos, pero la declinación básica es la siguiente:

Caso	Singular (Sg)	Plural (Pl)
Nominativo (Nom)	-ς/ -	-ες/ -εις/ -α/ -η
Genitivo (Gen)	-ος/ -εως/ -ους	-ων
Dativo (Dat)	-ι	-σι(ν)
Acusativo (Ac)	-α/ -ν	-ας/ -εις/ -α/ -η
Vocativo (Voc)	por lo general como nominativo	como nominativo

Conjugaciones de la tercera declinación

Núm	Caso	ἐλπίς (ἐλπιδ-)	λαῖλαψ (λαιλαπ-)	σάρξ (σαρκ-)	χάρις (χαριτ-)	σῶμα (σωματ-)
Sg	Nom	ἐλπίς	λαῖλαψ	σάρξ	χάρις	σῶμα
	Gen	ἐλπίδ-ος	λαίλαπ-ος	σαρκ-ός	χάριτ-ος	σώματ-ος
	Dat	ἐλπίδ-ι	λαίλαπ-ι	σαρκ-ί	χάριτ-ι	σώματ-ι
	Ac	ἐλπίδ-α	λάιλαπ-α	σάρκ-α	χάρι-ν	σῶμα
	Voc	ἐλπίς	λαῖλαψ	σάρξ	χάρις	σῶμα
Pl	Nom	ἐλπίδ-ες	λαίλαπ-ες	σάρκ-ες	χάριτ-ες	σώματ-α
	Gen	ἐλπίδ-ων	λαιλάπ-ων	σαρκ-ῶν	χαρίτ-ων	σωμάτ-ων
	Dat	ἐλπί-σι(ν)	λαίλα-ψι(ν) (π-σιν)	σαρ-ξί(ν) (κ-σιν)	χάρι-σι(ν)	σώμα-σι(ν)
	Ac	ἐλπίδ-ας	λαίλαπ-ας	σάρκ-ας	χάριτ-ας	σώματ-α
	Voc	ἐλπίδ-ες	λαίλαπ-ες	σάρκες	χάριτ-ες	σώματ-α

Explicaciones

- La raíz de la palabra no se ve con claridad en el nominativo singular, sino en la forma del genitivo singular (αἱματ-ος). A esta raíz se añaden las desinencias respectivas.
- El nominativo singular muchas veces no nos hace ver la raíz porque se le ha añadido la desinencia -ς.
- Ya que el nominativo singular sigue siendo la forma léxica, hay que acostumbrarse a deducirlo a partir de las otras formas. Sin esta habilidad, será difícil encontrar el significado de una palabra no conocida en el diccionario.
- En el dativo plural muchos sustantivos pierden la consonante final de su raíz, la cual se transforma en otra consonante debido a la unión con la letra -ς.

Vocabulario

αἱμα, -τος (τό)	sangre
ῥημα, -τος (τό)	lo que se dice, palabra, noticia
πνευμα, -τος (τό)	espíritu, viento
ὀνομα, -τος (τό)	nombre
σαρξ, -κος (ἡ)	carne, cuerpo
στομα, -τος (τό)	boca
ἐλπις, -δος (ἡ)	esperanza
πυρ, -ος (τό)	fuego
νυξ, -κτος (ἡ)	noche
σωμα, -τος (τό)	cuerpo
χαρις, -τος (ἡ)	gracia
θελημα, -τος (τό)	voluntad
φως, -τος (τό)	luz
σπερμα, -τος (τό)	semilla

Capítulo 28

La tercera declinación (parte 2)

Introducción

En este capítulo se presenta la conjugación de diferentes grupos de sustantivos de la tercera declinación.

Núm	Caso	αἰών (αἰων-)	ἄρχων (ἀρχοντ-)	σωτήρ (σωτηρ-)	πατήρ (πατερ-)	πόλις (πολε-)
Sg	Nom	αἰών	ἄρχων	σωτήρ	πατήρ	πόλις
	Gen	αἰῶν-ος	ἄρχοντ-ος	σωτῆρ-ος	πατρ-ός	πόλε-ως
	Dat	αἰῶν-ι	ἄρχοντ-ι	σωτῆρ-ι	πατρ-ί	πόλε-ι
	Ac	αἰῶν-α	ἄρχοντ-α	σωτῆρ-α	πατέρ-α	πόλι-ν
	Voc	αἰών	ἄρχων	σῶτερ	πάτερ	πόλι
Pl	Nom	αἰῶν-ες	ἄρχοντ-ες	σωτῆρ-ες	πατέρ-ες	πόλε-ις
	Gen	αἰών-ων	ἀρχόντ-ων	σωτήρ-ων	πατέρ-ων	πόλε-ων
	Dat	αἰῶ-σι(ν)	ἄρχου-σι(ν)	σωτῆρ-σι(ν)	πατρά-σι(ν)	πόλε-σι(ν)
	Ac	αἰῶν-ας	ἄρχοντ-ας	σωτῆρ-ας	πατέρ-ας	πόλε-ις
	Voc	αἰῶν-ες	ἄρχοντ-ες	σωτῆρ-ες	πατέρ-ες	πόλε-ις

Núm	Caso	ἰχθύς (ἰχθυ-)	βασιλεύς (βασιλε-)	ἔθνος (ἐθν- /ἐθνεσ-)	βοῦς (βο- / -βου)
Sg	Nom	ἰχθύς	βασιλεύς	ἔθνος	βοῦς
	Gen	ἰχθύ-ος	βασιλέ-ως	ἔθν-ους	βο-ός
	Dat	ἰχθύ-ι	βασιλε-ῖ	ἔθνε-ι	βο-ΐ
	Ac	ἰχθύ-ν	βασιλέ-α	ἔθνος	βο-ῦν
	Voc	ἰχθύς	βασιλεῦ	ἔθνος	βο-ῦ
Pl	Nom	ἰχθύ-ες	βασιλε-ῖς	ἔθν-η	βό-ες
	Gen	ἰχθύ-ων	βασιλέ-ων	ἐθν-ῶν	βο-ῶν
	Dat	ἰχθύ-σι(ν)	βασιλε-ῦσι(ν)	ἔθνε-σι(ν)	βο-υσί(ν)
	Ac	ἰχθύ-ας	βασιλε-ῖς	ἔθν-η	βό-ας
	Voc	ἰχθύ-ες	βασιλε-ῖς	ἔθν-η	βό-ες

Vocabulario

ἄρχων, -οντος (ὁ)	principal, magistrado
αἰών, -ωνος (ὁ)	largo tiempo, siglo (presente)
Σίμων, -ωνος (ὁ)	Simón
πατηρ, -τρος (ὁ)	padre
μητηρ, -τρος (ἡ)	madre
βασιλευς, -εως (ὁ)	rey
ἀρχιερευς, -εως (ὁ)	sumo sacerdote, sacerdote principal
γραμματευς, -εως (ὁ)	escriba
δυναμις, -εως (ἡ)	poder, fuerza, potestad
πιστις, -εως (ἡ)	fe, fidelidad
πολις, -εως (ἡ)	ciudad
ἀναστασις, -εως (ἡ)	resurrección
θλιψις, -εως (ἡ)	opresión, aflicción
κρισις, -εως (ἡ)	juicio, justicia

Capítulo 29

La tercera declinación (parte 3)

Introducción

Existen en la tercera declinación varios sustantivos irregulares. Esto quiere decir que tienen raíces fuera de lo común o algunas formas inesperadas.

το γόνυ (γονατ-)	rodilla
ἡ γυνή (γυναικ-)	mujer
ὁ ἀνήρ (ἀνδρ-)	varón (Voc/Sg ἄνερ)
ὁ κύων (κυν-)	perro
το οὖς (ὠτ-)	oído, oreja
ὁ πούς (ποδ-)	pie
το ὕδωρ (ὑδατ-)	agua
το φρέαρ (φρεατ-)	pozo
ἡ χείρ (χειρ-)	mano (Dat/Pl χερσιν)
το γάλα (γαλακτ-)	leche (Dat/Pl γαλαξιν)
ἡ θρίξ (τριχ-)	cabello, pelo
ὁ μάρτυς (μαρτυρ-)	testigo
ὁ παῖς (παιδ-)	muchacho, criado
ἡ λαμπάς (λαμπαδ-)	antorcha
το τέρας (τερατ-)	prodigio
ἡ κλείς (κλειδ-)	llave
ὁ ποιμήν (ποιμεν-)	pastor
ὁ ἀήρ (ἀερ-)	aire
ὁ σής (σητ-)	polilla
το μέλι (μελιτ-)	miel
ὁ ὄρνις (ὀρνιθ-)	ave
ἡ σάλπιγξ (σαλπιγγ-)	trompeta

Vocabulario

ἔθνος, -ους (το)	nación, gentiles
μέρος, -ους (το)	región, parte
τέλος, -ους (το)	fin, meta, resto, tributo, impuesto
ὄρος, -ους (το)	monte

ἔτος, -ους (τό)	año
γυνή, -αικος (ἡ)	mujer
πούς, -δος (ὁ)	pie
ὕδωρ, -ατος (τό)	agua
χείρ, -ος (ἡ)	mano
ἀνήρ, -δρος (ὁ)	varón

Capítulo 30

La voz media-pasiva

Introducción

Hasta el momento se ha tratado únicamente sobre los verbos en su **voz activa**, los cuales describen lo que hace el actor de la oración: el sujeto. Igual como en el castellano, el griego tiene además una **voz pasiva**. El verbo describe lo que le pasa al actor de la oración, en cuanto sujeto pasivo. Contrariamente al castellano, el griego tiene una tercera voz, la **voz media**. Lleva este nombre porque está entre el significado de la voz activa y el de la pasiva; es decir, en este caso, el actor de la oración, el sujeto, es activo y pasivo a la vez; hace algo en o para sí mismo.

Para la traducción de la **voz pasiva** al castellano, se utiliza la conjugación del verbo «*ser*» en todos sus tiempos y personas. La **voz media** se puede traducir, por un lado, como «*para mí mismo*», y por otro, con la forma reflexiva del verbo: «*me desato, me pongo, me alegro*», etc.

El paradigma es como sigue:

Núm		Presente/Pasiva	Presente/Media
Sg	λύ-ο-μαι	soy desatado	me desato, desato para mí
	λύ-ῃ	eres desatado	te desatas, desatas para ti
	λύ-ε-ται	es desatado	se desata, desata para sí
Pl	λυ-ό-μεθα	somos desatados	nos desatamos, desatamos para nosotros
	λύ-ε-σθε	ustedes son desatados	ustedes se desatan, ustedes desatan para ustedes
	λύ-ο-νται	son desatados	se desatan, desatan para ellos

Núm		Futuro/Pasiva	Futuro/Media
Sg	λύ-σ-ο-μαι	Ver *capítulo 31*	me desataré
	λύ-σ-ῃ		te desatarás
	λύ-σ-ε-ται		se desatará
Pl	λυ-σ-ό-μεθα		nos desataremos
	λύ-σ-ε-σθε		ustedes se desatarán
	λύ-σ-ο-νται		se desatarán

Núm		Imperfecto/Pasiva	Imperfecto/Media
Sg	ἐ-λυ-ό-μην	era desatado	me desataba
	ἐ-λύ-ου	eras desatado	te desatabas
	ἐ-λύ-ε-το	era desatado	se desataba
Pl	ἐ-λυ-ό-μεθα	éramos desatados	nos desatábamos
	ἐ-λύ-ε-σθε	ustedes eran desatados	ustedes se desataban
	ἐ-λύ-ο-ντο	eran desatados	se desataban

Núm		Aoristo/Pasiva	Aoristo/Media
Sg	ἐ-λυ-σά-μην	Ver *capítulo 31*	me desaté
	ἐ-λύ-σω		te desataste
	ἐ-λύ-σα-το		se desató
Pl	ἐ-λυ-σά-μεθα		nos desatamos
	ἐ-λύ-σα-σθε		ustedes se desataron
	ἐ-λύ-σα-ντο		se desataron

Núm		Perfecto/Pasiva	Perfecto/Media
Sg	λέ-λυ-μαι	he sido desatado	me he desatado
	λέ-λυ-σαι	has sido desatado	te has desatado
	λέ-λυ-ται	ha sido desatado	se ha desatado
Pl	λε-λύ-μεθα	hemos sido desatados	nos hemos desatado
	λέ-λυ-σθε	ustedes han sido desatados	ustedes se han desatado
	λέ-λυ-νται	han sido desatados	se han desatado

Explicaciones

- La forma léxica sigue siendo la primera persona singular del presente de la voz activa.
- La voz media no es muy frecuente en verbos que tienen una voz activa, y por lo tanto su uso es exegéticamente interesante.
- La segunda persona singular del aoristo se confunde fácilmente con el futuro. La diferencia se encuentra en el aumento «ἐ».
- Los tiempos «*aoristo*» y «*futuro*» tienen una forma especial para la voz pasiva, pero en los demás tiempos las formas de la voz pasiva son idénticas a las de la voz media (Ver *Capítulo 31*).
- Las formas de la segunda persona singular son contraídas:

λύῃ	viene de	λυεσαι
λύσῃ	viene de	λυσεσαι
ἐλύου	viene de	ἐλυεσο
ἐλύσω	viene de	ἐλυσασο

Únicamente la forma del perfecto mantuvo la forma original.

- Las formas del medio-pasivo del pluscuamperfecto son muy raras en el NT:

Singular	Plural
ἐλελύμην	ἐλελύμεθα
ἐλέλυσο	ἐλέλυσθε
ἐλέλυτο	ἐλέλυντο

Capítulo 31

La voz pasiva del tiempo «*futuro*» y «*aoristo*»

Introducción

Mientras que la voz pasiva de los tiempos «*presente*», «*imperfecto*» y «*perfecto*» es idéntica a la voz media, tanto el futuro como el aoristo tienen dos formas distintas para las dos voces. En ambos casos la característica es la sílaba -θη, que se pone entre el tema verbal y la desinencia.

El paradigma es como sigue:

Núm	Futuro/Activa	Futuro/Media	Futuro/Pasiva
Sg	λύσω	λύ-σο-μαι	λυ-θή-σο-μαι
	λύσεις	λύ-ση	λυ-θή-ση
	λύσει	λύ-σε-ται	λυ-θή-σε-ται
Pl	λύσομεν	λυ-σό-μεθα	λυ-θη-σό-μεθα
	λύσετε	λύ-σε-σθε	λυ-θή-σε-σθε
	λύσουσιν	λύ-σο-νται	λυ-θή-σο-νται

Núm	Aoristo/Activa	Aoristo/Media	Aoristo/Pasiva
Sg	ἔ-λυ-σα	ἐ-λυ-σά-μην	ἐ-λύ-θη-ν
	ἔ-λυ-σα-ς	ἐ-λύ-σω	ἐ-λύ-θη-ς
	ἔ-λυ-σε-(ν)	ἐ-λύ-σα-το	ἐ-λύ-θη
Pl	ἐ-λύ-σα-μεν	ἐ-λυ-σά-μεθα	ἐ-λύ-θη-μεν
	ἐλύ-σα-τε	ἐ-λύ-σα-σθε	ἐ-λύ-θη-τε
	ἔ-λυ-σα-ν	ἐ-λύ-σα-ντο	ἐ-λύ-θη-σαν

Explicaciones

➢ En el tiempo «*futuro*», el único cambio es la sílaba -θη; todo el resto es semejante a la voz media.
➢ En el tiempo «*aoristo*», hay además un cambio en las desinencias.
➢ Por la sílaba -θη es fácil reconocer las formas pasivas de estos dos tiempos. Hay un solo verbo que ya tiene la letra «θ» en su tema verbal, de modo que esta letra en este caso no indica automáticamente la voz pasiva. Es el verbo «ἀκολουθεω» (seguir).

Capítulo 32

Los verbos defectivos (o deponentes)

Introducción

Los verbos defectivos o deponentes son aquellos que no tienen formas de la voz activa, sino únicamente de la voz media o de la pasiva. Esto trae como consecuencia que la traducción cambie: la voz media y la pasiva de estos verbos se traducen como voz activa; carecen de un sentido medio o pasivo.

Se los reconoce porque tienen como forma léxica la **voz media-pasiva** del presente indicativo. Esto quiere decir que en el diccionario no se encuentra la forma de la primera persona singular, voz activa, presente del indicativo (λυω), sino la primera persona singular, **voz media-masiva** del presente indicativo (λυμαινομαι).

Explicaciones

1. La mayoría de los verbos defectivos poseen una forma defectiva en todos sus tiempos, pero hay algunos que sólo la tienen en **un** tiempo. El verbo más conocido es «εἰμί», el cual presenta las siguientes formas:

Núm	Presente (Pres)	Futuro (Fut)	
Sg	εἰμί	ἔσομαι	seré
	εἶ	ἔσῃ	serás
	ἐστίν	ἔσται	será
Pl	ἐσμέν	ἐσόμεθα	seremos
	ἐστέ	ἔσεσθε	ustedes serán
	εἰσίν	ἔσονται	serán

   * En estos casos la forma léxica sigue siendo la del tiempo presente (εἰμί)

2. Existen también verbos que tienen un significado en la voz activa y otro en la pasiva o en la media. Estos cambios de significado se indican en los diccionarios.
   Por ejemplo:

Voz	Verbo	Significado
Activa	ἅπτω	encender
Pasiva	ἅπτομαι	tocar

Voz	Verbo	Significado
Activa	παύω	refrenar, calmar
Pasiva	παύομαι	terminar, cesar

Vocabulario

ἀποκρινομαι	contestar, responder
λογιζομαι	calcular, considerar, pensar
ἀσπαζομαι	saludar
καυχαομαι	gloriarse, jactarse
δεχομαι	recibir, aceptar, acoger
δυναμαι	poder, ser capaz
πορευομαι	ir, caminar
προσευχομαι	orar
φοβεομαι	temer, tener miedo

Capítulo 33

Los verbos mudos: labiales

Introducción

El grupo de los «*verbos mudos*» está conformado por aquellos cuyo tema verbal (o raíz) termina con ciertas consonantes. Como consecuencia de éstas, las formas verbales de estos verbos sufren algunos cambios de acuerdo con las consonantes que los siguen.

Según la consonante final, los verbos mudos se dividen en tres subgrupos:

a)	Los labiales	(β, π, φ)
b)	Los guturales	(γ, κ, χ)
c)	Los dentales	(δ, τ, θ)

Los verbos mudos labiales son sometidos a los siguientes cambios:

Si la consonante final de la raíz es seguida por:	La consonante se transforma en:	Ejemplo:
μ	μ	βεβλεμμαι (en vez de βεβλεπμαι)
σ	ψ	ἔπεμψα (en vez de ἔπεμπσα)
τ	π	γεγραπται (en vez de γεγραφται)
θ	φ	ἐπέμφθην (en vez de ἐπέμπθην)
κ	φ (κ desaparece)	γέγραφα (en vez de γεγραφκα)

Paradigmas

	Presente	Futuro	Aoristo (Ao)	Perfecto (Perf)
βλεπ-	βλέπω	βλέψω	ἔβλεψα (Act) ἐβλέφθην (Pas)	βέβλεφα (Act) βέβλεμμαι (MP)
γραπ-	γράφω	γράψω	ἔγραψα (Act) ἐγράφην (Pas)	γέγραφα (Act) γέγραμμαι (MP)
πεμπ-	πέμπω	πέμψω	ἔπεμψα (Act) ἐπέμφθην (Pas)	πέπομφα (Act) πέπεμμαι (MP)
στρεφ-	στρέφω	στρέψω	ἔστρεψα (Act) ἐστράφην (Pas)	ἔστροφα (Act) ἔστραμμαι (MP)
ἁφ-	ἅπτω	ἅψω	ἧψα (Act) ἥφθην (Pas)	ἧμμαι (MP)
καλυβ-	καλύπτω	καλύψω	ἐκάλυψα (Act) ἐκαλύφθην (Pas)	κεκάλυμμαι (MP)
κρυφ-	κρύπτω	κρύψω	ἔκρυψα (Act) ἐκρύβην (Pas)	κέκρυφα (Act) κέκρυμμαι (MP)

Explicaciones

➤ Hay varios verbos de este grupo que pierden la característica de la voz pasiva del aoristo: la consonante «θ». Por este cambio, a este tipo de aoristo pasivo se lo llama «*aoristo pasivo fuerte*» o «*aoristo pasivo 2*». No se tienen que memorizar estos términos técnicos porque sirven en primer lugar para la comunicación en el curso.

	En vez de	El aoristo pasivo fuerte es
γραφω	ἐγραφθη	ἐγραφη
στρεφω	ἐστραφθη	ἐστραφη
κρυπτω	ἐκρυφθη	ἐκρυβη
θλιβω	ἐθλιφθη	ἐθλιβη
στρεφω	ἐστρεφθη	ἐστραφη
τρεπω	ἐτρεφθη	ἐτραπη
βαπτω	ἐβαφθη	ἐβαφη
θαπτω	ἐθαφθη	ἐθαφη
κλεπτω	ἐκλεφθη	ἐκλαπη
κοπτω	ἐκοφθη	ἐκοπη
ῥιπτω	ἐρριφθη	ἐρριφη

➤ Igual existen formas del aoristo pasivo 2 entre los verbos mudos guturales (*Capítulo 34*) y entre los verbos líquidos (*Capítulo 54*).
➤ Desde el aoristo pasivo 2 se deduce la forma del futuro pasivo, que, de igual modo, carece de la característica de la consonante -θ.
➤ Hay también varios verbos que tienen un cambio de vocal radical en el tiempo perfecto:

πεμπω	πεπομφα
λειπω	λελοιπα
στρεφω	ἐστροφα
τρεπω	τετροφα
κλεπτω	κεκλοφα

Vocabulario

βλεπω	ver
γραφω	escribir
πεμπω	enviar
ἐπιστρεφω	volver, convertir
ἁπτω	prender fuego (voz media: tocar)
ἀποκαλυπτω	revelar
κρυπτω	esconder, ocultar
ἀναβλεπω	recuperar la vista, levantar los ojos, abrir los ojos

Capítulo 34

Los verbos mudos: guturales

Introducción

Éste capítulo trata acerca de los verbos mudos guturales (γ, κ, χ). Su transformación es como sigue:

Si la consonante final de la raíz es seguida por:	La consonante se transforma en:	Ejemplo:
μ	γ	πεφυλαγμαι (en vez de πεφυλακμαι)
σ	ξ	διωξω (en vez de διωκσω)
τ	κ	δεδεκται (en vez de δεδεχται)
θ	χ	κηρυχθησεται (en vez de κηρυγθησεται)
κ	(χ) (κ desaparece)	κεκραγα (en vez de κεκραγκα)

Paradigmas

	Presente	Futuro	Aoristo	Perfecto
ἀγ-	ἀγω	ἄξω	ἤγαγον (Act) ἤχθην (Pas)	ἦχα (Act) ἦγμαι (MP)
ἀρχ-	ἀρχομαι	ἀρξομαι	ἠρξαμην (Def)	ἠργμαι (Def)
δεχ-	δεχομαι	δεξομαι	ἐδεξαμην (Def) ἐδεχθην (Def)	δεδεγμαι (Def)
διωκ-	διωκω	διωξω	ἐδιωξα (Act) ἐδιωχθην (Pas)	δεδιωχα (Act) δεδιγμαι (MP)
λεγ-	ἐκλεγομαι	ἐκλεξομαι	**ἐξ**ελεξαμην (Def)	ἐκλελεγμαι (Def)
εὐχ-	προσευχομαι	προσευξομαι	προσηυξαμην (Def)	προσηυγμαι (Def)
κηρυκ-	κηρυσσω	κηρυξω	ἐκηρυξα (Act) ἐκηρυχθην (Pas)	κεκηρυχα (Act) κεκηρυγμαι (MP)
πραγ-	πρασσω	πραξω	ἐπραξα (Act) ἐπραχθην (Pas)	πεπραχα (Act) πεπραγμαι (MP)
φυλακ-	φυλασσω	φυλαξω	ἐφυλαξα (Act) ἐφυλαχθην (Pas)	πεφυλαχα (Act) πεφυλαγμαι (MP)
ὑποταγ-	ὑποτασσω	(ὑποταξω)	ὑπεταξα (Act) ὑπεταγην (Pas)	ὑποτεταχα (Act) ὑποτεταγμαι (MP)
κραγ-	κραζω	κραξω	ἐκραξα (Act)	κεκραγα (Act)
ὑπαρχ-	ὑπαρχω	(ὑπαρξω)	ὑπηρξα (Act) ὑπηρξαμην (Med)	ὑπηρχα (Act) ὑπηργμαι (MP)
δοκ(ε)-	δοκεω	(δοξω)	ἐδοξα (Act)	δεδοκται (Act)

Explicaciones

- El verbo ἄγω tiene un aoristo 2 (Ver *Capítulo 51*).
- Hay que tomar en cuenta que un grupo de verbos mudos guturales no muestran ninguna consonante gutural en el presente (e imperfecto), sino una doble s («σσ»).

Presente	Futuro	Aoristo	Perfecto
ἀλλασσω	ἀλλαξω	ἠλλαξα	ἠλλαχα
κηρυσσω	κηρυξω	ἐκηρυξα	κεκηρυχα
πλησσω	πληξω	ἐπληξα	πεπληγα
πρασσω	πραξω	ἐπραξα	πεπραχα
τασσω	ταξω	ἐταξα	ταταχα
φυλασσω	φυλαξω	ἐφυλαξα	πεφυλαχα

- Otro grupo que no tiene ninguna consonante gutural en el presente (e imperfecto), sino la letra -ζ, es el siguiente:

Presente	Futuro	Aoristo	Perfecto
κραζω	κραξω	ἐκραξα	κεκραγα
στεναζω	στεναξω	ἐστεναξα	ἐστεναχα
στηριζω	στηριξω	ἐστηριξα	ἐστηριχα
σφαζω	σφαξω	ἐσφαξα	ἐσφαχα

Vocabulario

ἀρχομαι	comenzar, empezar
δεχομαι	recibir, tomar
διωκω	perseguir
ἐκλεγομαι	escoger, elegir
προσευχομαι	orar
κηρυσσω	anunciar, proclamar
πρασσω	practicar, hacer
φυλασσω	custodiar, guardar
ὑποτασσω	sujetar, someter
κραζω	clamar
ὑπαρχω	tener, poseer, ser, estar
δοκεω	pensar, parecer

Capítulo 35

Los verbos mudos: dentales

Introducción

Éste capítulo se ocupa de los verbos mudos dentales (δ, τ, θ). Su transformación es como sigue:

Si la consonante final de la raíz es seguida por:	La consonante se transforma en:	Ejemplo:
μ	σ	δεδοξασμαι (en vez de δεδοξαζμαι)
σ	σ	ἐθαυμασα (en vez de ἐθαυμαζα)
τ	σ	καθαρισται (en vez de καθαριζται)
θ	(σ)	σωθησεται (en vez de σωζθησεται
κ	(σ) (κ desaparece)	σεσωκεν (en vez de σεσωζκεν)

Paradigmas

	Presente	Futuro	Aoristo	Perfecto
δοξαδ-	δοξαζω	δοξασω	ἐδοξασα (Act) ἐδοξασθην (Pas)	δεδοξακα (Act) δεδοξασμαι (MP)
ἐργαδ-	ἐργαζομαι	ἐργασομαι	εἰργασαμην (Def)	εἰργασμαι (Def)
δοκιμαδ-	δοκιμαζω	δοκιμασω	ἐδοκιμασα (Act) ἐδοκιμασθην (Pas)	δεδοκιμακα (Act) δεδοκιμασμαι (MP)

Explicaciones

> Las diferencias entre las formas del presente/imperfecto y los demás tiempos está casi siempre en la consonante final de la raíz: ζ/σ.
> Algunos verbos tienen otra forma para el futuro:

Presente	Futuro
ἐλπιζω	ἐλπιῶ
ἐγγιζω-	ἐγγιῶ
καθαριζω-	καθαριῶ

Vocabulario

πειθω	convencer
δοξαζω	alabar, glorificar
ἐργαζομαι	trabajar
ἑτοιμαζω	preparar

θαυμαζω	maravillarse, asombrarse
ἐγγιζω	acercarse
καθαριζω	limpiar
καθιζω	sentarse, estar sentado
βαπτιζω	bautizar
εὐαγγελιζω	anunciar buenas nuevas
σωζω	salvar

Capítulo 36

Los pronombres demostrativos

Introducción

El pronombre demostrativo resalta a una persona o un objeto y lo indica específicamente. Puede reemplazar a un sustantivo o lo acompaña: <u>Este</u> auto es mío. <u>Éste</u> no es mi auto. El griego conoce varios pronombres demostrativos. Los más frecuentes son οὗτος y ἐκεῖνος.

Igual como los sustantivos y los pronombres personales, este pronombre también tiene una declinación:

Num	este			ese/aquel		
	Masc	Neu	Fem	Masc	Neu	Fem
Sg	οὗτος	τοῦτο	αὕτη	ἐκεῖνος	ἐκεῖνο	ἐκείνη
	τούτου	τούτου	ταύτης	ἐκείνου	ἐκείνου	ἐκείνης
	τούτῳ	τούτῳ	ταύτῃ	ἐκείνῳ	ἐκείνῳ	ἐκείνῃ
	τοῦτον	τοῦτο	ταύτην	ἐκεῖνον	ἐκεῖνο	ἐκείνην
Pl	οὗτοι	ταῦτα	αὗται	ἐκεῖνοι	ἐκεῖνα	ἐκεῖναι
	τούτων	τούτων	τούτων	ἐκείνων	ἐκείνων	ἐκείνων
	τούτοις	τούτοις	ταύταις	ἐκείνοις	ἐκείνοις	ἐκείναις
	τούτους	ταῦτα	ταύτας	ἐκείνους	ἐκεῖνα	ἐκείνας

Explicaciones

➤ Hay otros grupos de pronombres demostrativos, como ὅδε (τοῦδε, τῇδε, τήνδε, etc., que significa: este aquí.

➤ El pronombre demostrativo nunca se ubica entre el artículo y el sustantivo; puede estar antes del artículo o después del sustantivo correspondiente: οὗτος ὁ ἄνθρωπος ὁ ἄνθρωπος οὗτος (significa en ambos casos: este hombre). No se traduce el artículo («*este el hombre*» o «*el hombre este*»), sino solamente el sustantivo y el pronombre demostrativo.

➤ Si el pronombre demostrativo neutro está solo, se traduce mejor con el sustantivo «*cosa*»:

τοῦτο	esta cosa
ταῦτα	estas cosas

Capítulo 37

Los pronombres indefinidos e interrogativos

Introducción

Estos dos grupos de pronombres tienen una base común: ambos sustituyen a un sustantivo en forma indeterminada. En griego el pronombre indefinido lo hace en forma afirmativa, mientras que el pronombre interrogativo, en forma de pregunta. Por lo tanto, tienen casi la misma forma y fácilmente pueden ser confundidos.

Num	Pronombre interrogativo			Pronombre indefinido		
	Masc/Fem	Neu		Masc/Fem	Neu	
Sg	τίς	τί	¿quién?, ¿qué?	τις	τι	uno, algún(o), alguien
	τίνος	τίνος	¿de quién?, ¿de qué?	τινός	τινός	de algún(o), de alguien
	τίνι	τίνι	¿a quién?, ¿a qué?	τινί	τινί	a algún(o), a alguien
	τίνα	τί	¿a quién?, ¿qué?	τινά	τι	algún, a alguien
Pl	τίνες	τίνα	¿quiénes?, ¿qué?	τινές	τινά	unos, algunos
	τίνων	τίνων	¿de quiénes?, ¿de qué?	τινῶν	τινῶν	de unos, de algunos
	τίσιν	τίσιν	¿a quiénes?, ¿a qué?	τισίν	τισίν	a unos, a algunos
	τίνας	τίνα	¿a quiénes?, ¿qué?	τινάς	τινά	(a) unos, (a) algunos

Explicaciones

- Los acentos en los dos grupos caen en diferentes sílabas.
- En el pronombre interrogativo la traducción a veces se debe hacer con «*cuál, cuáles*» o simplemente «*qué*» para conseguir la forma correcta en castellano.
- Los pronombres interrogativos pueden introducir una pregunta directa o indirecta, igual como en castellano.
- Los pronombres interrogativos pueden acompañar a un sustantivo o reemplazarlo totalmente.
- En la forma del dativo plural puede faltar la ν- final (τισι).
- «τινα» puede ser analizado de tres diferentes maneras: nominativo-plural-neutro, acusativo-plural-neutro o acusativo-singular-femenino/masculino.

Capítulo 38

Exégesis: el tiempo «*presente*»

El presente

Las formas temporales del verbo en el idioma griego juntan dos diferentes maneras de verlo: uno es el aspecto temporal y otro el «*subjetivo*». Éste se refiere a cómo el autor veía la forma de este verbo. Al hablar los idiomas modernos estamos acostumbrados a considerar en primer lugar el aspecto temporal del verbo, pero no es así en el sistema griego: el verbo griego en primer lugar expresa algo subjetivo. Esto se hace evidente por el hecho de que los tiempos pasados en todos los modos, excepto el modo indicativo, pierden el aumento, y con esto su característica temporal. Solamente en el modo indicativo el verbo mantiene su aspecto temporal, en todos los demás modos no hay que considerar este aspecto.

En cuanto al tiempo «*presente*» se puede resumir que este tiempo enfatiza el <u>progreso</u> de una acción, una acción no concluida. Se pueden diferenciar varios aspectos de este progreso o desarrollo de la acción:

a) **Presente progresivo:** Cuando ve la acción en progreso (*Estoy trabajando*).

   De descripción: Cuando describe una cadena de minimomentos (*Las lámparas se están apagando*).

   De continuidad: Cuando los resultados de una acción en el pasado continúan (*Oigo que hay divisiones*).

   De duración: Cuando la acción que empezó en el pasado continúa en el presente (*Ustedes han estado conmigo*).

b) **Presente de costumbre:** Cuando la acción es afirmada en forma general (*Toda casa es construida por alguien*).

c) **Presente iterativo:** Cuando una acción se repite varias veces (*Cada día me levanto en la mañana*).

d) **Presentes especiales:** (Sólo en modo indicativo)

   Presente aoristo: Cuando por la lógica la acción se realizó en el pasado.

   Presente futurista: Cuando por la lógica la acción se realizará en el futuro (*El Hijo del Hombre es entregado para ser crucificado*).

   Presente de actualización: Cuando un hecho en el pasado se describe como más actual (*Llegado el atardecer él viene con los doce*).

   Presente del intento: Cuando se expresa no una acción realizada sino un intento de realizarla (*¿Ustedes me apedrean? = ¿Ustedes quieren apedrearme?*).

   Presente argumentativo: Cuando se está deliberando argumentos en un discurso (*Ahora, pues, permanecen estas tres virtudes: la fe, la esperanza y el amor*).

Capítulo 39

Las palabras πας, μεγας, πολυς

Introducción

La palabra «πας» significa «*todo*», «*cada*», «*cada uno*» y es muy frecuente en el NT. Es un tipo de adjetivo, y por lo tanto, tiene todas las formas de la declinación. Con esta palabra encontramos por primera vez un adjetivo que presenta una mezcla de declinaciones. Los adjetivos que conocemos hasta el momento presentaban formas de la primera y segunda declinación. Por ejemplo:

Núm	Caso	Masculino (Masc)	Femenino (Fem)	Neutro (Neu)
Sg	Nom	ἅγιος	ἁγία	ἅγιον
	Gen	ἁγίου	ἁγίας	ἁγίου
	Dat	ἁγίῳ	ἁγίᾳ	ἁγίῳ
	Ac	ἅγιον	ἁγίαν	ἅγιον
	Voc	ἅγιε	ἁγία	ἅγιον
Pl	Nom	ἅγιοι	ἅγιαι	ἅγια
	Gen	ἁγίων	ἁγίων	ἁγίων
	Dat	ἁγίοις	ἁγίαις	ἁγίοις
	Ac	ἁγίους	ἁγίας	ἅγια
	Voc	ἅγιοι	ἅγιαι	ἅγια

Pero «πας» tiene otras declinaciones: solamente la forma femenina sigue la primera declinación. Las masculinas y neutras tienen formas de la tercera declinación.

Núm	Caso	Masculino (Masc)	Femenino (Fem)	Neutro (Neu)
Sg	Nom	πᾶς	πᾶσα	πᾶν
	Gen	παντός	πάσης	παντός
	Dat	παντί	πάσῃ	παντί
	Ac	πάντα	πᾶσαν	πᾶν
Pl	Nom	πάντες	πᾶσαι	πάντα
	Gen	πάντων	πασῶν	πάντων
	Dat	πᾶσι(ν)	πάσαις	πᾶσι(ν)
	Ac	πάντας	πάσας	πάντα

Explicaciones

➢ Las formas femeninas cambian entre las desinencias con la vocal -η y la vocal -α.

➢ El adjetivo «πας» con el conjunto «*artículo-sustantivo*» significa «*todo*». Si al adjetivo «πας» solamente le sigue un sustantivo —sin artículo— el significado es «*cada*», «*cada uno*», aunque la mejor traducción al castellano siga siendo «*todo*».

πασα ἡ πολις	toda la ciudad (= la ciudad entera)
πασαι αἱ πολεις	todas las ciudades (= las ciudades en su totalidad)
ὁ πας νομος	toda la ley (= la ley entera)
οἱ παντες ἀνδρες	todos los varones
παν δενδρον	cada árbol
παντες ἀνθρωποι	cada uno de los hombres (= todo hombre)

➢ Es importante aprender también las formas de las dos palabras siguientes:

μεγας *(grande)*

Núm	Caso	Masculino (Masc)	Femenino (Fem)	Neutro (Neu)
Sg	Nom	μέγας	μεγάλη	μέγα
	Gen	μεγάλου	μεγάλης	μεγάλου
	Dat	μεγάλῳ	μεγάλῃ	μεγάλῳ
	Ac	μέγαν	μεγάλην	μέγα
Pl	Nom	μεγάλοι	μεγάλαι	μεγάλα
	Gen	μεγάλων	μεγάλων	μεγάλων
	Dat	μεγάλοις	μεγάλαις	μεγάλοις
	Ac	μεγάλους	μεγάλας	μεγάλα

πολυς *(mucho)*

Núm	Caso	Masculino (Masc)	Femenino (Fem)	Neutro (Neu)
Sg	Nom	πολύς	πολλή	πολύ
	Gen	πολλοῦ	πολλῆς	πολλοῦ
	Dat	πολλῷ	πολλῇ	πολλῷ
	Ac	πολύν	πολλήν	πολύ
Pl	Nom	πολλοί	πολλαί	πολλά
	Gen	πολλῶν	πολλῶν	πολλῶν
	Dat	πολλοῖς	πολλαῖς	πολλοῖς
	Ac	πολλούς	πολλάς	πολλά

Capítulo 40

El verbo «εἰμὶ»

Introducción

El verbo «εἰμὶ» tiene formas verbales solamente en tres diferentes tiempos: presente, imperfecto y futuro. Las formas son como éstas:

Núm	Presente (Pres)	Imperfecto (Impf)	Futuro (Fut)
Sg	εἰμί	ἤμην	ἔσομαι
	εἶ	ἦς/ἦσθα	ἔσῃ
	ἐστίν	ἦν	ἔσται
Pl	ἐσμέν	ἦμεν/ἤμεθα	ἐσόμεθα
	ἐστέ	ἦτε/ἦστε	ἔσεσθε
	εἰσίν	ἦσαν	ἔσονται

Explicaciones

Si las formas del verbo «εἰμι» se presentan sin complementos, es decir, si el verbo sólo está acompañado por el sujeto, su significado es: «*existir*», «*estar presente*».

ἐστίν ὁ θεός	Dios existe. Dios está presente.
οὐκ ἐστίν δίκαιος	No existe ningún justo. No hay ningún justo.
οὐκ ἐστίν ὧδε	No está presente.

En todos los demás casos, que son mucho más frecuentes, el verbo «εἰμι» no sólo está acompañado por el sujeto, sino, además, se encuentra presente un complemento del sujeto para definirlo.

ὁ θεὸς ἅγιος ἐστίν	Dios es santo.
δίκαιοι εἰσίν οἱ δοῦλοι	Los esclavos son justos.

A veces en el griego se puede omitir el verbo «εἰμι», de modo que solamente aparecen el sujeto y su complemento. La traducción sigue siendo la misma en castellano.

ὁ θεὸς ἅγιος	Dios <u>es</u> santo.
δίκαιοι οἱ δοῦλοι	Los esclavos <u>son</u> justos.

La forma del verbo «εἰμι» que más se presta para confundirse es la tercera persona singular del tiempo imperfecto, porque hay otras palabras semejantes, como la forma «ἦν».

Capítulo 41

El pronombre reflexivo

Introducción

El pronombre reflexivo indica que la acción del verbo conjugado se refiere al mismo sujeto de la oración. Tiene hasta cierto punto el mismo efecto que la voz media del verbo. Ya que en griego el aspecto reflexivo mayormente forma parte del verbo mismo, este pronombre no es muy frecuente en el NT; pero, a pesar de esto, aparece y se deben conocer por lo menos sus formas.

Puesto que se relaciona con el sujeto, no tiene formas del nominativo, sino solamente de los demás casos.

Singular		Plural	
ἐμαυτοῦ/ -ῆς	de mí/me	ἑαυτῶν	de nosotros-nosotras/nos
ἐμαυτῷ/ -ῇ	a mí/me	ἑαυτοῖς/ -αῖς	a nosotros-nosotras/nos
ἐμαυτόν/ -ήν	a mí/me	ἑαυτούς/ -άς	a nosotros-nosotras/nos

σεαυτοῦ/ -ῆς	de ti/te	ἑαυτῶν	de ustedes/se
σεαυτῷ/ -ῇ	a ti/te	ἑαυτοῖς/ -αῖς	a ustedes/se
σεαυτόν/ -ήν	a ti/te	ἑαυτους/ -ας	a ustedes/se

ἑαυτοῦ/ -ῆς	de él – ella/se	ἑαυτῶν	de ellos-ellas/se
ἑαυτῷ/ -ῇ	a él – ella/se	ἑαυτοῖς/ -αῖς	a ellos-ellas/se
ἑαυτόν/ -ήν	a él – ella/se	ἑαυτοῦς/ -άς	a ellos-ellas/se

Explicaciones

- Las formas de la primera y segunda persona plural también podrían construirse con el pronombre personal (ἡμων, ἡμιν, ἡμας, ὑμων, ὑμιν, ὑμας) más las declinaciones de la tercera persona plural del mismo pronombre personal (αὐτων, αυτοις/ -αις, αὐτους/ -ας). De este modo, resultarían formas como ἡμων αὐτων (= ἑαυτων), ἡμιν αὐταις (= ἑαυταις).

- En el NT las formas «αὐτου» para la tercera persona singular son muy escasas.

- No existe una forma del nominativo porque el sujeto siempre es el actor de la oración y nunca el objeto.

- El pronombre reflexivo se relaciona con el sujeto:

μαρτυρεῖτε ἑαυτοῖς
«Ustedes dan testimonio a ustedes mismos» (Mt 23.31)

- Ya que el pronombre reflexivo muchas veces expresa un énfasis, se lo puede traducir usando la palabra «*mismo(s)/misma(s)*».

Capítulo 42

Los pronombres recíprocos y posesivos

Introducción

Estos dos grupos de pronombres no son muy frecuentes en el NT griego por ser este tipo de texto un griego popular y no clásico. A pesar de esto, a veces aparecen, de modo que es bueno que el estudiante tenga conocimiento de sus formas y la manera de traducirlas.

El <u>pronombre recíproco</u> expresa una acción mutua, recíproca. Por lo tanto, no existe ni una forma del singular ni el nominativo plural.

ἀλλήλων	(los) unos de (los) otros
ἀλλήλοις/ -αις	(los) unos a (los) otros – (las) unas a (las) otras
ἀλλήλους/ -ας/ -α	(los) unos a (los) otros – (las) unas a (las) otras

El pronombre recíproco también se puede utilizar junto con preposiciones:

μετ' ἀλλήλων	=	(los) unos <u>con</u> (los) otros

El <u>pronombre posesivo</u> muchas veces fue sustituido en el NT griego por el pronombre personal en el caso genitivo (μου, σου, αὐτοῦ, ἡμῶν, ὑμῶν, αὐτῶν). Para subrayar la relación de propiedad se seguía utilizando este tipo de pronombre en el texto griego.

mi			mis		
Masc	Fem	Neu	Masc	Fem	Neu
ἐμός	ἐμή	ἐμόν	ἐμοί	ἐμαί	ἐμά
ἐμοῦ	ἐμῆς	ἐμοῦ	ἐμῶν	ἐμῶν	ἐμῶν
ἐμῷ	ἐμῇ	ἐμῷ	ἐμοῖς	ἐμαῖς	ἐμοῖς
ἐμόν	ἐμήν	ἐμόν	ἐμούς	ἐμάς	ἐμά

tu			tus		
Masc	Fem	Neu	Masc	Fem	Neu
σός	σή	σόν	σοί	σαί	σά
σοῦ	σῆς	σοῦ	σῶν	σῶν	σῶν
σῷ	σῇ	σῷ	σοῖς	σαῖς	σοῖς
σόν	σήν	σόν	σούς	σάς	σά

nuestro			nuestros		
Masc	Fem	Neu	Masc	Fem	Neu
ἡμέτερος	ἡμέτερα	ἡμέτερον	ἡμέτεροι	ἡμέτεραι	ἡμέτερα
ἡμετέρου	ἡμετέρης	ἡμετέρου	ἡμετέρων	ἡμετέρων	ἡμετέρων
ἡμετέρῳ	ἡμετέρῃ	ἡμετέρῳ	ἡμετέροις	ἡμετέραις	ἡμετέροις
ἡμέτερον	ἡμετέραν	ἡμέτερον	ἡμετέρους	ἡμετέρας	ἡμέτερα

vuestro/su			vuestros/sus		
Masc	Fem	Neu	Masc	Fem	Neu
ὑμέτερος	ὑμέτερα	ὑμέτερον	ὑμέτεροι	ὑμέτεραι	ὑμέτερα
ὑμετέρου	ὑμετέρης	ὑμετέρου	ὑμετέρων	ὑμετέρων	ὑμετέρων
ὑμετέρῳ	ὑμετέρῃ	ὑμετέρῳ	ὑμετέροις	ὑμετέραις	ὑμετέροις
ὑμέτερον	ὑμετέραν	ὑμέτερον	ὑμετέρους	ὑμετέρας	ὑμέτερα

Explicaciones

- La tercera persona singular y plural siempre fue reemplazada por el caso genitivo del pronombre personal.
- La posición del pronombre posesivo dentro de la oración es la de un adjetivo, de modo que se somete a las mismas reglas que el adjetivo: entre artículo y sustantivo, o después del sustantivo repitiéndose el artículo.
- Al usarse el pronombre posesivo, se enfatiza la posesión de algo.

Capítulo 43

El pronombre relativo

Introducción

El pronombre relativo inicia una oración subordinada que explica un sustantivo de la oración principal:

El hombre que fue detenido había asaltado a un comerciante.

Me voy a encontrar con un amigo mío a quien admiro mucho y lo voy a acompañar al concierto.

El pronombre relativo en griego tiene para cada caso, número y género su propia forma, la cual es similar a las desinencias de la primera y segunda declinación. Cada vocal inicial tiene un espíritu rudo.

La traducción en castellano es: «*que*», «*quien*», «*cual*», con sus respectivas preposiciones de cada caso: «*de*» (para el genitivo) y «*a*» (para el dativo y para el acusativo en caso de personas).

Las formas

Núm	Masculino	Neutro	Femenino
Sg	ὅς	ὅ	ἥ
	οὗ	οὗ	ἧς
	ᾧ	ᾧ	ᾗ
	ὅν	ὅ	ἥν
Pl	οἵ	ἅ	αἵ
	ὧν	ὧν	ὧν
	οἷς	οἷς	αἷς
	οὕς	ἅ	ἅς

Explicaciones

➤ La diferencia entre algunas formas del pronombre relativo y el artículo es solamente el acento que lleva el pronombre relativo.

ὁ = Artículo masculino

ὅ = Pronombre relativo neutro

➤ Si se añade al pronombre relativo la sílaba «τις» o «τινες» (ὅστις, ἥτις, οἵτινες), el significado es «*quienquiera*», «*sea quien sea*».

Gén	Caso	Masculino	Femenino	Neutro
Sg	Nom	ὅστις	ἥτις	ὅ τι
	Gen	οὗτινος	ἧστινος	οὗτινος
	Dat	ᾧτινι	ᾗτινι	ᾧτινι
	Ac	ὅντινα	ἥντινα	ὅ τι

Gén	Caso	Masculino	Femenino	Neutro
Pl	Nom	οἵτινες	αἵτινες	ἅτινα
	Gen	ὧντινων	ὧντινων	ὧντινων
	Dat	οἵστισι(ν)	αἵστισι(ν)	οἵστισι(ν)
	Ac	οὕστινας	ἅστινας	ἅτινα

➤ A veces, el pronombre relativo está al principio de una oración principal. En este caso, hay que traducirlo como un pronombre personal (él) o como un pronombre demostrativo (éste).

➤ Existen también adverbios pronominales. No son muy frecuentes, pero es de provecho haber visto una vez las diferentes posibilidades:

Interrogativo directo	Interrogativo indirecto	Demostrativo	Relativo
πόσος; (¿Cuán grande?)	ὁπόσος (cuan grande)	τοσοῦτος (tan grande)	ὅσος (tan grande)
πόσοι; (¿Cuántos?)	ὁπόσοι (cuántos)	τοσοῦτοι (tantos)	ὅσοι (tantos cuantos)
ποῖος; (¿De qué forma?)	ὁποῖος (de qué manera)	τοιοῦτος (de esta forma)	οἷος (de manera que)
πηλίκος; (¿Cuán grande?)		τηλικοῦτος (grande)	ἡλίκος (tan grande)

Traducción

➤ Los pronombres relativos cumplen un rol similar a las conjunciones en cuanto a la subdivisión de una oración. Por lo tanto, también se debe dividir la oración antes del pronombre relativo.

➤ Igual como en castellano, el final del pensamiento que se inicia con un pronombre relativo, no es tan claro, y solamente se puede determinar al darse cuenta de que hay dos verbos conjugados en el mismo pensamiento, lo cual no puede ser posible.

Capítulo 44

El adjetivo: los diferentes grupos

Introducción

Igual que los sustantivos, los adjetivos también pueden tener las desinencias según las diferentes declinaciones. Podemos diferenciar los siguientes paradigmas:

Adjetivos con tres desinencias

Núm	Caso	Masc	Neu	Fem
Sg	Nom	ἅγιος	ἅγιον	ἁγία
	Gen	ἁγίου	ἁγίου	ἁγίας
	Dat	ἁγίῳ	ἁγίῳ	ἁγίᾳ
	Ac	ἅγιον	ἅγιον	ἁγίαν
	Voc	ἅγιε	ἅγιον	ἁγίαν
Pl	Nom	ἅγιοι	ἅγια	ἅγιαι
	Gen	ἁγίων	ἁγίων	ἁγίων
	Dat	ἁγίοις	ἁγίοις	ἁγίαις
	Ac	ἁγίους	ἅγια	ἁγίας
	Voc	ἅγιοι	ἅγια	ἅγιαι

Núm	Caso	Masc	Neu	Fem
Sg	Nom	καινός	καινόν	καινή
	Gen	καινοῦ	καινοῦ	καινῆς
	Dat	καινῷ	καινῷ	καινῇ
	Ac	καινόν	καινόν	καινήν
	Voc	καινέ	καινόν	καινή
Pl	Nom	καινοί	καινά	καιναί
	Gen	καινῶν	καινῶν	καινῶν
	Dat	καινοῖς	καινοῖς	καιναῖς
	Ac	καινούς	καινά	καινάς
	Voc	καινοί	καινά	καιναί

Núm	Caso	Masc	Neu	Fem
Sg	Nom	χρυσοῦς	χρυσοῦν	χρυσῆ
	Gen	χρυσοῦ	χρυσοῦ	χρυσῆς
	Dat	χρυσῷ	χρυσῷ	χρυσῇ
	Ac	χρυσοῦν	χρυσοῦν	χρυσῆν
	Voc	χρυσοῦς	χρυσοῦν	χρυσῆ

Núm	Caso	Masc	Neu	Fem
Pl	Nom	χρυσοῖ	χρυσᾶ	χρυσαῖ
	Gen	χρυσῶν	χρυσῶν	χρυσῶν
	Dat	χρυσοῖς	χρυσοῖς	χρυσαῖς
	Ac	χρυσοῦς	χρυσᾶ	χρυσᾶς
	Voc	χρυσοῖ	χρυσᾶ	χρυσαῖ

Núm	Caso	Masc	Neu	Fem
Sg	Nom	βαθύς	βαθύ	βαθεῖα
	Gen	βαθέως	βαθέως	βαθείας
	Dat	βαθεῖ	βαθεῖ	βαθείᾳ
	Ac	βαθύν	βαθύ	βαθεῖαν
	Voc	βαθύς	βαθύ	βαθεῖα
Pl	Nom	βαθεῖς	βαθέα	βαθεῖαι
	Gen	βαθέων	βαθέων	βαθειῶν
	Dat	βαθέσιν	βαθέσιν	βαθείαις
	Ac	βαθεῖς	βαθέα	βαθείας
	Voc	βαθεῖς	βαθέα	βαθεῖαι

Núm	Caso	Masc	Neu	Fem
Sg	Nom	μέλας	μέλαν	μέλαινα
	Gen	μέλανος	μέλανος	μελαίνης
	Dat	μέλανι	μέλανι	μελαίνῃ
	Ac	μέλανα	μέλαν	μέλαιναν
	Voc	μέλας	μέλαν	μέλαινα
Pl	Nom	μέλανες	μέλανα	μέλαιναι
	Gen	μελάνων	μελάνων	μελαινῶν
	Dat	μέλασι(ν)	μέλασι(ν)	μελαίναις
	Ac	μέλανας	μέλανα	μελαίνας
	Voc	μέλανες	μέλανα	μέλαιναι

Adjetivo con dos desinencias

Núm	Caso	Masc/Fem	Neu
Sg	Nom	ἄφθαρτος	ἄφθαρτον
	Gen	ἀφθάρτου	ἀφθάρτου
	Dat	ἀφθάρτῳ	ἀφθάρτῳ
	Ac	ἄφθαρτον	ἄφθαρτον
	Voc	ἄφθαρτε	ἄφθαρτον

Núm	Caso	Masc/Fem	Neu
Pl	Nom	ἄφθαρτοι	ἄφθαρτα
	Gen	ἀφθάρτων	ἀφθάρτων
	Dat	ἀφθάρτοις	ἀφθάρτοις
	Ac	ἀφθάρτους	ἄφθαρτα
	Voc	ἄφθαρτοι	ἄφθαρτα

Núm	Caso	Masc/Fem	Neu
Sg	Nom	σώφρων	σῶφρον
	Gen	σώφρονος	σώφρονος
	Dat	σώφρονι	σώφρονι
	Ac	σώφρονα	σῶφρον
	Voc	σῶφρον	σῶφρον
Pl	Nom	σώφρονες	σώφρονα
	Gen	σωφρόνων	σωφρόνων
	Dat	σώφροσιν	σώφροσιν
	Ac	σώφρονας	σώφρονα
	Voc	σώφρονες	σώφρονα

Núm	Caso	Masc/Fem	Neu
Sg	Nom	ἀληθής	ἀληθές
	Gen	ἀληθοῦς	ἀληθοῦς
	Dat	ἀληθεῖ	ἀληθεῖ
	Ac	ἀληθῆ	ἀληθές
	Voc	ἀληθές	ἀληθές
Pl	Nom	ἀληθεῖς	ἀληθῆ
	Gen	ἀληθῶν	ἀληθῶν
	Dat	ἀληθέσιν	ἀληθέσιν
	Ac	ἀληθεῖς	ἀληθῆ
	Voc	ἀληθεῖς	ἀληθῆ

Explicaciones

➢ Los adjetivos que terminan en -ους mayormente se relacionan con el material para utensilios (de oro, plata, bronce, tierra, etc.).

➢ Si un adjetivo tiene solamente dos diferentes desinencias, la forma femenina es la misma que la forma masculina.

Capítulo 45

El adjetivo: los diferentes grados

Introducción

En griego también existen el <u>grado comparativo</u> y el <u>grado superlativo</u>. Los paradigmas son:

Grado positivo	Grado comparativo	Grado superlativo	
μωρός	μωρό-τερος	μωρό-τατος	necio
σοφός	σοφώ-τερος	σοφώ-τατος	sabio
βαθύς	βαθύ-τερος	βαθύ-τατος	profundo
ἀκριβής	ἀκριβέσ-τερος	ἀκριβέσ-τατος	exacto
σώφρων	σωφρονέσ-τερος	σωφρονέσ-τατος	prudente
καλός	καλλ-ίων	καλλ-ιστος	bueno, bonito
μέγας	μείζ-ων/μειζότερος	μέγ-ιστος	grande
πολύς	πλεί-ων/πλεί-ον	πλεῖσ-τος	mucho
ταχύς	ταχ-ίων	τάχ-ιστος	rápido
ἀγαθός	κρείσσ-ων/κρείττων βελτ-ίων	κράτ-ιστος βέλτ-ιστος	bueno
κακός	χείρ-ων ἥσσ-ων		malo
ὀλίγος	ἐλάσσ-ων	ἐλάχ-ιστος	poco
λίαν	μᾶλλον	μάλιστα	muy (adverbio)

Las formas del comparativo y del superlativo tienen las mismas declinaciones que el grado positivo y los sustantivos.

El <u>uso</u> del superlativo es distinto al castellano. El superlativo se usa raras veces en su función superlativa; mayormente es usado para dar énfasis en el sentido de «*muy, excesivamente*». Estos superlativos se llaman «*superlativos absolutos*» o «*elativos*».

El comparativo en griego no solamente se puede expresar por medio de una forma del comparativo en sí, sino también por el grado positivo. Se pueden diferenciar cinco diferentes formas de expresar el comparativo:

a) La forma del comparativo más la partícula «ἤ».
b) La forma del comparativo más el genitivo.
c) El grado positivo más una preposición.
d) El grado positivo más la partícula «ἤ».
e) El grado positivo más la palabra «μᾶλλον».

Explicaciones

Hay dos adjetivos irregulares en el sentido de que la forma femenina difiere de la masculina. Ellos son:

Masculino	Femenino	Neutro	
μεγας	μεγαλη	μεγα	grande
πολυς	πολλη	πολλυ	mucho

Para completar se presenta también la declinación de las formas de los grados comparativo y superlativo en los distintos géneros:

Grado comparativo:

Masculino	Femenino	Neutro
μωρότερος	μωρότερα	μωρότερον
μωροτέρου	μωροτέρας	μωροτέρου
μωροτέρῳ	μωροτέρᾳ	μωροτέρῳ
μωρότερον	μωρότεραν	μωρότερον

Grado superlativo

Masculino	Femenino	Neutro
μωρότατος	μωρότατη	μωρότατον
μωροτάτου	μωροτάτης	μωροτάτου
μωροτάτῳ	μωροτάτῃ	μωροτάτῳ
μωρότατον	μωρότατην	μωρότατον

Las formas neutras del grado comparativo del adjetivo καλος son de este modo:

κάλλιον
καλλίονος
καλλίονι
κάλλιον

Capítulo 46

Exégesis: los tiempos «*imperfecto*» y «*futuro*»

El tiempo «*imperfecto*»

Igual como el tiempo «*presente*», este tiempo expresa una acción incompleta, todavía en curso, pero con un énfasis en el pasado y no en el presente. Por el simple hecho de existir el tiempo «*imperfecto*» en el modo indicativo, el aspecto temporal es más pronunciado que en el tiempo presente.

Se pueden diferenciar varios aspectos de este progreso o desarrollo de la acción:

Imperfecto progresivo o de duración	Cuando describe una serie de minimomentos en el pasado.
Imperfecto de costumbre o iterativo	Cuando el mismo hecho se repite varias veces.
Imperfecto de tendencia	Cuando una acción es planificada; no interesa si también fue realizada o no.
Imperfecto volitivo	Cuando expresa un deseo.
Imperfecto ingresivo	Cuando se enfatiza el inicio de una acción.

El tiempo «*futuro*»

El tiempo «*futuro*» es principalmente un tiempo del indicativo. Esto quiere decir que muy pocas veces aparecen sus formas en otros modos (imperativo, infinitivo, subjuntivo). Por lo tanto, se puede concluir que en este tiempo prevalece el aspecto temporal futuro.

Futuro de predicción	Cuando se predice un evento que se espera que ocurra en el futuro.
Futuro progresivo	Cuando la acción en el futuro no solamente es vista como puro evento, sino como algo que progresa, tiene una duración.
Futuro imperativo	Cuando afirma que otra persona hará algo en el futuro, equivale a un mandato
Futuro deliberativo	Cuando preguntas de incertidumbre son ocasionalmente expresadas por el futuro.
Futuro volitivo	Cuando el futuro expresa una intención o un deber.

Capítulo 47

Exégesis: los tiempos «*aoristo*» y «*perfecto*»

El tiempo «*aoristo*»

Es el tiempo más importante y a la vez más común en el sistema verbal griego. El significado básico del aoristo es denotar una acción simplemente como acontecimiento; no interesa la duración ni el momento temporal ni el resultado. En el modo indicativo tiene también un aspecto temporal, cuyas formas son muy frecuentes pero, a la vez, exegéticamente no tan interesantes porque mayormente sólo relatan un acontecimiento pasado.

Con aspecto temporal

Aoristo constativo	Cuando consta que sucedió algo sin dar importancia si la acción se prolongaba o repetía o tenía como efecto un resultado.
Aoristo ingresivo	Cuando la acción se contempla desde su punto de vista inicial.
Aoristo de culminación	Cuando la acción se contempla desde su final (y resultado).

Sin aspecto temporal

Aoristo gnómico	Cuando deja constancia de hechos o verdades generalmente aceptados y ciertos (se traduce a menudo en castellano con el presente).
Aoristo epistolario	Cuando el autor se coloca en el punto de vista del lector (aunque para el primero el acontecimiento puede ser pasado o futuro).
Aoristo dramático	Cuando se actualiza un hecho que sucedió en el pasado.

El tiempo «*perfecto*»

El perfecto es el tiempo de la acción completa y, sobre todo, completada. Se usa el tiempo perfecto para expresar el interés en el resultado de una acción terminada.

El perfecto en griego es mucho más restringido que en castellano.

Perfecto intensivo	Cuando se pone énfasis en el estado existente: «¡Así es!», (Muchas veces la mejor traducción al castellano usando el presente)
Perfecto de consumación	Cuando se pone énfasis en un proceso consumado. Se tiene en mente tanto el proceso pasado como el resultado presente.
Perfecto iterativo	Cuando en vez de poner énfasis en un proceso continuo y consumado, se enfatiza el hecho de que el proceso consistía en acciones repetidas.

Capítulo 48

Los números

Introducción

N°.	Signo	Números cardinales	Números ordinales	Cuántas veces
1	α′	εἷς, μία, ἕν	πρῶτος, -η, -ον	ἅπαξ (1x)
2	β′	δύο	δεύτερος, -α, -ον	δίς (2x)
3	γ′	τρεῖς, τρία	τρίτος, -η, -ον	τρίς (3x)
4	δ′	τέσσαρες, -αρα	τέταρτος, -η, -ον	τετράκις (4x)
5	ε′	πέντε	πέμπτος, -η, -ον	πεντάκις (5x)
6	ς′	ἕξ	ἕκτος	ἑξάκις (6x)
7	ζ′	ἑπτά	ἕβδομος	ἑπτάκις (7x)
8	η′	ὀκτώ	ὄγδοος	ὀκτάκις (8x)
9	θ′	ἐννέα	ἔνατος	ἐνάκις (9x)
10	ι′	δέκα	δέκατος	δεκάκις (10x)
11	ια′	ἕνδεκα	ἑνδέκατος, -η, -ον	
12	ιβ′	δώδεκα	δωδέκατος	
13	ιγ′	δεκατρεῖς, -τρία	τρισκαιδέκατος	
14	ιδ′	δεκατέσσαρες, -ρα	τεσσαρεσδαιδέκατος	
15	ιε′	δεκαπέντε	πεντεκαιδέκατος	
16	ις′	δεκαέξ		
17	ιζ′	δεκαεπτά		
18	ιη′	δεκαοκτώ	ὀκτωκαιδέκατος	
19	ιθ′	δεκαεννέα	ἐννεακαιδέκατος	
20	κ′	εἴκοσι	εἰκοστός, -ή, -όν	εἰκοσάκις (20x)
30	λ′	τριάκοντα	τριακοστός	
40	μ′	τεσσεράκοντα		
50	ν′	πεντήκοντα		
60	ξ′	ἑξήκοντα		
70	ο′	ἑβδομήκοντα		ἑβδομηκοντάκις (70x)
80	π′	ὀγδοήκοντα		
90		ἐνενήκοντα		
100	ρ′	ἑκατόν	ἑκατοστός	
200	σ′	διακόσιοι, -αι, -α		
300	τ′	τριακόσιοι, -αι, -α		
400	υ′	τετρακόσιοι, -αι, -α		
500	φ′	πεντακόσιοι, -αι, -α		
600	χ′	ἑξακόσιοι, -αι, -α		

N°.	Signo	Números cardinales	Números ordinales	Cuántas veces
700	ψ	ἑπτακόσιοι, -αι, -α		
800	ω´	ὀκτακόσιοι, -αι, -α		
900		ἐνακόσιοι, -αι, -α		
1 000	‚α	χίλιοι, -αι, -α		χιλιάκις (1 000x)
2 000	‚β	δισχίλιοι, -αι, -α		
10 000	‚ι	μύριοι, -αι, -α		μυριάκις (10 000x)

Explicaciones

➢ «*Signos*» son los números escritos con letras. Se escribían estas letras añadiendo un apóstrofo.

➢ Para el número 90 se usaba una letra que ya no se encuentra en el alfabeto (*koppa*), y para el 900 otra letra ya no existente (*sampi*).

➢ Los números a partir de 200 se comportan como adjetivos y tienen casos y géneros.

➢ Lo mismo sucede con los números del 1 al 4. Su paradigma es como sigue:

	Uno			Dos
Caso	Masc	Fem	Neu	Masc/Fem/Neu
Nom	εἷς	μία	ἕν	δύο
Gen	ἑνός	μιᾶς	ἑνός	δύο
Dat	ἑνί	μιᾷ	ἑνί	δυσίν
Ac	ἕνα	μίαν	ἕν	δύο

	Tres		Cuatro	
Caso	Masc/Fem	Neu	Masc/Fem	Neu
Nom	τρεῖς	τρία	τέσσαρες	τέσσαρα
Gen	τριῶν	τριῶν	τεσσάρων	τεσσάρων
Dat	τρισίν	τρισίν	τέσσαρσιν	τέσσαρσιν
Ac	τρεῖς	τρία	τέσσαρας	τέσσαρα

➢ La palabra para «*ni uno*» o «*ninguno*» (οὐδείς, μηδείς) se declina como el número «*1*»:

Caso	Masc	Fem	Neu
Nom	οὐδείς	οὐδεμία	οὐδέν
Gen	οὐδενός	οὐδεμιᾶς	οὐδενός
Dat	οὐδενί	οὐδεμιᾷ	οὐδενί
Ac	οὐδένα	οὐδεμίαν	οὐδέν

Capítulo 49

El imperativo activo

Introducción

El imperativo es el primer modo verbal no indicativo. Esto significa que la respectiva forma verbal pierde su aspecto temporal. Como consecuencia, las formas verbales del imperativo no tienen aumento, aunque estén en aoristo. El griego tiene formas del imperativo en los tiempos presente y aoristo y en todas las voces.

El paradigma es como sigue:

Núm	Pers	Presente (Pres)	Aoristo (Ao)	
Sg	2	λύ-ε	λύ-σον	(¡Desata!)
	3	λυ-έ-τω	λυ-σά-τω	(¡Que él desate!)
Pl	2	λύ-ετε	λύ-σα-τε	(¡Desaten!)
	3	λυ-έ-τω-σαν	λυ-σά-τω-σαν	(¡Que ellos desaten!)

Verbos contractos

Núm	Pers	Presente (Pres)/Singular (Sg)	Aoristo (Ao)/Singular (Sg)
Sg	2	τίμα (-αε)	τιμήσον
	3	τιμάτω	τιμησάτω
Pl	2	τιμᾶτε	τιμήσατε
	3	τιμάτωσαν	τιμησάτωσαν

Núm	Pers	Presente (Pres)/Singular (Sg)	Aoristo (Ao)/Singular (Sg)
Sg	2	ποίει	ποιήσον
	3	ποιείτω	ποιησάτω
Pl	2	ποιεῖτε	ποιήσατε
	3	ποείτωσαν	ποιησάτωσαν

Núm	Pers	Presente (Pres)/Singular (Sg)	Aoristo (Ao)/Singular (Sg)
Sg	2	δούλου	δουλώσον
	3	δουλούτω	δουλωσάτω
Pl	2	δουλοῦτε	δουλώσατε
	3	δουλούτωσαν	δουλωσάτωσαν

Verbos mudos

Núm	Pers	Presente (Pres)/Singular (Sg)	Aoristo (Ao)/Singular (Sg)
Sg	2	βλέπε	βλέψον
	3	βλεπέτω	βλεψάτω
Pl	2	βλέπετε	βλέψατε
	3	βλεπέτωσαν	βλεψάτωσαν

Núm	Pers	Presente (Pres)/Singular (Sg)	Aoristo (Ao)/Singular (Sg)
Sg	2	φυλάσσε	φυλάξον
	3	φυλασσέτω	φυλαξάτω
Pl	2	φυλάσσετε	φυλάξατε
	3	φυλασσέτωσαν	φυλαξάτωσαν

Núm	Pers	Presente (Pres)/Singular (Sg)	Aoristo (Ao)/Singular (Sg)
Sg	2	ἁγιάζε	ἁγιάσον
	3	ἁγιαζέτω	ἁγιασάτω
Pl	2	ἁγιάζετε	ἁγιάσατε
	3	ἁγιαζέτωσαν	ἁγιασάτωσαν

Explicaciones

- Las formas del imperativo y del indicativo de la segunda persona plural presente son idénticas.
- La única diferencia entre las formas del imperativo y del indicativo de la segunda persona plural aoristo es el aumento. Las formas del pasado solamente llevan un aumento en el modo indicativo
- Hay que tener cuidado con las formas de la segunda persona singular presente de los verbos contractos en -αω porque son casi idénticas:

Modo	Segunda persona (2)/Singular (Sg)/Presente (Pres)
Indicativo (Ind)	ἀγαπᾳ (ἀγαπα-ει)
Imperativo (Imp)	ἀγαπα (ἀγαπα-ε)

- Las formas del imperativo y del indicativo de la segunda persona singular presente de los verbos contractos que terminan en -εω originalmente eran idénticas. En el NT se trata de diferenciarlas a través de un acento:

Modo	Segunda persona (2)/Singular (Sg)/Presente (Pres)
Indicativo (Ind)	ποιεῖ
Imperativo (Imp)	ποίει

- En todos los modos, que no son indicativo, el aoristo pierde su aspecto temporal y, por lo tanto, también el aumento, ya que éste es la característica del tiempo pasado.

- El imperativo en griego tiene formas de dos diferentes «*tiempos*»: del presente y del aoristo. El castellano tiene una sola forma. Por lo tanto, la traducción al castellano es la misma para ambos «*tiempos*», pero en la exégesis hay que diferenciar los dos aspectos de la acción: la continuidad (presente) y la histórica-puntual (aoristo).
- Pocas veces se encuentran rasgos del griego clásico en el imperativo del Nuevo Testamento. En este caso las formas son:

Tiempo	Tercera persona (3)/Plural (Pl)/Imperativo (Imp)
Presente (Pres)	λυοντων
Aoristo (Ao)	λυσαντων

Capítulo 50

El imperativo medio-pasivo

Introducción

Además de que el modo imperativo se presenta en voz activa, los verbos también tienen un imperativo en las voces media y pasiva, con su respectiva traducción media o pasiva. Se sobrentiende que el imperativo de los verbos defectivos debe ser traducido en la voz activa al castellano.

El paradigma es como sigue:

Núm	Pers	Pres/MP		Ao/Med		Ao/Pas	
Sg	2	λύ-ου	(¡Desátate!) (¡Seas desatado!)	λῦ-σαι	(¡Desátate!)	λύ-θη-τι	(¡Seas desatado!)
	3	λυ-έ-σθω	(¡Que él se desate!) (¡Que él sea desatado!)	λυ-σά-σθω	(¡Que él desate!)	λυ-θή-τω	(¡Que él sea desatado!)
Pl	2	λύ-ε-σθε	(¡Desátense!) (¡Sean desatados!)	λύ-σα-σθε	(¡Desátense!)	λύ-θη-τε	(¡Sean desatados!)
	3	λυ-έ-σθω-σαν	(¡Que ellos se desaten!) (¡Qué ellos sean desatados!)	λυ-σά-σθω-σαν	(¡Que ellos se desaten!)	λυ-θή-τω-σαν	(¡Que ellos sean desatados!)

Verbos contractos

Núm	Pers	Pres/MP	Ao/Med	Ao/Pas
Sg	2	τιμῶ (-αου)	τιμῆσαι	τιμήθητι
	3	τιμάσθω	τιμησάσθω	τιμηθήτω
Pl	2	τιμᾶσθε	τιμήσασθε	τιμήθητε
	3	τιμάσθωσαν	τιμησάσθωσαν	τιμηθήτωσαν

Núm	Pers	Pres/MP	Ao/Med	Ao/Pas
Sg	2	ποιοῦ	ποίησαι	ποιήθητι
	3	ποιείσθω	ποιησάσθω	ποιηθήτω
Pl	2	ποιεῖσθε	ποιήσασθε	ποιήθητε
	3	ποιείσθωσαν	ποιησάσθωσαν	ποιηθήτωσαν

Núm	Pers	Pres/MP	Ao/Med	Ao/Pas
Sg	2	δουλοῦ	δουλῶσαι	δουλώθητι
	3	δουλούσθω	δουλωσάσθω	δουλωθήτω
Pl	2	δουλοῦσθε	δουλώσασθε	δουλώθητε
	3	δουλούσθωσαν	δουλωσάσθωσαν	δουλωθήτωσαν

Verbos mudos

Núm	Pers	Pres/MP	Ao/Med	Ao/Pas
Sg	2	βλέπου	βλέψαι	βλέφθητι
	3	βλεπέσθω	βλεψάσθω	βλεφθήτω
Pl	2	βλέπεσθε	βλέψασθε	βλέφθητε
	3	βλεπέσθωσαν	βλεψάσθωσαν	βλεφθήτωσαν

Núm	Pers	Pres/MP	Ao/Med	Ao/Pas
Sg	2	φυλάσσου	φυλάξαι	φυλάχθητι
	3	φυλασσέσθω	φυλαξάσθω	φυλαχθήτω
Pl	2	φυλάσσεσθε	φυλάξασθε	φυλάχθητε
	3	φυλασσέσθωσαν	φυλαξάσθωσαν	φυλαχθήτωσαν

Núm	Pers	Pres/MP	Ao/Med	Ao/Pas
Sg	2	ἁγιάζου	ἁγιάσαι	ἁγιάσθητι
	3	ἁγιαζέσθω	ἁγιασάσθω	ἁγιασθήτω
Pl	2	ἁγιάζεσθε	ἁγιάσασθε	ἁγιάσθητε
	3	ἁγιαζέσθωσαν	ἁγιασάσθωσαν	ἁγιασθήτωσαν

Explicaciones

➢ Fácilmente se pueden confundir las formas de la segunda persona singular en imperativo presente medio-pasivo (λυου), con la segunda persona singular en imperfecto presente medio-pasivo (ἐλυου) porque ambas terminan con la característica -ου. Se pueden distinguir las dos formas por el aumento que lleva el imperfecto.

➢ También pueden confundirse las formas de la segunda persona singular en imperativo presente medio-pasivo de los verbos contractos (ἀγαπω), con la primera persona singular en presente activo de los verbos contractos (ἀγαπω) porque en verdad las dos formas son idénticas. Para solucionar el problema basta considerar el contexto.

➢ El uso más frecuente del imperativo de la voz media-pasiva se encuentra en los verbos defectivos, ya que carecen de una voz activa. Su traducción, igual como en el modo indicativo, se realiza usando la voz activa.

➢ Pocas veces se encuentran rasgos del griego clásico en el imperativo del Nuevo Testamento. En este caso la forma de la tercera persona plural en presente medio-pasivo presente será λυεσθων, y la forma de la tercera persona en plural media aoristo será λυσασθων, y la forma de la tercera persona plural pasiva aoristo será λυθεντων.

Capítulo 51

El aoristo 2

Introducción

Morfológicamente el aoristo 2, como cualquier «*tiempo 2*», se caracteriza por la falta de las características temporales. A estas formas también se las llama «*fuertes*». Su composición es:

| Tema verbal | + | Vocal temático | + | Desinencia |

El término «*aoristo 2*» significa que las formas de este aoristo son distintas a las otras formas de aoristo que conocemos.

En general, se puede decir que el tema verbal (la raíz) de este aoristo es diferente del tema verbal del tiempo presente/imperfecto. En el modo indicativo, las desinencias del aoristo 2 son las mismas que las del imperfecto. Entonces, la única forma para diferenciar entre aoristo e imperfecto es considerar la diferencia de los temas verbales.

El paradigma del aoristo 2 (en comparación con las formas del imperfecto) es como sigue:

Núm	Pers	Aoristo 2 (Ao2)	Imperfecto (Impf)
Sg	1	ἔβαλον	ἔβαλλον
	2	ἔβαλες	ἔβαλλες
	3	ἔβαλε(ν)	ἔβαλλεν
Pl	1	ἐβάλομεν	ἐβάλλομεν
	2	ἐβάλετε	ἐβάλλετε
	3	ἔβαλον	ἔβαλλον

Explicaciones

- La misma regla vale para todas las voces y todos los modos de este aoristo 2.
- Un verbo tiene solo un aoristo: o un aoristo 1 o un aoristo 2.
- La mayoría de los verbos que tienen un aoristo 2 son verbos irregulares:

Presente (Pres)	Aoristo 2 (Ao2)	Significado
βάλλω	ἔβαλον	echar
ἄγω	ἤγαγον	llevar, traer
ἁμαρτάνω	ἥμαρτον	pecar
γίνομαι	ἐγενόμην	llegar a ser
ἔρχομαι	ἦλθον	venir
ἐσθίω	ἔφαγον	comer
ἔχω	ἔσχον	tener
λέγω	εἶπον	decir
ὁράω	εἶδον	ver

Presente (Pres)	Aoristo 2 (Ao2)	Significado
πάσχω	ἔπαθον	sufrir
φέρω	ἤνεγκον	llevar, traer
φεύγω	ἔφυγον	huir
λαμβάνω	ἔλαβον	tomar, recibir
αἱρέω	εἷλον	tomar
ἀποθνῄσκω	ἀπέθανον	morir
εὑρίσκω	εὗρον	encontrar
μανθάνω	ἔμαθον	aprender

➤ A veces la influencia del aoristo 1 fue tanta que el aoristo 2 llevaba como vocal temática no la -ε sino la -α (de -σα). El verbo más conocido es «λέγω» (decir):

Aoristo 2 (Ao2)	Aoristo (Ao)
εἶπον	εἶπα
εἶπες	εἶπας
εἶπεν	εἶπαν

Ambas formas aparecen en el Nuevo Testamento griego.

➤ Fuera del modo indicativo (imperativo, subjuntivo, infinitivo, participio) las desinencias del aoristo 2 se parecen a las del presente. Por lo tanto, hay que subrayar, una vez más, cuán importante es la raíz, porque en estos casos la única diferencia entre una forma del presente y una del aoristo 2, es la raíz, mas no la desinencia.

Por ejemplo:

	Imperativo/Presente	Imperativo/Aoristo 2
βαλλω	βάλλε	βάλε

Capítulo 52

El subjuntivo

Introducción

En griego hay cuatro diferentes formas para definir la relación de la idea verbal con la realidad. Es decir, en la forma gramatical del verbo hay cuatro diferentes modos, y cada uno expresa en forma subjetiva la relación de la acción con la realidad. Los cuatro modos son:

Indicativo	Es el modo de la certidumbre; el hecho es real; se lo afirma, asevera y declara.
Subjuntivo	Es el modo de la posibilidad o probabilidad; hay criterio para suponer que la acción se haga real, pero depende...
Optativo	Es el modo de la posibilidad o probabilidad y del deseo; no hay criterio para suponer que la acción se haga real.
Imperativo	Es el modo de mandato y súplica; se ordena la realización a través de la voluntad del hablante o de un tercero.

Hasta cierto punto solamente, el indicativo expresa un hecho real, mientras que los otros modos contienen un cierto aspecto de probabilidad. Por este motivo, únicamente en el modo indicativo encontramos el aspecto temporal en la forma del verbo, pero en los demás modos desaparece este aspecto y queda sólo el de la percepción subjetiva (durativo, puntual, resultativo).

Por el mismo motivo, no existe un imperativo futuro (porque fuera del modo indicativo, este tiempo no tiene sentido). Tampoco hay subjuntivo futuro ni subjuntivo imperfecto. En el griego «koiné» tampoco existen ni el subjuntivo perfecto ni el subjuntivo pluscuamperfecto.

Formas

La característica común de las formas del subjuntivo son **las vocales alargadas** de los enlaces entre el tema verbal y la desinencia («η» y «ω»).

Algunos ejemplos:

Voz/Tiem	Núm/Pers	Indicativo (Ind)	Subjuntivo (Sub)
Act/Pres	Sg/2	παιδευ-ει-ς	παιδευ-η-ς
	Pl/1	παιδευ-ο-μεν	παιδευ-ω-μεν
Act/Ao	Pl/2	ἐ-παιδευ-σα-ς	παιδευ-ση-ς
	Pl/1	ἐ-παιδευ-σα-μεν	παιδευ-σω-μεν
MP/Pres	Sg/1	παιδευ-ο-μαι	παιδευ-ω-μαι
	Pl/2	παιδευ-ε-σθε	παιδευ-η-σθε
Med/Ao	Sg/3	ἐ-παιδευ-σα-το	παιδευ-ση-ται
Pas/Ao	3/Sg/3	ἐ-παιδευ-θη	παιδευ-θη

Explicaciones

1. En la mayoría de los casos la diferenciación entre las formas del indicativo y del subjuntivo no es un gran problema porque en su gran mayoría el modo subjuntivo se usa en oraciones subordinadas, de modo que se puede reconocer el modo por la existencia de ciertas conjunciones.
2. Algunas formas verbales son idénticas:
   * Sub/Med/Pres/2/Sg = Sub/Act/Pres/3/Sg
   * Sub/Act/Ao/3/Sg = Ind/Med/Fut/2/Sg
   * En los verbos contractos en -αω la forma del indicativo presente activo y mediopasivo es idéntica al subjuntivo.
3. Las desinencias del subjuntivo son las de un verbo en tiempo presente.
4. La forma del subjuntivo aoristo se asemeja a la del futuro indicativo porque tiene la característica de la «σ» y carece de aumento.
5. Es interesante constatar que en griego existen dos diferentes conjunciones para introducir una oración condicional, mientras que en castellano se usa mayormente la conjunción «*si*».

    A la conjunción εἰ siempre le sigue un verbo en modo indicativo; de esta manera, se evidencia la probabilidad de la condición:

εἰ υἱὸς εἶ τοῦ θεοῦ	=	si eres hijo de Dios (y no hay duda que lo eres)

    A la conjunción ἐάν siempre le sigue un verbo en modo subjuntivo; de este modo, se evidencia la duda, la poca probabilidad de la condición:

ἐὰν ἔχητε πίστιν	=	si tuvieran fe (pero no es muy seguro si tienen o no)

El uso del subjuntivo

a) En oraciones subordinadas/dependientes
   * Después de la conjunción «ἵνα» o «ὅπως» (significa «*para que*», «*que*»).
   * Después del verbo «φοβεομαι».
   * Después de la conjunción «ἐάν» (significa «*si*»).
   * Con la partícula «ἄν» (es expresión de la irrealidad).
   * Después de la conjunción «ὅταν» (significa «*cuando*»).
   * Después de la conjunción «ἕως» (significa «*hasta*», «*hasta que*»).

b) En oraciones principales/independientes

Uso exhortativo	Se exhorta a otros para participar con uno en una acción: «*sino velemos y seamos sobrios*» (1Ts 5.6)
	ἀλλὰ γρηγορῶμεν καὶ νήφωμεν
Uso prohibitivo	Se prohíbe o pide algo a alguien que no lo haga: «*no digas en tu corazón*» (Ro 10.6)
	μὴ εἴπῃς ἐν τῇ καρδίᾳ σου

Uso deliberativo	Se pregunta sin esperar realmente una respuesta: «¿*qué hagamos?*» (Hch 4.16)
	Τί ποιήσωμεν;
Uso de negación enfática	Se da énfasis especial a algo negativo: «*y no escaparán de ninguna manera*» (1Ts 5.3)
	καὶ οὐ μὴ ἐκφύγωσιν

c) Clasificación de las oraciones condicionales

Las oraciones condicionales están formadas por dos partes: una que indica la condición (prótasis) y otra que expresa la consecuencia de cumplirse la condición (apódosis). La prótasis en castellano se introduce mayormente con la conjunción «*si*»: *Si de verdad hiciste algo malo, pide perdón*.

Existen cuatro clases de oraciones condicionales. Su uso depende de la percepción de la realidad de parte del actor o hablante.

1.	**Condición real.** El que habla considera que la condición se cumplirá, se realizará. En griego, la prótasis se introduce con la conjunción «εἰ» y el verbo está en modo indicativo. El verbo de la apódosis puede estar en cualquier modo.
2.	**Condición irreal.** El que habla considera que la condición no se dio, no se cumplió conforme a lo esperado. En griego, la prótasis se introduce con la conjunción «εἰ» y el verbo está en modo indicativo y en el tiempo imperfecto o aoristo. La apódosis se introduce con la partícula «ἄν» y está en el mismo modo y tiempo que la prótasis.
3.	**Condición eventual futura.** El que habla considera las posibilidades de la realización en el futuro. En griego, la prótasis se introduce con la conjunción «ἐάν» y el verbo está en modo subjuntivo. En la apódosis el verbo puede estar en cualquier modo y tiempo.
4.	**Condición potencial.** El que habla considera que es muy poco probable que se cumpla o realice la condición. En griego, se introduce la prótasis con la conjunción «εἰ» y el verbo está en modo optativo. La apódosis se introduce con la partícula «ἄν» y el verbo también se encuentra en modo optativo. En el Nuevo Testamento no existen ejemplos completos de la condición potencial.

Capítulo 53

El optativo

Introducción

La cuarta forma para relacionar la idea verbal con la realidad es el **modo optativo**, que es el de la posibilidad o probabilidad y del deseo.

El modo optativo en el *koiné* estaba por desaparecer. En el Nuevo Testamento lo encontramos solamente 67 veces aproximadamente, de modo que no es necesario memorizar sus formas, sino solamente conocerlas.

En el griego clásico existían formas del optativo para todos los tiempos, pero en el tiempo del *koiné* sólo quedaban las formas para el tiempo presente, imperfecto y aoristo. Ya que el modo optativo no es un modo con aspecto temporal, tampoco tiene un aumento.

El paradigma es como sigue:

Núm	Pers	Presente (Pres)/Imperfecto (Impf)	Aoristo (Ao)
Sg	1	λύ-οι-μι	λύ-σαι-μι
	2	λύ-οι-ς	λύ-σαι-ς
	3	λύ-οι	λύ-σαι
Pl	1	λύ-οι-μεν	λύ-σαι-μεν
	2	λύ-οι-τε	λύ-σαι-τε
	3	λύ-οι-εν	λύ-σαι-εν

Explicaciones

➤ La forma que más se presta para ser confundida es la tercera persona singular del aoristo, porque existe la misma forma para el imperativo medio aoristo de la segunda persona singular y para el infinitivo activo del aoristo. Sin embargo, no hay mucho problema porque muy pocas veces esta forma pertenece al optativo. El infinitivo activo aoristo es la forma más frecuente en el NT griego.

➤ El uso más frecuente del optativo lo encontramos en la exclamación de Pablo «μὴ γένοιτο», que significa «*no llegue a ser*», lo que se traduce como «*de ninguna manera*», «*lejos esté*», etc.

➤ Además existen las formas para las voces activa y media. En la voz pasiva del aoristo predomina la sílaba «-θειη».

➤ En otro dialecto griego existían algunas formas distintas del optativo aoristo, pero ellas prácticamente no aparecen en el Nuevo Testamento. Por ejemplo:

Sg	2	λύσαιας
	3	λύσειεν
Pl	3	λύσειαν

Capítulo 54

Los verbos líquidos

Introducción

Los «*verbos líquidos*» conforman el último grupo de los verbos regulares que terminan en -ω. Su característica es que su tema verbal termina en una de las siguientes consonantes: λ, ρ, ν, μ. El paradigma es como sigue:

Pres/Act	Fut/Act	Ao/Act	Perf/Act
ἀποστέλλω	ἀποστελῶ	ἀπέστειλα	ἀπέσταλκα
ἀποστέλλεις	ἀποστελεῖς	ἀπέστειλας	ἀπέσταλκας
ἀποστέλλει	ἀποστελεῖ	ἀπέστειλεν	ἀπέσταλκεν
ἀποστέλλομεν	ἀποστελοῦμεν	ἀπεστείλαμεν	ἀπεστάλκαμεν
ἀποστέλλετε	ἀποστελεῖτε	ἀπεστείλατε	ἀπεστάλκατε
ἀποστέλλουσιν	ἀποστελοῦσιν	ἀπέστειλαν	ἀπέσταλκαν

Pres/Med	Fut/Med	Ao/Med	Perf/Med
ἀποστέλλομαι	ἀποστελοῦμαι	ἀπεστειλάμην	ἀπέσταλμαι
ἀποστέλλῃ	ἀποστελῇ	ἀπεστείλω	ἀπέσταλσαι
ἀποστέλλεται	ἀποστελεῖται	ἀπεστείλατο	ἀπέσταλται
ἀποστελλόμεθα	ἀποστελοῦμεθα	ἀπεστειλάμεθα	ἀπεστάλμεθα
ἀποστέλλεσθε	ἀποστελεῖσθε	ἀπεστείλασθc	ἀπεστάλθε
ἀποστέλλονται	ἀποστελοῦνται	ἀπεστείλαντο	ἀπέσταλνται

Pres/Pas	Fut/Pas	Ao/Pas	Perf/Pas
ἀποστέλλομαι	ἀποστελήσομαι	ἀπεστάλην	ἀπέσταλμαι
ἀποστέλλῃ	ἀποστελήσῃ	ἀπεστάλης	ἀπέσταλσαι
ἀποστέλλεται	ἀποστελήσεται	ἀπεστάλη	ἀπέσταλται
ἀποστελλόμεθα	ἀποστελησόμεθα	ἀπεστάλημεν	ἀπεστάλμεθα
ἀποστέλλεσθε	ἀποστελήσεσθε	ἀπεστάλητε	ἀπεστάλθε
ἀποστέλλονται	ἀποστελήσονται	ἀπεστάλησαν	ἀπέσταλνται

Pres/Act	Fut/Act	Ao/Act	Perf/Act
αἴρω	ἀρῶ	ἦρα	ἦρκα
αἴρεις	ἀρεῖς	ἦρας	ἦρκας
αἴρει	ἀρεῖ	ἦρεν	ἦρκεν
αἴρομεν	ἀροῦμεν	ἤραμεν	ἤρκαμεν
αἴρετε	ἀρεῖτε	ἤρατε	ἤρκατε
αἴρουσιν	ἀροῦσιν	ἦραν	ἦρκαν

Pres/Med	Fut/Med	Ao/Med	Perf/Med
αἴρομαι	ἀροῦμαι	ἠράμην	ἦρμαι
αἴρῃ	ἀρῇ	ἤρω	ἦρσαι
αἴρεται	ἀρεῖται	ἤρατο	ἦρται
αἰρόμεθα	ἀρούμεθα	ἠράμεθα	ἤρμεθα
αἴρεσθε	ἀρεῖσθε	ἤράσθε	ἤρθε
αἴρονται	ἀροῦνται	ἤραντο	ἤρνται

Pres/Pas	Fut/Pas	Ao/Pas	Perf/Pas
αἴρομαι	ἀρθήσομαι	ἤρθην	ἦρμαι
αἴρῃ	ἀρθήσῃ	ἤρθης	ἦρσαι
αἴρεται	ἀρθήσεται	ἤρθη	ἦρται
αἰρόμεθα	ἀρθησόμεθα	ἤρθημεν	ἤρμεθα
αἴρεσθε	ἀρθήσεσθε	ἤρθετε	ἤρθε
αἴρονται	ἀρθήσονται	ἤρθησαν	ἤρνται

Pres/Act	Fut/Act	Ao/Act	Perf/Act
φαίνω	φανῶ	ἔφανα	πέφαγκα
φαίνεις	φανεῖς	ἔφανας	πέφαγκας
φαίνει	φανεῖ	ἔφανεν	πέφαγκεν
φαίνομεν	φανοῦμεν	ἐφάναμεν	πεφάγκαμεν
φαίνετε	φανεῖτε	ἐφάνατε	πεφάγκατε
φαίνουσιν	φανοῦσιν	ἔφαναν	πέφαγκασιν

Pres/Med	Fut/Med	Ao/Med	Perf/Med
φαίνομαι	φανοῦμαι	ἐφανάμην	No existe en el NT
φαίνῃ	φανῇ	ἐφάνω	
φαίνεται	φανεῖται	ἐφάνατο	
φαινόμεθα	φανούμεθα	ἐφανάμεθα	
φαίνεσθε	φανεῖσθε	ἐφάνασθε	
φαίνονται	φανοῦνται	ἐφάναντο	

Pres/Pas	Fut/Pas	Ao/Pas	Perf/Pas
φαίνομαι	φανήσομαι	ἐφάνην	No existe en el NT
φαίνῃ	φανήσῃ	ἐφάνης	
φαίνεται	φανήσεται	ἐφάνη	
φαινόμεθα	φανησόμεθα	ἐφάνημεν	
φαίνεσθε	φανήσεσθε	ἐφάνητε	
φαίνονται	φανήσονται	ἐφάνησαν	

Explicaciones

- El tema verbal del presente/imperfecto casi nunca es el tema verbal original, sino más bien una ampliación añadiendo una letra más.
- La letra «σ» después de las consonantes «*líquidas*» siempre se pierde, de modo que ya no se puede ver la característica del futuro ni del aoristo.
- En la voz pasiva se pierde la característica «θ».
- Por perder una letra muchas veces se amplía la vocal del tema verbal. Esta ampliación de la vocal puede tener varias formas:
  * Ampliar la vocal (ἀπεστειλα en vez de ἀποστελλω).
  * Cambiar la vocal (ἀπεσταλκα en vez de ἀποστελλω).
  * Perderse la vocal (βεβληκα en vez de βαλλω).
- Todos estos cambios traen como consecuencia que a veces sea difícil encontrar la forma léxica de los verbos líquidos.
- El verbo βαλλω sigue la pauta del aoristo 2, y no del aoristo 1.

Vocabulario

ἐγειρω	despertar, levantar, despertarse, levantarse, resucitar
σπειρω	sembrar
αἰρω	elevar
χαιρω	alegrarse, gozarse
μενω	quedar, permanecer
κρινω	juzgar, separar
ἀποκτεινω	matar
ἀποκρινομαι	contestar, responder
βαλλω	echar
ἐκβαλλω	echar fuera, sacar
ἀπαγγελλω	anunciar, contar
ἀποστελλω	mandar, enviar

Capítulo 55

El infinitivo

Introducción

El infinitivo es otro modo verbal (desde el punto de vista del aprendizaje del griego), pero es el primer modo inflexible; es decir, no presenta formas conjugadas, como en los modos indicativo, imperativo y subjuntivo.

Como en todo el sistema verbal griego, también para el infinitivo hay diferentes formas en cada tiempo y voz. Pero, por no ser el modo indicativo, no tiene un aspecto temporal (con excepción del futuro), sino, más bien, presenta un aspecto subjetivo (durativo, puntual-histórico y resultativo). Las formas son estas:

Tiempo	Activa (Act)	Media (Med)	Pasiva (Pas)
Durativo (Pres/Impf)	λύ-ειν (desatar)	λύ-ε-σθαι (desatarse)	λύ-ε-σθαι (ser desatado)
Futuro	λύ-σ-ειν (desatar)	λύ-σε-σθαι (desatarse)	λυ-θή-σε-σθαι (ser desatado)
Puntual (Ao)	λῦ-σαι (desatar)	λύ-σα-σθαι (desatarse)	λυ-θῆ-ναι (ser desatado)
Resultativo (Perf)	λε-λυ-κέ-ναι (haber desatado)	λε-λύ-σθαι (haberse desatado)	λε-λύ-σθαι (haber sido desatado)

Explicaciones

➢ La forma del infinitivo del aoristo activo es idéntica a la del imperativo aoristo medio de la segunda persona singular.

➢ La forma del infinitivo aoristo pierde su aumento porque la forma no tiene aspecto temporal.

➢ No existe un infinitivo imperfecto, porque el imperfecto pertenece al mismo aspecto subjetivo que el presente, que es el aspecto durativo (comparable con el caso del imperativo).

➢ Las formas conservan las características del indicativo: reduplicación para el perfecto, la -σ para el futuro, la -σα para el aoristo.

➢ Los otros grupos verbales (contractos, mudos, líquidos) se adecúan a las reglas respectivas para el infinitivo:

Presente (Pres)/Activo (Act)	Aoristo (Ao)/Activo (Act)
τιμᾶν	τιμῆσαι
ποιεῖν	ποιῆσαι
δουλοῦν	δουλῶσαι
βλέπειν	βλέψαι
φυλάσσειν	φυλάξαι

Presente (Pres)/Activo (Act)	Aoristo (Ao)/Activo (Act)
ἁγιάζειν	ἁγιάσαι
ἀποστέλειν	ἀποστεῖλαι
φαίνειν	φάναι
αἴρειν	ἆραι
βάλλειν	βαλεῖν (¡Aoristo 2!)

El uso del infinitivo

El infinitivo va sin artículo:

a) Después de algunos verbos impersonales, como ἔξεστιν, δυνατον ἐστιν, δει, ἀναγκαιον ἐστιν, συμφερει, καλον ἐστιν, δοκει, πρεπει, γινεται.

b) Después de los verbos que expresan un deseo o una petición, como βουλομαι, αἰτεω, δεομαι, παρακαλεω, κελευω, ἀφιημι, etc.

c) Después de los verbos del poder/saber y entender, como δυναμαι, οἰδα.

d) Después de los verbos del aprender y enseñar: διδασκω, μανθανω.

e) Después de los verbos de duda o titubeo: τολμαω, μελλω, ὀκνεω.

f) Después de los verbos del deber y del compromiso: ἀρχομαι, ὀφειλω.

g) Después de los verbos del decir y pensar: λεγω, μαρτυρεω, ὁμιζω, ἐλπιζω, etc.

h) Después de los verbos de la percepción sensorial: ἀκουω, ὁραω, γινωσκω, οἰδα.

i) Después de los verbos de movimiento: ἐρχομαι, πορευομαι, ἀναβαινω, ἐγγιζω, ὑποστρεφω, καταβαινω.

La traducción toma en cuenta que la acción se realiza con un propósito y, por lo tanto, la mejor traducción del infinitivo al castellano se realiza con la preposición «*para*».

j) El mismo caso se da después de verbos del enviar y del dar: μεμπω, ἀποστελλω, διδωμι.

k) A veces la traducción más adecuada se realiza con un sentido de consecuencia: «*de modo que*». En la mayoría de los casos se puede encontrar la conjunción «ὥστε», pero no siempre.

l) En algunos casos se puede entender el infinitivo como explicación de un sustantivo o pronombre.

m) Después de algunos adjetivos, como ἱκανος, ἀξιος.

El infinitivo va con artículo:

a) El infinitivo está acompañado por el artículo neutro «το» en diferentes casos. Se puede traducir fácilmente al castellano (το φαγειν = el comer).

b) Si el infinitivo está acompañado por el artículo en genitivo singular, hay tres posibilidades para traducirlo:

* como propósito: «*para*»;
* como consecuencia: «*de modo que*»; y
* como explicación: usando el gerundio o una oración subordinada que empieza con «*que*».

El infinitivo va con artículo y preposición

		Traducción como preposición	Traducción en oración subordinada
a)	δια + Ac	por	porque
b)	εἰς + Ac	para	para que
c)	ἐν + Dat	mientras	mientras que
d)	μετα + Ac	después de	después de que
e)	προ + Gen	antes de	antes de que
f)	προς + Ac	para	para que / de modo que

Acusativo con infinitivo (AcI)

En griego existe una formación gramatical de palabras que no tiene algo correspondiente en castellano (pero sí en inglés): aparece un infinitivo (con o sin artículo) junto a un sustantivo o un pronombre personal en el caso acusativo; por ejemplo:

βούλομαι οὖν προσεύχεσθαι	τοὺς ἄνδρας	ἐν παντί τόπῳ	
quiero, pues, **que** orar	a los varones	en todo lugar	
quiero, pues, que oren	los varones	en todo lugar	(traducción literal)
quiero, pues, que los varones	oren	en todo lugar	(traducción dinámica)

Para entender bien la construcción en castellano, se deben hacer algunos cambios:
- El infinitivo se transforma en verbo conjugado.
- La palabra en acusativo se transforma en sujeto.

(Hay algo parecido en inglés: *I want you to go home* = Quiero que tú vayas a casa)

Explicaciones

Hay algunas pocas preposiciones más que van junto con el infinitivo sustantivado, pero aparecen muy pocas veces:

		Traducción oración subordinada
ἕνεκεν	+ Gen.	para que
ἕως	+ Gen.	hasta que
πριν (ἤ)		antes de
ὡς		de modo que

Capítulo 56

Los participios

Introducción

El griego tiene muchas más formas de participios que los idiomas modernos y su uso es mucho más variable y multifacético que los idiomas de hoy en día. Aunque no aparecen todas las formas en el NT, de cada verbo podría existir un participio en cada tiempo, cada voz, cada género y cada caso. «*Tiempo*» y «*voz*» indican que el participio tiene que ver con el verbo, mientras que «*género*» y «*caso*» nos hace ver que también se relaciona con el sustantivo.

Tiem/Voz	Núm	Masc	Neu	Fem
Pres/Act	Sg	λύ-ων	λύ-ον	λύ-ουσα
		λύ-οντος	λύ-οντος	λυ-ούσης
		λύ-οντι	λύ-οντι	λυ-ούσῃ
		λύ-οντα	λύ-ον	λύ-ουσαν
	Pl	λύ-οντες	λύ-οντα	λύ-ουσαι
		λυ-όντων	λυ-όντων	λυ-ουσῶν
		λύ-ουσιν	**λύ-ουσιν**	λυ-ούσαις
		λύ-οντας	λύ-οντα	λυ-ούσας

Fut/Act	Sg	λύ-σ-ων	**λύ-σ-ον**	λύ-σ-ουσα
		λύ-σ-οντος	λύ-σ-οντος	λυ-σ-ούσης
		λύ-σ-οντι	λύ-σ-οντι	λυ-σ-ούσῃ
		λύ-σ-οντα	**λύ-σ-ον**	λύ-σ-ουσαν
	Pl	λύ-σ-οντες	λύ-σ-οντα	λύ-σ-ουσαι
		λυ-σ-όντων	λυ-σ-όντων	λυ-σ-ουσῶν
		λύ-σ-ουσιν	**λύ-σ-ουσιν**	λύ-σ-ουσαις
		λύ-σ-οντας	λύ-σ-οντα	λύ-σ-ουσας

Ao/Act	Sg	λύ-σα-ς	λύ-σα-ν	λύ-σα-σα
		λύ-σα-ντος	λύ-σα-ντος	λυ-σά-σης
		λύ-σα-ντι	λύ-σα-ντι	λυ-σά-σῃ
		λύ-σα-ντα	λύ-σα-ν	λύ-σα-σαν
	Pl	λύ-σα-ντες	λύ-σα-ντα	λύ-σα-σαι
		λυ-σά-ντων	λυ-σά-ντων	λυ-σα-σῶν
		λύ-σα-σιν	λύ-σα-σιν	λυ-σά-σαις
		λύ-σα-ντας	λύ-σα-ντα	λυ-σά-σας

Tiem/Voz	Núm	Masc	Neu	Fem
Perf/Act	Sg	λε-λυ-κώ-ς	λε-λυ-κό-ς	λε-λυ-κυῖα
		λε-λυ-κότ-ος	λε-λυ-κότ-ος	λε-λυ-κυίας
		λε-λυ-κότ-ι	λε-λυ-κότ-ι	λε-λυ-κυίᾳ
		λε-λυ-κότ-α	λε-λυ-κό-ς	λε-λυ-κυῖαν
	Pl	λε-λυ-κότ-ες	λε-λυ-κότ-α	λε-λυ-κυῖαι
		λε-λυ-κότ-ων	λε-λυ-κότ-ων	λε-λυ-κυιῶν
		λε-λυ-κό-σιν	λε-λυ-κό-σιν	λε-λυ-κυίαις
		λε-λυ-κότ-ας	λε-λυ-κότ-α	λε-λυ-κυίας

Tiem/Voz	Núm	Masc	Neu	Fem
Pres/MP	Sg	λυ-ό-μενος	λυ-ό-μενον	λυ-ο-μένη
		λυ-ο-μένου	λυ-ο-μένου	λυ-ο-μένης
		λυ-ο-μένῳ	λυ-ο-μένῳ	λυ-ο-μένῃ
		λυ-ό-μενον	λυ-ό-μενον	λυ-ο-μένην
	Pl	λυ-ό-μενοι	λυ-ό-μενα	λυ-ό-μεναι
		λυ-ο-μένων	λυ-ο-μένων	λυ-ο-μένων
		λυ-ο-μένοις	λυ-ο-μένοις	λυ-ο-μέναις
		λυ-ο-μένους	λυ-ό-μενα	λυ-ο-μένας

Tiem/Voz	Núm	Masc	Neu	Fem
Fut/Med	Sg	λυ-σό-μενος	λυ-σό-μενον	λυ-σο-μένη
		λυ-σο-μένου	λυ-σο-μένου	λυ-σο-μένης
		λυ-σο-μένῳ	λυ-σο-μένῳ	λυ-σο-μένῃ
		λυ-σό-μενον	λυ-σό-μενον	λυ-σο-μένην
	Pl	λυ-σό-μενοι	λυ-σό-μενα	λυ-σό-μεναι
		λυ-σο-μένων	λυ-σο-μένων	λυ-σο-μένων
		λυ-σο-μένοις	λυ-σο-μένοις	λυ-σο-μέναις
		λυ-σο-μένους	λυ-σό-μενα	λυ-σο-μένας

Tiem/Voz	Núm	Masc	Neu	Fem
Fut/Pas	Sg	λυ-θη-σό-μενος	λυ-θη-σό-μενον	λυ-θη-σο-μένη
		λυ-θη-σο-μένου	λυ-θη-σο-μένου	λυ-θη-σο-μένης
		λυ-θη-σο-μένῳ	λυ-θη-σο-μένῳ	λυ-θη-σο-μένῃ
		λυ-θη-σό-μενον	λυ-θη-σό-μενον	λυ-αη-σο-μένην
	Pl	λυ-θη-σό-μενοι	λυ-θη-σό-μενα	λυ-θη-σο-μέναι
		λυ-θη-σο-μένων	λυ-θη-σο-μένων	λυ-θη-σο-μένων
		λυ-θη-σο-μένοις	λυ-θη-σο-μένοις	λυ-θη-σο-μέναις
		λυ-θη-σο-μένους	λυ-θη-σό-μενα	λυ-θη-σομένας

Tiem/Voz	Núm	Masc	Neu	Fem
Ao/Med	Sg	λυ-σά-μενος	λυ-σά-μενον	λυ-σα-μένη
		λυ-σα-μένου	λυ-σα-μένου	λυ-σα-μένης
		λυ-σα-μένῳ	λυ-σα-μένῳ	λυ-σα-μένῃ
		λυ-σά-μενον	λυ-σά-μενον	λυ-σα-μένην
	Pl	λυ-σά-μενοι	λυ-σά-μενα	λυ-σά-μεναι
		λυ-σα-μένων	λυ-σα-μένων	λυ-σα-μένων
		λυ-σα-μένοις	λυ-σα-μένοις	λυ-σα-μέναις
		λυ-σα-μένους	λυ-σά-μενα	λυ-σα-μένας

Tiem/Voz	Núm	Masc	Neu	Fem
Ao/Pas	Sg	λυ-θείς	λυ-θέν	λυ-θεῖ-σα
		λυ-θέν-τος	λυ-θέν-τος	λυ-θεί-σης
		λυ-θέν-τι	λυ-θέν-τι	λυ-θεί-σῃ
		λυ-θέν-τα	λυ-θέν	λυ-θεῖ-σαν
	Pl	λυ-θέν-τες	λυ-θέν-τα	λυ-θεῖ-σαι
		λυ-θέν-των	λυ-θέν-των	λυ-θει-σῶν
		λυ-θεῖ-σιν	λυ-θεῖ-σιν	λυ-θεί-σαις
		λυ-θέν-τας	λυ-θέν-τα	λυ-θεί-σας

Tiem/Voz	Núm	Masc	Neu	Fem
Perf/MP	Sg	λε-λυ-μένος	λε-λυ-μένον	λε-λυ-μένη
		λε-λυ-μένου	λε-λυ-μένου	λε-λυ-μένης
		λε-λυ-μένῳ	λε-λυ-μένῳ	λε-λυ-μένῃ
		λε-λυ-μένον	λε-λυ-μένον	λε-λυ-μένην
	Pl	λε-λυ-μένοι	λε-λυ-μένα	λε-λυ-μέναι
		λε-λυ-μένων	λε-λυ-μένων	λε-λυ-μένων
		λε-λυ-μένοις	λε-λυ-μένοις	λε-λυ-μέναις
		λε-λυ-μένους	λε-λυ-μένα	λε-λυ-μένας

Explicaciones

- Los géneros masculino y neutro se declinan según la tercera declinación, mientras que el femenino según la primera.
- Las formas de Ac/Pl/Masc, Nom/Pl/Neu y Ac/Pl/Neu son idénticas.

➤ Las desinencias de los participios son las formas de los participios del verbo εἰμί.

Núm	Masc	Neu	Fem
Sg	ὤν	ὄν	οὖσα
	ὄντος	ὄντος	οὔσης
	ὄντι	ὄντι	οὔσῃ
	ὄντα	ὄν	οὖσαν
Pl	ὄντες	ὄντα	οὖσαι
	ὄντων	ὄντων	οὐσῶν
	οὖσιν	οὖσιν	οὔσαις
	ὄντας	ὄντα	οὔσας

Capítulo 57

El uso atributivo de los participios

Introducción

El atributivo implica que se explica algo sobre el sustantivo. El griego tiene dos maneras para formar un atributivo.

La primera forma es la ubicación del atributivo entre el artículo y el sustantivo:

> ὁ τυφλός ἄνθρωπος

La segunda es la ubicación del atributivo después del sustantivo, repitiéndose el artículo:

> ὁ ἄνθρωπος ὁ τυφλός

Como sucede con muchas palabras, el atributivo también se puede sustantivar:

> ὁ τυφλός

El participio se puede usar como un atributivo, teniendo la misma posición que la de un adjetivo; de esta manera explica algo sobre el sustantivo al cual acompaña.

➤ El participio se puede ubicar entre el artículo y el sustantivo:

Κληρονομήσατε τὴν ἡτοιμασμένην ὑμῖν βασιλείαν (Mt 25.34)
Heredad el habiendo sido preparado para ustedes reino.
Heredad el reino que ha sido preparado para ustedes (traducción dinámica).

➤ El participio se puede ubicar después del sustantivo repitiéndose el artículo:

Ἐγώ εἰμι ὁ ἄρτος ὁ καταβὰς ἐκ οὐρανοῦ (Jn 6.41)
Yo soy el pan descendiendo del cielo.
Yo soy el pan que descendió del cielo (traducción dinámica).

➤ El participio se puede sustantivar:

Καὶ ἔλεγον ὅτι Ἰωάννης ὁ βαπτίζων ἐγήγερται ἐκ νεκρῶν (Mr 6.14)
Y decían que Juan el bautizando ha resucitado de los muertos.
Y decían que Juan que bautizaba ha resucitado de los muertos (traducción dinámica).

Explicaciones

1. La traducción del participio en posición atributiva se debe hacer con una **oración subordinada**, la cual se introduce con la partícula relativa «*que*».
2. Las formas del participio varían, según el caso, el número y el género del sustantivo.

Capítulo 58

El uso semítico de los participios

Participio gráfico

Describe una etapa precedente o un aspecto adicional del verbo principal:

ἀνοίξας τὸ στόμα εἶπεν	=	abrió la boca y dijo	=	dijo
πορευθεὶς ἐθεράπευσεν	=	se fue y sanó	=	sanó
ἀναβλέψας εἶδεν	=	levantó la mirada y vio	=	vio

Participio pleonástico

El participio es un sinónimo del verbo principal para expresar el hablar. No es necesario traducir el participio.

εἶπεν λέγων	=	dijo diciendo	=	dijo
ἀπεκρίθη λέγων	=	contestó diciendo	=	contestó

Traducción del infinitivo absoluto del hebreo

Se usa el mismo verbo u otro sinónimo. El efecto es enfatizar lo que se quiere decir.

| βλέποντες βλέψετε | = | viendo veréis | = | ciertamente van a ver |

Capítulo 59

El uso adverbial de los participios

Introducción

El término «*adverbial*» nos hace ver que este uso de los participios tiene que ver con el «*verbo*»; el participio da una explicación adicional al verbo principal de la oración.

Hay seis diferentes formas de entender la «*explicación adicional*» al verbo:

1. El participio temporal

Indica el factor del tiempo; puede ser de anterioridad o simultaneidad.

Traducción:	«*cuando*», «*mientras*», «*al + infinitivo*», «*después de*»

2. Participio modal (instrumental)

Indica la manera o los medios por los cuales se lleva a cabo la acción del verbo principal.

Traducción:	con gerundio, «*por*», «*por medio de*»

3. El participio causal

Indica la razón por la cual se realiza la acción del verbo principal.

Traducción:	«*porque*», «*pues*», «*puesto que*», «*por causa de que*», «*ya que*»

4. Participio condicional

Indica la condición bajo la cual se realiza la acción del verbo principal.

Traducción:	«*si*»

5. Participio concesivo

Indica la razón a pesar de la cual se realiza la acción del verbo principal.

Traducción:	«*aunque*», «*aun*», «*a pesar de que*», «*si bien*»

6. Participio final (de propósito)

Indica el propósito de la acción del verbo principal.

Traducción:	«*a fin de que*», «*para que*», «*para*», «*a*»

Explicaciones

El uso modal y el uso temporal son los más frecuentes, por lo que se recomienda considerar siempre primero estas dos posibilidades.

Capítulo 60

Los participios: aspectos varios

Dentro del tema de los participios, se consideran varios aspectos:

Genitivo absoluto

El **genitivo absoluto** es una construcción típica del griego que permitía introducir una oración subordinada. Ésta tenía sólo dos partes, las cuales son:

Participio	En caso genitivo se transforma en	verbo conjugado
Sustantivo o Pronombre	En caso genitivo se transforma en	sujeto

Además, es importante determinar cuál de los seis aspectos del uso adverbial se quiere o se debe usar para esta oración subordinada.

Para la **traducción** se recomienda este procedimiento: si se encuentra en el texto un participio en caso genitivo (mayormente sin artículo) se debe averiguar primero si hay cerca un sustantivo o un pronombre personal en el mismo caso. Si la construcción se presenta así, estamos ante un genitivo absoluto. De no ser así, muy probablemente será un participio en posición adverbial.

Acusativo con participio (AcP)

Algunos verbos seguidos por un participio se traducen mejor con una oración subordinada que empieza con «*que*», o con un infinitivo.

Los verbos que exigen esta construcción son de percepción:

ver	ὁραω, βλεπω, θεωρεω
escuchar	ἀκουω
conocer	οἰδα, γινωσκω, ἐπισταμαι, εὑρισκω

Participios después de verbos conjugados modales

A veces el verbo conjugado expresa las circunstancias y lo sigue un participio. En este caso, la acción principal de la oración está expresada en el participio, mas no en el verbo conjugado.

Verbos de esta categoría son, por ejemplo:

λανθανω	estar escondido, no darse cuenta
τυγχανω	alcanzar
διαλειπω	dejar de, cesar
προφθανω	adelantarse, anticiparse
παυομαι	terminar, cesar
καλως ποιεω	hacer bien en

El verbo «εἰμι» más un participio

En este caso, hay que decidir si el uso es adverbial o atributivo.

El aspecto temporal de los participios

El participio carece básicamente de un aspecto temporal porque no está en modo indicativo. Pero, en cuanto al aspecto temporal, se puede notar una relación entre el participio y el verbo principal (conjugado).

Si el participio está en tiempo presente, su acción se puede interpretar como simultánea a la del verbo principal.

Si el participio se encuentra en tiempo aoristo, su acción se puede interpretar como anterior a la del verbo principal.

Sin embargo, cabe indicar que éstas no son reglas absolutas, ya que el aspecto temporal del participio es un asunto relativo.

Capítulo 61

Los verbos en -μι: verbos nasales

Introducción

Se habla de la «*declinación en* -μι» porque la primera persona singular del presente indicativo termina en -μι.

Este grupo de verbos no es tan frecuente como los que terminan en -ω, pero tiene algunos verbos muy importantes y frecuentes en el NT.

En el NT, se pueden diferenciar tres diferentes subgrupos dentro de este grupo de verbos en -μι:

➢ Los verbos con una reduplicación en el presente.
➢ Los verbos con una «ν» (= verbos nasales).
➢ Verbos radicales.

El paradigma de los verbos nasales en -μι es como sigue:

Presente activo	Imperfecto activo	Futuro activo	Aoristo activo	Perfecto activo
δείκνυμι	ἐδείκνυν	δείξω	ἔδειξα	δέδειχα
δείκνυς	ἐδείκνυς	δείξεις	ἔδειξας	δέδειχας
δείκνυσιν	ἐδείκνυ	δείξει	ἔδειξεν	δέδειχεν
δείκνυμεν	ἐδείκνυμεν	δείξομεν	ἐδείξαμεν	δεδείχαμεν
δείκνυτε	ἐδείκνυτε	δείξετε	ἐδείξατε	δεδείχατε
δεικνύασιν	ἐδείκνυσαν	δείξουσιν	ἔδειξαν	δέδειχαν

El aspecto «*nasal*» -νυ solamente se encuentra en el presente y, por lógica gramatical del griego, también en el imperfecto. Todos los demás tiempos se declinan usando su tema verbal (con una ligera modificación) y como los verbos que terminan en -ω.

Presente	Tema verbal	Futuro	Aoristo	Perfecto
δεικ-νυ-μι	δεικ-	δείξω	ἔδειξα (Act) ἐδείχθην (Pas)	δέδειχα (Act) δέδεγμαι (MP)
ζευγ-νυ-μι	ζευγ-	ζεύξω	ἔζευξα (Act) ἐζεύχθην (Pas)	ἔζευγμαι (MP)
καταγνυ-μι	καταγ-	κατάξω	κατέαξα (Act) κατεάγην (Pas)	κατέαγα (Act)
μειγνυ-μι	μειγ-	μείξω	ἔμειξα (Act) ἐμείχθην (Pas)	μέμειγμαι (MP)
ἀπολλυ-μι	ἀπολ- /ἀπολε-	ἀπολέσω (Act) ἀπολοῦμαι (Med)	ἀπώλεσα (Act) ἀπωλόμην (Med)	ἀπολώλεκα (Act)
ὀμνυ-μι	ὀμ-/ὀμο-	ὀμοῦμαι	ὤμοσα	ὀμώμοκα (Act)
ζωννυ-μι	ζω-	ζώσω	ἔζωσα (Act) ἐζώσθην (Pas)	ἔζωσμαι (MP)

Explicaciones

En el NT se nota una adaptación a la conjugación en -ω, simplificando el idioma de la siguiente manera:

1. Las desinencias en el presente son como la conjugación con -ω:

δεικ-νυ-εις	en vez de	δεικ-νυ-ς

2. Los verbos tienen dos conjugaciones: una en -μι, otra en -ω:

ἱστη-μι	ἱσταν-ω
ἱστης	ἱσταν-εις

3. Los verbos en -μι son reemplazados por verbos en -ω con el mismo significado:

πιμπλημι	πληροω	ambos significan «*llenar*»

4. Existen varios verbos de este grupo en el NT, pero la mayoría no aparece más de siete veces.

En el Nuevo Testamento se encuentra para el futuro activo del verbo ἀπολλυμι también la forma ἀπολῶ.

Vocabulario

ἀπολλυμι	destruir, matar, perecer, perder (voz media: morir, perderse)
δεικνυμι	mostrar
ὀμνυμι/ὀμνυω	jurar

Capítulo 62

Los verbos en -μι: verbos radicales

Introducción

los «*verbos radicales*» que terminan en -μι se componen, según el término, solamente de una raíz y las desinencias; falta una vocal que una la raíz con la desinencia. Son pocos los verbos de este grupo en el NT. El verbo más conocido es «εἰμι».

Presente	Imperfecto	Futuro	Imperativo	Participio
εἰμὶ	ἤμην	ἔσομαι		ὤν, ὄντος, ὄντι
εἶ	ἦς	ἔσῃ	ἴσθι	οὖσα, οὔσης, οὔσῃ
ἐστίν	ἦν	ἔσται	ἔστω	ὄν, ὄντος, ὄντι
ἐσμέν	ἦμεν	ἐσόμεθα		
ἐστέ	ἦτε	ἔσεσθε	ἔστε	
εἰσίν	ἦσαν	ἔσονται	ἔστωσαν	

Tiempo	Infinitivo (Inf)
Presente (Pres)	εἶναι
Futuro (Fut)	ἔσεσθαι

Explicaciones

1. εἰμι y κειμαι aparecen también en forma compuesta, junto con un prefijo:

ἄπειμι, πάρειμι, ἔξειμι
ἀνάκειμαι, ἀντίκειμαι, ἀπόκειμαι, ἐπίκειμαι, κατάκειμαι, etc.

   Sin embargo, el uso de estos verbos compuestos no es muy frecuente en el NT.

2. Existe otro verbo εἰμι (ir), pero solo en formas compuestas y no muy frecuentes en el NT:

ἄπειμι (entrar), εἴσειμι (entrar), ἔξειμι (salir), σύνειμι (juntarse), etc.

3. La forma impersonal del verbo ἔξειμι (ἔξεστιν) significa «*es lícito*» y aparece como tal en los diccionarios.

Vocabulario

φημι	decir
κειμαι	estar echado
καθημαι	estar sentado

Capítulo 63

Los verbos en -μι: con reduplicación en el presente

Introducción

Los verbos en -μι que tienen una reduplicación en el presente también son llamados «*los cuatro grandes*», porque son muy frecuentes e importantes. Ellos son: τιθημι (poner), ἀφιημι (dejar, perdonar), διδωμι (dar), ἱστημι (poner, colocar).

Formas

Presente (Pres)/Imperfecto (Impf)

Modo/Tiem/Voz	τιθημι	ἀφιημι	διδωμι	ἱστημι
Ind/Pres/Act	τίθημι	ἀφίημι	δίδωμι	ἵστημι
	τίθης	ἀφίης	δίδως	ἵστης
	τίθησιν	ἀφίησιν	δίδωσιν	ἵστησιν
	τίθεμεν	ἀφίεμεν	δίδομεν	ἵσταμεν
	τίθετε	ἀφίετε	δίδοτε	ἵστατε
	τιθέασιν	ἀφίασιν	διδόασιν	ἵστασιν
Ind/Impf/Act	ἐτίθην	No existe en el NT	ἐδίδουν	ἵστην
	ἐτίθεις		ἐδίδους	ἵστης
	ἐτίθει	ἤφιεν	ἐδίδου	ἵστη
	ἐτίθεμεν	No existe en el NT	ἐδίδομεν	ἵσταμεν
	ἐτίθετε		ἐδίδοτε	ἵστατε
	ἐτίθεσαν		ἐδίδουν	ἵστασαν
Ind/Pres/MP	τίθεμαι		δίδομαι	ἵσταμαι
	τίθεσαι		δίδοσαι	ἵστασαι
	τίθεται	ἀφίεται	δίδοται	ἵσταται
	τιθέμεθα	No existe en el NT	διδόμεθα	ἱστάμεθα
	τίθεσθε		δίδοσθε	ἵστεσθε
	τίθενται	ἀφίενται	δίδονται	ἵστανται
Ind/Impf/MP	ἐτιθέμην	No existe en el NT	ἐδιδόμην	ἱστάμην
	ἐτίθεσο		ἐδίδοσο	ἵστασο
	ἐτίθετο		ἐδίδοτο	ἵστατο
	ἐτιθέμεθα		ἐδιδόμεθα	ἱστάμεθα
	ἐτίθεσθε		ἐδίδοσθε	ἵστασθε
	ἐτίθεντο		ἐδίδοντο	ἵσταντο

Modo/Tiem/Voz	τιθημι	ἀφιημι	διδωμι	ἱστημι	
Sub/Pres/Act	τιθῶ	ἀφιῶ	διδῶ	ἱστῶ	
	τιθῇς	ἀφιῇς	διδῷς	ἱστῇς	
	τιθῇ	ἀφιῇ	διδῷ	ἱστῇ	
	τιθῶμεν	ἀφιῶμεν	διδῶμεν	ἱστῶμεν	
	τιθῆτε	ἀφιῆτε	διδῶτε	ἱστῆτε	
	τιθῶσιν	ἀφιῶσιν	διδῶσιν	ἱστῶσιν	
Sub/Pres/MP	τιθῶμαι	No existe en el NT	διδῶμαι	ἱστῶμαι	
	τιθῇ		διδῷ	ἱστῇ	
	τιθῆται		διδῶται	ἱστῆται	
	τιθώμεθα		διδώμεθα	ἱστώμεθα	
	τιθῆσθε		διδῶσθε	ἱστῆσθε	
	τιθῶνται		διδῶνται	ἱστῶνται	
Imp/Pres/Act	τίθει		δίδου	ἵστη	
	τιθέτω	ἀφιέτω	διδότω	ἱστάτω	
	τίθετε	ἀφίετε	δίδοτε	ἵστατε	
	τιθέτωσαν	No existe en el NT	διδότωσαν	ἱστάτωσαν	
Imp/Pres/MP	τίθεσο		δίδοσο	ἵστασο	
	τιθέσθω		διδόσθω	ἱστάσθω	
	τίθεσθε		δίδοσθε	ἵστασθε	
	τιθέσθωσαν		διδόσθωσαν	ἱστάσθωσαν	
Inf/Pres/Act	τιθέναι	ἀφιέναι	διδόναι	ἱστάναι	
Inf/Pres/MP	τίθεσθαι	No existe en el NT	δίδοσθαι	ἵστασθαι	

Modo/Tiem/Voz	τιθημι	ἀφιημι	διδωμι	ἱστημι	
Part/Pres/Act	τιθείς	ἀφιών	διδούς	ἱστάς	Nom/Sg/Masc
	τιθέντος	ἀφιέντος	διδόντος	ἱστάντος	Gen/Sg/Masc
	τιθέντι	ἀφιέντι	διδόντι	ἱστάντι	Dat/Sg/Masc
	τιθέν	ἀφιόν	διδόν	ἱστάν	Nom/Sg/Neu
	τιθέντος	ἀφιέντος	διδόντος	ἱστάντος	Gen/Sg/Neu
	τιθέντι	ἀφιέντι	διδόντι	ἱστάντι	Dat/Sg/Neu
	τιθεῖσα	No existe en el NT	διδοῦσα	ἱστᾶσα	Nom/Sg/Fem
	τιθείσης		διδούσης	ἱστάσης	Gen/Sg/Fem
	τιθείσῃ		διδούσῃ	ἱστάσῃ	Dat/Sg/Fem

Aoristo (Ao)

Modo/Tiem/Voz	τιθημι	ἀφιημι	διδωμι	ἱστημι
Ind/Ao/Act	ἔθηκα	ἀφῆκα	ἔδωκα	ἔστησα
	ἔθηκας	ἀφῆκας	ἔδωκας	ἔστησας
	ἔθηκεν	ἀφῆκεν	ἔδωκεν	ἔστησεν
	ἐθήκαμεν	ἀφήκαμεν	ἐδώκαμεν	ἐστήσαμεν
	ἐθήκατε	ἀφήκατε	ἐδώκατε	ἐστήσατε
	ἔθηκαν	ἀφῆκαν	ἔδωκαν	ἔστησαν
Ind/Ao/Med	ἐθέμην	No existe en el NT	ἐδόμην	ἔστην
	ἔθου		ἔδου	ἔστης
	ἔθετο		ἔδοτο	ἔστη(ν)
	ἐθέμεθα		ἐδόμεθα	ἔστημεν
	ἔθεσθε		ἔδοσθε	ἔστητε
	ἔθεντο		ἔδοντο	ἔστησαν
Ind/Ao/Pas	ἐτέθην	ἀφέθην	ἐδόθην	ἐστάθην
	ἐτέθης	ἀφέθης	ἐδόθης	ἐστάθης
	ἐτέθη	ἀφέθη	ἐδόθη	ἐστάθη
	ἐτέθημεν	ἀφέθημεν	ἐδόθημεν	ἐστάθημεν
	ἐτέθητε	ἀφέθητε	ἐδόθητε	ἐστάθητε
	ἐτέθησαν	ἀφέθησαν	ἐδόθησαν	ἐστάθησαν
Sub/Ao/Act	θῶ	ἀφῶ	δῶ	στήσω/στῶ
	θῇς	ἀφῇς	δῷς	στήσῃς/στῇς
	θῇ	ἀφῇ	δῷ	στήσῃ/στῇ
	θῶμεν	ἀφῶμεν	δῶμεν	στήσωμεν/στῶμεν
	θῆτε	ἀφῆτε	δῶτε	στήσητε/στῆτε
	θῶσιν	ἀφῶσιν	δῶσιν	στήσωσιν/στῶσιν
Sub/Ao/Med	θῶμαι	No existe en el NT	δῶμαι	στήσωμαι
	θῇ		δῷ	στήσῃ
	θῆται		δῶται	στήσηται
	θώμεθα		δώμεθα	στησώμεθα
	θῆσθε		δῶσθε	στήσησθε
	θῶνται		δῶνται	στήσωνται

Modo/Tiem/Voz	τιθημι	ἀφιημι	διδωμι	ἰστημι
Sub/Ao/Pas	τεθῶ	ἀφεθῶ	δοθῶ	σταθῶ
	τεθῇς	ἀφεθῇς	δοθῇς	σταθῇς
	τεθῇ	ἀφεθῇ	δοθῇ	σταθῇ
	τεθῶμεν	ἀφεθῶμεν	δοθῶμεν	σταθῶμεν
	τεθῆτε	ἀφεθῆτε	δοθῆτε	στθῆτε
	τεθῶσιν	ἀφεθῶσιν	δοθῶσιν	σταθῶσιν
Imp/Ao/Act	θές	ἄφες	δός	στῆσον
	θέτω	ἀφέτω	δότω	στησάτω
	θέτε	ἄφετε	δότε	στήσατε
	θέτωσαν	ἀφέτωσαν	δότωσαν	στησάτωσαν
Imp/Ao/Med	θοῦ	No existe en el NT	δοῦ	στῆθι
	θέσθω		δόσθω	στήτω
	θέσθε		δόσθε	στῆτε
	θέσθωσαν		δόσθωσαν	στήτωσαν
Imp/Ao/Pas	τέθητι		δόθητι	στάθητι
	τέθητω		δοθήτω	σταθήτω
	τέθητε		δόθητε	στάθητε
	τεθήτωσαν		δοθήτωσαν	σταθήωσαν
Inf/Ao/Act	θεῖναι	ἀφεῖναι	δοῦναι	στῆσαι/στῆναι
Inf/Ao/Med	θέσθαι	ἀφέσθαι	δόσθαι	στήσασθαι
Inf/Ao/Pas	τεθῆναι	No existe en el NT	δοθῆναι	σταθῆναι

Modo/Tiem/Voz	τιθημι	ἀφιημι	διδωμι	ἰστημι	Caso/Núm/Gén
Part/Ao/Act	θείς	ἀφείς	δούς	στάς/στήσας	Nom/Sg/Masc
	θέντος	ἀφέντος	δόντος	στάντος/στήσαντος	Gen/Sg/Masc
	θέντι	ἀφέντι	δόντι	στάντι/ στήσαντι	Dat/Sg/Masc
	θέν	ἀφέν	δόν	στάν/στήσαν	Nom/Sg/Neu
	θέντος	ἀφέντος	δόντος	στάντος/στήσαντος	Gen/Sg/Neu
	θέντι	ἀφέντι	δόντι	στάντι/στήσαντι	Dat/Sg/Neu
	θεῖσα	ἀφεῖσα	δοῦσα	στᾶσα/στήσασα	Nom/Sg/Fem
	θείσης	ἀφείσης	δούσης	στάσης/στήσασης	Gen/Sg/Fem
	θείσῃ	ἀφείσῃ	δούσῃ	στάσῃ/στήσασῃ	Dat/Sg/Fem

Modo/Tiem/Voz	τιθημι	ἀφιημι	διδωμι	ἰστημι	Caso/Núm/Gén
Part/Ao/Med	θέμενος	ἀφέμενος	δόμενος	στησάμενος	Nom/Sg/Masc
	θεμένου	ἀφεμένου	δομένου	στησαμένου	Gen/Sg/Masc
	θεμένῳ	ἀφεμένῳ	δομένῳ	στησαμένῳ	Dat/Sg/Masc
	θέμενον	ἀφέμενον	δόμενον	στησάμενον	Nom/Sg/Neu
	θεμένου	ἀφεμένου	δομένου	στησαμένου	Gen/Sg/Neu
	θεμένῳ	ἀφεμένῳ	δομένῳ	στησαμένῳ	Dat/Sg/Neu
	θεμένη	ἀφεμένη	δομένη	στησαμένη	Nom/Sg/Fem
	θεμένης	ἀφεμένης	δομένης	στησαμένης	Gen/Sg/Fem
	θεμένῃ	ἀφεμένῃ	δομένῃ	στησαμένῃ	Dat/Sg/Fem
Part/Ao/Pas	τεθείς	No existe en el NT	δοθείς	σταθείς	Nom/Sg/Masc
	τεθέντος		δοθέντος	σταθέντος	Gen/Sg/Masc
	τεθέντι		δοθέντι	σταθέντι	Dat/Sg/Masc
	τεθέν		δοθέν	σταθέν	Nom/Sg/Neu
	τεθέντος		δοθέντος	σταθέντος	Gen/Sg/Neu
	τεθέντι		δοθέντι	σταθέντι	Dat/Sg/Neu
	τεθεῖσα		δοθεῖσα	σταθεῖσα	Nom/Sg/Fem
	τεθείσης		δοθείσης	σταθείσης	Gen/Sg/Fem
	τεθείσῃ		δοθείσῃ	σταθείσῃ	Dat/Sg/Fem

Futuro (Fut)

Modo/Tiem/Voz	τιθημι	ἀφιημι	διδωμι	ἰστημι
Ind/Fut/Act	θήσω	ἀφήσω	δώσω	στήσω
	θήσεις	ἀφήσεις	δώσεις	στήσεις
	θήσει	ἀφήσει	δώσει	στήσει
	θήσομεν	ἀφήσομεν	δώσομεν	στήσομεν
	θήσετε	ἀφήσετε	δώσετε	στήσετε
	θήσουσιν	ἀφήσουσιν	δώσουσιν	στήσουσιν
Ind/Fut/Med	θήσομαι	ἀφήσομαι	δώσομαι	στήσομαι
	θήσῃ	ἀφήσῃ	δώσῃ	στήσῃ
	θήσεται	ἀφήσεται	δώσεται	στήσεται
	θησόμεθα	ἀφησόμεθα	δωσόμεθα	στησόμεθα
	θήσεσθε	ἀφήσεσθε	δώσεσθε	στήσεσθε
	θήσονται	ἀφήσονται	δώσονται	στήσονται

Modo/Tiem/Voz	τιθημι	ἀφιημι	διδωμι	ἱστημι
Ind/Fut/Pas	τεθήσομαι	ἀφεθήσομαι	δοθήσομαι	σταθήσομαι
	τεθήσῃ	ἀφεθήσῃ	δοθήσῃ	σταθήσῃ
	τεθήσεται	ἀφεθήσεται	δοθήσεται	σταθήσεται
	τεθησόμεθα	ἀφεθησόμεθα	δοθησόμεθα	σταθησόμεθα
	τεθήσεσθε	ἀφεθήσεσθε	δοθήσεσθε	σταθήσεσθε
	τεθήσονται	ἀφεθήσονται	δοθήσονται	σταθήσονται

Perfecto (Perf)

Modo/Tiem/Voz	τιθημι	ἀφιημι	διδωμι	ἱστημι
Ind/Perf/Act	τέθεικα	No existe en el NT	δέδωκα	ἕστηκα
	τέθεικας		δέδωκας	ἕστηκας
	τέθεικεν		δέδωκεν	ἕστηκεν
	τεθείκαμεν		δεδώκαμεν	ἑστήκαμεν
	τεθείκατε		δεδώκατε	ἑστήκατε
	τεθείκασι(ν)		δεδώκασι(ν)	ἑστήκασι(ν)
Ind/Perf/MP	τέθειμαι		δέδομαι	No existe en el NT
	τέθεισαι		δέδοσαι	
	τέθειται		δέδοται	
	τεθείμεθα		δεδόμεθα	
	τετείσθε		δεδόσθε	
	τέτεινται	ἀφέωνται	δέδονται	
Inf/Perf/Act	τεθεικέναι	No existe en el NT	δεδωκέναι	ἑστηκέναι
Inf/Perf/MP	τεθεῖσθαι		δεδόσθαι	ἑστάναι

Modo/Tiem/Voz	τιθημι	ἀφιημι	διδωμι	ἱστημι	Caso/Núm/Gén
Part/Perf/Act	τεθεικώς	No existe en el NT	δεδωκώς	ἑστώς	Nom/Sg/Masc
	τεθεικότος		δεδωκότος	ἑστῶτος	Gen/Sg/Masc
	τεθεικός		δεδωκός	ἑστός	Nom/Sg/Neu
	τεθεικότος		δεδωκότος	ἑστῶτος	Gen/Sg/Neu
	τεθεικυῖα		δεδθκυῖα	ἑστηκυῖα	Nom/Sg/Fem
	τεθεικυίας		δεδωκυίας	ἑστηκυίας	Gen/Sg/Fem

Modo/Tiem/Voz	τιθημι	ἀφιημι	διδωμι	ἱστημι	Caso/Núm/Gén
Part/Perf/MP	τεθειμένος	No existe en el NT	δεδομένος	No existe en el NT	Nom/Sg/Masc
	τεθειμένου		δεδομένου		Gen/Sg/Masc
	τεθειμένον		δεδομένον		Nom/Sg/Neu
	τεθειμένου		δεδομένου		Gen/Sg/Neu
	τεθειμένη		δεδομένη		Nom/Sg/Fem
	τεθειμένης		δεδομένης		Gen/Sg/Fem

Explicaciones

- No se deben memorizar las formas; más bien sería suficiente familiarizarse con la estructura de ellas.
- El verbo ἱστημι tiene también otras formas del participio en el perfecto activo. Son como éstas: ἑστηκώς (Nom/Sg/Masc), ἑστηκότες (Nom/Pl/Masc.), ἑστηκός (Nom/Sg/Neu o Ac/Sg/Neu).
- En el griego clásico había otras formas para la segunda persona del imperativo: τιθέντων, διδούντων, etc.

Vocabulario

τιθημι	poner
διδωμι	dar
ἱστημι	poner
ἀφιημι	dejar, despedir, perdonar
ἀνιστημι	levantar, levantarse
παραδιδωμι	entregar

Capítulo 64

El caso genitivo

Introducción

En la forma del genitivo se han juntado dos casos que originalmente llevaban diferentes desinencias, porque son aspectos muy distintos. Uno es lo que podríamos llamar «*genitivo puro*» y el otro es el «*ablativo*».

El genitivo puro

El genitivo es el caso de la <u>definición</u> y <u>descripción</u>. Por lo tanto, cumple un rol adjetival y atributivo; es decir, especifica algo sobre el sustantivo al cual está acompañando. El genitivo califica al sustantivo precedente y aclara su sentido:

el amor	el amor de Dios
	el amor de los hombres

Se pueden distinguir diferentes genitivos en el Nuevo Testamento.

Genitivo de descripción:	σῶμα τῆς ἁμαρτίας	el cuerpo de pecado
Genitivo de posesión:	τῶν πλοίων τοῦ Πέτρου	las barcas de Pedro
Genitivo de parentesco:	Ἰάκωβον τὸν τοῦ Ζεβεδαίου	Jacobo el de Zebedeo
Genitivo de tiempo:	ἦλθεν πρὸς αὐτὸν νυκτὸς δὶς τοῦ σαββάτου	vino a él de noche dos veces por semana
Genitivo de referencia:	πονηρὰ ἀπιστίας	malo con referencia a la incredulidad
Genitivo subjetivo:	τὸ κήρυγμα Χριστοῦ	la predicación de Cristo
Genitivo objetivo:	ἡ βλασφεμία τοῦ πνεύματος	la blasfemia del Espíritu
Genitivo partitivo:	Κανὰ τῆς Γαλιλαίας	Cana, de Galilea
Genitivo del autor:	τὸ εὐαγγέλιον τοῦ θεοῦ	el evangelio de Dios
Genitivo de materia:	κεράμιον ὕδατος	cántaro de agua
Genitivo de precio:	ἀγοράσωμεν δυναρίων δυων	compremos por dos denarios
Genitivo de la dirección:	ἡ ὁδός τῶν ἁγίων	el camino hacia lo santo

El ablativo

Ablativo de separación:	ἀπηλλοτριωμένοι τῆς πολιτείας τοῦ Ἰσραὴλ	alejados de la ciudadanía de Israel
Ablativo de comparación:	μείζων μοῦ	más grande que yo

Verbos con genitivo

A veces a un verbo le sigue un genitivo. Los verbos con genitivo son los que expresan uno de los sentidos (ἀκούω, ἐπιθυμέω), una acusación (κατηγορέω), plenitud o carencia (λείπω, ὑστερέω) y gobierno (ἀρχέω). En todos estos casos, no hay que considerarlo como genitivo.

Capítulo 65

El caso dativo

Introducción

En la forma del dativo se han juntado tres casos que originalmente llevaban diferentes desinencias: el dativo puro, el instrumental y el locativo.

El dativo puro

Dativo de complemento indirecto:	ἀποδώσω σοι	daré a ti (= te daré)
Dativo de interés:	ζῶμεν τῷ κυρίῳ	vivimos para el Señor
	μαρτυρεῖτε ἑαυτοῖς	ustedes testifican contra ustedes
Dativo de la posesión:	οἶκος ἐστίν μοι	una casa es a mí (= tengo una casa)
Dativo de referencia:	ἀπεθάνομεν τῇ ἁμαρτίᾳ	morimos con referencia al pecado

El locativo

Locativo de lugar:	οἱ μαθηταὶ τῷ πλοιαρίῳ ἦλθον	los discípulos vinieron a la barca
Locativo de tiempo:	τῇ τρίτῃ ἡμέρᾳ	el tercer día
Locativo de esfera:	καθαροὶ τῇ καρδίᾳ	limpios en el corazón

El instrumental

El instrumental:	ἐξέβαλεν λόγῳ	echó con/por la palabra

Capítulo 66

Verbos irregulares: λέγω (decir)

Núm	Ind/Act/Pres	Ind/Act/Impf	Ind/Act/Fut	Ind/Act/Ao	Ind/Act/Perf
Sg	λέγω	ἔλεγον	ἐρῶ	εἶπον/εἶπα	εἴρηκα
	λέγεις	ἔλεγες	ἐρεῖς	εἶπες/εἶπας	εἴρηκας
	λέγει	ἔλεγεν	ἐρεῖ	εἶπεν	εἴρηκεν
Pl	λέγομεν	ἐλέγομεν	ἐροῦμεν	εἴπομεν/εἴπαμεν	εἰρήκαμεν
	λέγετε	ἐλέγετε	ἐρεῖτε	εἴπετε/εἴπατε	εἰρήκατε
	λέγουσιν	ἔλεγον	ἐροῦσιν	εἶπον	εἴρηκαν/εἰρήκασιν

Núm	Ind/MP/Pres	Ind/MP/Impf	Ind/MP/Ao	Ind/MP/Perf
Sg	λέγομαι	ἐλεγόμην	No existe en el NT	εἴρημαι
	λέγῃ	ἐλέγου		εἴρησαι
	λέγεται	ἐλέγετο	ἐρρήθη/ἐρρέθη (Pas)	εἴρηται
Pl	λεγόμεθα	ἐλεγόμεθα		εἰρήμεθα
	λέγεσθε	ἐλέγεσθε		No existe en el NT
	λέγονται	ἐλέγοντο	ἐρρήθησαν	

Núm	Sub/Pres	Sub/Ao
Sg	λέγω	εἴπω
	λέγῃς	εἴπῃς
	λέγῃ	εἴπῃ
Pl	λέγωμεν	εἴπωμεν
	λέγητε	εἴπητε
	λέγωσιν	εἴπωσιν

Núm	Imp/Act/Pres	Imp/Act/Ao	Imp/MP/Pres
Sg	λέγε	εἰπέ	λέγου
	λεγέτω	εἰπάτω	λεγέσθω
Pl	λέγετε	εἴπατε	λέγεσθε
	λεγέτωσαν	εἰπάτωσαν	λεγέσθωσαν

Voz	Inf/Pres	Inf/Ao	Inf/Perf
Act	λέγειν	εἰπεῖν	εἰρηκέναι
MP	λέγεσθαι		

Núm	Part/Pres/Act/Masc	Part/Pres/Act/Fem	Part/Pres/Act/Neu
Sg	λέγων	λέγουσα	λέγον
	λέγοντος	λεγούσης	λέγοντος
	λέγοντι	λεγούσῃ	λέγοντι
	λέγοντα	λέγουσαν	λέγον
Pl	λέγοντες	λέγουσαι	λέγοντα
	λεγόντων	λεγουσῶν	λεγόντων
	λέγουσιν	λεγούσαις	λέγουσιν
	λέγοντας	λεγούσας	λέγοντα

Núm	Part/Pres/MP/Masc	Part/Pres/MP/Fem	Part/Pres/MP/Neu
Sg	λεγόμενος	λεγομένη	λεγόμενος
	λεγομένου	λεγομένης	λεγομένου
	λεγομένῳ	λεγομένῃ	λεγομένῳ
	λεγόμενον	λεγομένην	λεγόμενον
Pl	λεγόμενοι	λεγόμεναι	λεγόμενα
	λεγομένων	λεγομένων	λεγομένων
	λεγομένοις	λεγεμέναις	λεγομένοις
	λεγομένους	λεγομένας	λεγόμενα

Núm	Part/Ao/Act/Masc	Part/Ao/Act/Fem	Part/Ao/Act/Neu
Sg	εἰπών	εἰποῦσα	εἰπόν
	εἰπόντος	No existe en el NT	No existe en el NT
	εἰπόντι		
	εἰπόντα		εἰπόν
Pl	εἰπόντες	No existe en el NT	No existe en el NT
	εἰπόντων		
	εἰποῦσιν		
	εἰπόντας		

Explicaciones

1. Hay muchos verbos compuestos con el verbo λέγω:
   προλεγω, ἀντιλεγω, διαλεγω, ἐκλεγω, ἐπιλεγω, καταλεγω, παραλεγω, συλλεγω.
2. Hay otro verbo que significa «*decir*», pero tiene pocas formas en el NT:

Núm	Pers	Presente/Singular	Imperfecto/Singular	Presente/Plural
Sg	1	φημι	No existe en el NT	
	3	φησιν	ἐφη	φασιν

3. El participio del perfecto es:
   εἰρηκώς, εἰρηκότος... (voz activa),
   εἰρημένος, εἰρημένου, εἰρημένῳ... (voz media-pasiva)
4. El participio del aoristo pasivo es ῥηθείς, ῥηθέν.
5. Las formas de los verbos ἐκλέγομαι, συλλέγω tienen la conjugación según el verbo normal mudo, y no como el verbo λεγω:
   ἐξελεξαμην, ἐξελεξαντο, ἐξελεξασθε, συλλεξατε, συνελεξαν, συλλεγουσιν...

Capítulo 67

Verbos irregulares: ἔχω (tener)

Núm	Ind/Act/Pres	Ind/Act/Impf	Ind/Act/Fut	Ind/Act/Ao	Ind/Act/Perf
Sg	ἔχω	εἶχον	ἕξω	ἔσχον	ἔσχηκα
	ἔχεις	εἶχες	ἕξεις	ἔσχες	ἔσχηκας
	ἔχει	εἶχε(ν)	ἕξει	ἔσχεν	ἔσχηκεν
Pl	ἔχομεν	εἴχομεν	ἕξομεν	ἔσχομεν	ἐσχήκαμεν
	ἔχετε	εἴχετε	ἕξετε	ἔσχετε	ἐσχήκατε
	ἔχουσιν	εἶχον	ἕξουσιν	ἔσχον	ἔσχηκαν

Núm	Ind/Med/Pres	Ind/Med/Impf	Ind/Med/Fut	Ind/Med/Ao
Sg	No existe en el NT	No existe en el NT	ἀνέξομαι	ἠνεσχόμην
			ἀνέξῃ	No existe en el NT
		παρείχετο	ἀνθέξεται	
Pl	προεχόμεθα	κατειχόμεθα	No existe en el NT	No existe en el NT
	ἀνέχεσθε	ἀνείχεσθε/ἠνείχεσθε		
	No existe en el NT	συνείχοντο	ἀνέξονται	

Núm	Sub/Pres	Sub/Ao
Sg	ἔχω	σχῶ
	ἔχῃς	No existe en el NT
	ἔχῃ	
Pl	ἔχωμεν	σχῶμεν
	ἔχητε	No existe en el NT
	ἔχωσιν	

Núm	Imp/Act/Pres
Sg	ἔχε
	ἐχέτω
Pl	ἔχετε
	ἐχέτωσαν

Voz	Inf/Pres
Activa	ἔχειν
Medio-Pasiva	ἀπέχεσθαι

Núm	Part/Pres/Act/Masc	Part/Pres/Act/Fem	Part/Pres/Act/Neu
Sg	ἔχων	ἔχουσα	ἔχον
	ἔχοντος	ἐχούσης	ἔχοντος
	ἔχοντι	ἐχούσῃ	ἔχοντι
	ἔχοντα	ἔχουσαν	ἔχον
Pl	ἔχοντες	ἔχουσαι	ἔχοντα
	ἐχόντων	ἔχουσων	ἐχόντων
	ἔχουσιν	ἐχούσαις	ἔχουσιν
	ἔχοντας	ἐχούσας	ἔχοντα

Part/Ao/Act/Masc
παρασχών

Explicaciones

1. Hay muchos verbos compuestos con el verbo ἔχω:
   ἀνέχομαι, ἀντέχομαι, ἀπέχω, παρέχω, προέχω, προσέχω...
2. Hay pocas formas del participio medio-pasivo:
   παρεχόμενος, ἀντεχόμενον, ἀνεχόμενοι, ἐχομένη, ἐχόμενα, ἐχομένας.
3. Existen dos formas del optativo presente activo:
   ἔχοι (3/Sg), ἔχοιεν (3/Pl).
4. Hay pocas formas del tiempo aoristo porque el significado del verbo (tener) tiende a expresar algo duradero.
5. Las formas ἠνείχεσθε (2/Pl/MP/Impf) y ἠνεσχόμην (1/Sg/Med/Ao) tienen doble aumento.
6. Hay una forma del participio activo perfecto: ἐσχηκότα.

Capítulo 68

Verbos irregulares: ἔρχομαι (venir)

Núm	Ind/Pres	Ind/Impf	Ind/Fut	Ind/Ao	Ind/Perf
Sg	ἔρχομαι	ἠρχόμην	ἐλεύσομαι	ἦλθον	ἐλήλυθα
	ἔρχῃ	ἤρχου	ἐλεύσῃ	ἦλθες	ἐλήλυθας
	ἔρχεται	ἤρχετο	ἐλεύσεται	ἦλθεν	ἐλήλυθεν
Pl	ἐρχόμεθα	ἠρχόμεθα	ἐλευσόμεθα	ἤλθομεν	ἐληλύθαμεν
	ἔρχεσθε	ἤρχεσθε	ἐλεύσεσθε	ἤλθετε	ἐληλύθατε
	ἔρχονται	ἤρχοντο	ἐλεύσονται	ἦλθον	ἐληλύθασιν

Núm	Sub/Pres	Sub/Ao
Sg	ἔρχωμαι	ἔλθω
	ἔρχῃ	ἔλθῃς
	ἔρχηται	ἔλθῃ
Pl	ἐρχώμεθα	ἔλθωμεν
	ἐρχῆσθε	ἔλθητε
	ἐρχῶνται	ἔλθωσιν

Núm	Imp/Act/Pres	Imp/Act/Ao
Sg	ἔρχου	ἐλθέ
	ἐρχέσθω	ἐλθέτω
Pl	ἔρχεσθε	ἔλθετε
	ἐρχέσθωσαν	ἐλθέτωσαν

Inf/Pres	Inf/Ao
ἔρχεσθαι	ἐλθεῖν

Núm	Part/Pres/Def/Masc	Part/Pres/Def/Fem	Part/Pres/Def/Neu
Sg	ἐρχόμενος	ἐρχομένη	ἐρχόμενον
	ἐρχομένου	ἐρχομένης	ἐρχομένου
	ἐρχομένῳ	ἐρχομένῃ	ἐρχομένῳ
	ἐρχόμενον	ἐρχομένην	ἐρχόμενον
Pl	ἐρχόμενοι	ἐρχόμεναι	ἐρχόμενα
	ἐρχομένων	ἐρχομένων	ἐρχομένων
	ἐρχομένοις	ἐρχομέναις	ἐρχομένοις
	ἐρχομένους	ἐρχομένας	ἐρχόμενα

Núm	Part/Ao/Act/Masc	Part/Ao/Act/Fem	Part/Ao/Act/Neu
Sg	ἐλθών	ἐλθοῦσα	ἐλθόν
	ἐλθόντος	ἐλθούσης	ἐλθόντος
	ἐλθόντι	ἐλθούσῃ	ἐλθόντι
	ἐλθόντα	ἐλθοῦσαν	ἐλθόν
Pl	ἐλθόντες	ἐλθοῦσαι	ἐλθόντα
	ἐλθόντων	ἐλθουσῶν	ἐλθόντων
	ἐλθοῦσιν	ἐλθούσαις	ἐλθοῦσιν
	ἐλθόντας	ἐλθούσας	ἐλθόντα

Explicaciones

1. Las formas del verbo ἔρχομαι solamente tienen o voz activa o voz media-pasiva.
2. Existen algunas formas del participio perfecto:
   ἐληλυθότα, ἐληλυθότες, ἐληλυθυῖαν.
3. Existen muy pocas formas del pluscuamperfecto:
   ἐληλύθει, ἐληλύθεισαν.
4. Hay muchos verbos compuestos:
   ἀπέρχομαι, διέρχομαι, εἰσέρχομαι, ἐξέρχομαι, ἐπέρχομαι, κατέρχομαι, παρέρχομαι, συνέρχομαι, προσέρχομαι.

Capítulo 69

Verbos irregulares:
ὁραω (ver)

Núm	Ind/Act/Pres	Ind/Act/Impf	Ind/Act/Fut	Ind/Act/Ao	Ind/Act/Perf
Sg	ὁρῶ	ἑώρων	ὄψομαι	εἶδον	ἑώρακα
	ὁρᾷς	No existe en el NT	ὄψει	εἶδες	ἑώρακας
	ὁρᾷ		ὄψεται	εἶδε(ν)	ἑώρακεν
Pl	ὁρῶμεν		ὀψόμεθα	εἴδομεν	ἑωράκαμεν
	ὁρᾶτε		ὄψεσθε	εἴδετε	ἑωράκατε
	ὁρῶσιν	ἑώρων	ὄψονται	εἶδον	ἑωράκασιν

Núm	Ind/Med/Pres	Ind/Med/Impf	Ind/Med/Fut	Ind/Med/Ao
Sg	ὁρᾶμαι	ωρώμην	ὀφθήσομαι	ὤφθην
	No existe en el NT	No existe en el NT	No existe en el NT	No existe en el NT
	ὁρᾶται		ὀφθήσεται	ὤφθη

Núm	Sub/Act/Pres	Sub/Act/Ao
Sg	No existe en el NT	ἴδω
		ἴδῃς
		ἴδῃ
Pl	No existe en el NT	ἴδωμεν
		ἴδητε
		ἴδωσιν

Núm	Imp/Act/Pres	Imp/Act/Ao
Sg	ὅρα	ἴδε
	ὁρέτω	ἰδέτω
Pl	ὁρᾶτε	ἴδετε
	ὁρέτωσαν	ἰδέτωσαν

Inf/Pres	Inf/Ao	Inf/Perf
ὁρᾶν	ἰδεῖν	ἑωρακέναι

Núm	Part/Pres/Act/ Masc	Part/Pres/Act/ Fem	Part/Ao/Act/ Masc	Part/Ao/Act/ Fem	Part/Ao/Pas/ Masc
Sg	ὁρῶν	No existe en el NT	ἰδών	ἰδοῦσα	ὀφθείς
	ὁρῶντος		ἰδόντος	No existe en el NT	ὀφθέντος
	ὁρῶντι		ἰδόντι		ὀφθέντι
	ὁρῶντα		ἰδόντα		ὀφθέντα
Pl	ὁρῶντες	ὁρῶσαι	ἰδόντες	No existe en el NT	ὀφθέντες
	ὁρῶντων	No existe en el NT	ἰδόντων		No existe en el NT
	ὁρῶσιν		ἰδῶσιν		
	ὁρῶντας		ἰδόντας		

Explicaciones

1. El imperativo del aoristo medio «ἰδού» se usa como adverbio:
   «*he aquí*», «*hay*», «*entonces*», etc. Esta forma es muy frecuente.
2. La forma del futuro es "defectiva"
3. La forma de la segunda persona singular del futuro es irregular y se parece a un presente
4. Existe también una forma del pluscuamperfecto activo:
   ἑωράκει.
5. Hay también dos formas del participio del perfecto activo:
   ἑωρακώς (Nom/Sg), ἑωρακότες (Nom/Pl).
6. Existe una forma del subjuntivo aoristo pasivo:
   ὄψησθε (2/Pl).
7. Existe además la forma de la tercera persona plural del Indicativo/Medio/Aoristo:
   ὤφθησαν (3/Pl)

Capítulo 70

Verbos irregulares: ἐσθιω (comer)

Núm	Ind/Act/Pres	Ind/Act/Impf	Ind/Act/Fut	Ind/Act/Ao
Sg	ἐσθίω	ἤσθιον	φάγομαι	ἔφαγον
	ἐσθίεις	ἤσθιες	φάγεσαι	ἔφαγες
	ἐσθίει	ἤσθιεν	φάγεται	ἔφαγεν
Pl	ἐσθίομεν	ἠσθίομεν	φαγόμεθα	ἐφάγομεν
	ἐσθίετε	ἠσθίετε	φάγεσθε	ἐφάγετε
	ἐσθίουσιν	ἤσθιον	φάγονται	ἔφαγον

Núm	Sub/Act/Pres	Sub/Act/Ao
Sg	ἐσθίω	φάγω
	ἐσθίῃς	φάγῃς
	ἐσθίῃ	φάγῃ
Pl	ἐσθίωμεν	φάγωμεν
	ἐσθίητε	φάγητε
	ἐσθίωσιν	φάγωσιν

Núm	Imp/Act/Pres	Imp/Act/Ao
Sg	ἐσθίε	φάγε
	ἐσθιέτω	φαγέτω
Pl	ἐσθίετε	φάγετε
	ἐσθιέτωσαν	φαγέτωσαν

Inf/Pres	Inf/Ao
ἐσθίειν	φαγεῖν

Núm	Part/Pres/Act/Masc	Part/Ao/Act/Masc
Sg	ἐσθίων	φάγων
	ἐσθίοντος	φάγοντος
	ἐσθίοντι	φάγοντι
	ἐσθίοντα	φάγοντα
Pl	ἐσθίοντες	φαγόντες
	ἐσθιόντων	φαγόντων
	ἐσθιοῦσιν	φαγοῦσιν
	ἐσθίοντας	φαγόντας

Explicaciones

1. Del perfecto existe una sola forma: βεβρωσκόσιν (Part/Act/Dat/Pl).
2. Existe una forma del optativo: φάγοι (3/Sg/Ao).

Capítulo 71

Verbos irregulares:
φέρω (llevar, traer)

Núm	Ind/Act/Pres	Ind/Act/Impf	Ind/Act/Fut	Ind/Act/Ao	Ind/Act/Perf
Sg	φέρω	ἔφερον	οἴσω	ἤνεγκα	ἐνήνοχα
	φέρεις	ἔφερες	οἴσεις	ἤνεγκες	ἐνήνοχας
	φέρει	ἔφερεν	οἴσει	ἤνεγκε(ν)	ἐνήνοχεν
Pl	φέρομεν	ἐφέρομεν	οἴσομεν	ἠνέγκαμεν	ἐνηνόχαμεν
	φέρετε	ἐφέρετε	οἴσετε	ἠνέγκατε	ἐνηνόχατε
	φέρουσιν	ἔφερον	οἴσουσιν	ἤνεγκαν	ἐνήνοχαν

Núm	Ind/MP/Pres	Ind/MP/Impf	Ind/MP/Ao
Sg	φέρομαι	No existe en el NT	ἠνέχθην
	φέρῃ		ἠνέχθης
	φέρεται	ἐφέρετο	ἠνέχθη
Pl	φερόμεθα	ἐφερόμεθα	ἠνεχθήμεν
	φέρεσθε	No existe en el NT	ἠνεχθήτε
	φέρονται	ἐφέροντο	ἠνέχθησαν

Núm	Sub/Act/Pres	Sub/Act/Ao
Sg	φέρω	ἐνέγκην
	φέρῃς	ἐνέγκῃς
	φέρῃ	ἐνέγκῃ
Pl	φερῶμεν	ἐνεγκῶμεν
	φέρητε	ἐνεγκῆτε
	φέρωσιν	ἐνέγκωσιν

Núm	Imp/Act/Pres	Imp/Act/Ao
Sg	φέρε	ἔνεγκε
	φερέτω	ἐνεγκέτω
Pl	φέρετε	ἐνέγκατε
	φερέτωσαν	ἐνεγκέτωσαν

Inf/Pres	Inf/Ao
φέρειν (Act)	ἐνέγκαι/ἐνέγκειν (Act)
φέρεσθαι (MP)	ἐνεχθῆναι (Pas)

Núm	Part/Pres/Act/Masc	Part/Pres/Act/Neu	Part/Pres/Act/Fem
Sg	φέρων	φέρον	φέρουσα
	φερόντος	φερόντος	φερούσης
	φερόντι	φερόντι	φερούσῃ
	φερόντα	φέρον	φέρουσαν
Pl	φέροντες	φέροντα	φέρουσαι
	φερόντων	φερόντων	φερουσῶν
	φεροῦσιν	φεροῦσιν	φερούσαις
	φερόντας	φέροντα	φερούσας

Núm	Part/Pres/MP/Masc	Part/Pres/MP/Fem
Sg	φερόμενος	φερομένη
	φερομένου	φερομένης
	φερεμένῳ	φερομένῃ
	φερόμενον	φερομένην
Pl	φερόμενοι	φερόμεναι
	φερομένων	φερομένων
	φερομένοις	φερομέναις
	φερομένους	φερομένας

Núm	Part/Ao/Act/Masc	Part/Ao/Pas/Masc	Part/Ao/Pas/Fem
Sg	ἐνέγκας	ἐνεχθείς	ἐνεχθεῖσα
	ἐνέγκαντος	ἐνεχθέντος	ἐνεχθείσης
	ἐνέγκαντι	ἐνεχθέντι	ἐνεχθείσῃ
	ἐνέγκαντα	ἐνεχθέντα	ἐνεχθεῖσαν
Pl	ἐνέγκαντες	ἐνεχθέντες	ἐνεχθεῖσαι
	ἐνεγκάντων	ἐνεχθέντων	ἐνεχθείσων
	ἐνέγκασιν	ἐνεχθέσιν	ἐνεχθείσαις
	ἐνέγκαντας	ἐνεχθέτας	ἐνεχθείσας

Explicaciones

1. La forma φέρουσιν puede ser tanto tercera persona presente como un participio dativo plural.
2. También existen varios verbos compuestos, como προφέρω, προσφέρω, ἀναφέρω.

Capítulo 72

Verbos irregulares:
ἀναιρεω (matar)

Núm	Ind/Act/Pres	Ind/Act/Fut	Ind/Act/Ao	Ind/Act/Perf
Sg	ἀναιρῶ	ἀνελῶ/ἀναιρήσω	ἀνεῖλον	No existe en el NT
	ἀναιρεῖς	ἀνελεῖς/ἀναιρήσεις	ἀνεῖλες	
	ἀναιρεῖ	ἀνελεῖ/αἱρήσει	ἀνεῖλε(ν)	
Pl	No existe en el NT	No existe en el NT	ἀνείλομεν	No existe en el NT
			ἀνείλετε	
			ἀνεῖλον	

Núm	Ind/MP/Pres	Ind/MP/Impf	Ind/MP/Fut	Ind/MP/Ao
Sg	ἀναιρεῖμαι	ἀνηρούμην	ἀναιρήσομαι	ἀνειλόμην
	ἀναιρῇ	ἀνηροῦ	ἀναιρήσῃ	ἀνειλοῦ
	αἱρεῖται	ἀνηρεῖτο	ἀναιρήσεται (Med)	ἀνείλετο (Med)
			ἀναιρεθήσεται (Pas)	ἡρέθη (Pas)
Pl	No existe en el NT	No existe en el NT	No existe en el NT	No existe en el NT

Núm	Sub/Act/Pres	Sub/Act/Impf	Sub/Act/Fut	Sub/Act/Ao
Sg	ἀναιρῶ	No existe en el NT	No existe en el NT	No existe en el NT
	ἀναιρῇς			
	ἀναιρῇ			
Pl	No existe en el NT	No existe en el NT	No existe en el NT	No existe en el NT
				No existe en el NT
				ἀνελῶσιν

Núm	Sub/Med/Pres	Sub/Med/Impf	Sub/Med/Fut	Sub/Med/Ao
Sg	No existe en el NT	No existe en el NT	No existe en el NT	ἀνελώμαι
				No existe en el NT
				ἀνελήται
Pl	No existe en el NT	No existe en el NT	No existe en el NT	No existe en el NT

Núm	Imp/Act/Pres	Imp/Act/Ao
Sg	ἀναίρε	ἀνέλε
	ἀναιρέτω	ἀνελέτω
Pl	ἀναίρετε	ἀνέλετε
	ἀναιρέτωσαν	ἀνελέτωσαν

Inf/Pres	Inf/Ao
ἀναιρεῖν (Act)	ἀνελεῖν (Act)
ἀναιρεῖσθαι (MP)	ἀνέλεσθαι (Med)
	ἀναιρηθῆναι (Pas)

Núm	Part/Pres/Act/Masc	Part/Pres/Act/Neu	Part/Ao/Act/Masc	Part/Ao/Act/Neu
Sg	ἀναιρῶν	ἀναιροῦν	ἀνελῶν	ἀνελοῦν
	ἀναιροῦντος	ἀναιροῦντος	ἀνελόντος	ἀνελόντος
	ἀναιροῦντι	ἀναιροῦντι	ἀνελόντι	ἀνελόντι
	ἀναιροῦντα	ἀναιροῦν	ἀνελοῦντα	ἀνελοῦν
Pl	ἀναιροῦντες	ἀναιροῦντα	ἀνελόντες	No existe en el NT
	ἀναιρούντων	ἀναιρούντων	No existe en el NT	
	No existe en el NT	No existe en el NT		
	No existe en el NT			

Núm	Part/Pres/MP/Masc	Part/Pres/MP/Neu	Part/Ao/Med/Masc	Part/Ao/Med/Neu
Sg	ἀναιρούμενος	ἀναιρούμενον	ἀνελομένος	ἀνελομένον
	ἀναιρουμένου	ἀναιρουμένου		
	ἀναιρουμένῳ	ἀναιρουμένῳ		
	ἀναιρούμενον	ἀναιρούμενον		
Pl	ἀναιρουμένοι	ἀναιρουμένα		
	ἀναιρουμένων	ἀναιρουμένων		
	No existe en el NT	No existe en el NT		
	No existe en el NT			

Explicaciones

Hay muy pocas formas del verbo puro o verbo no compuesto. La mayoría de las formas son de verbos compuestos. Por esta razón, el paradigma se presenta con base en el verbo ἀναιρεω y no en el verbo αἱρεω.

Capítulo 73

Verbos irregulares varios

Tema verbal	Voz	Presente	Futuro	Aoristo	Perfecto
παθ-, πονθ- (sufrir)	Act	πάσχω	πείσομαι	ἔπαθον	πέπονθα
πετ-, πεσ-, πτω- (caer)	Act	πίπτω	πεσοῦμαι	ἔπεσον/ἔπεσα	πέπτωκα
τεκ-, τοκ- (dar a luz)	Act	τίκτω	τέξομαι	ἔτεκον	τέτοκα
	Pas			ἐτέχθην	
δραμ- (correr)	Act	τρέχω	δραμοῦμαι	ἔδραμον	δεδράμηκα

Explicaciones

1. Estos verbos son irregulares porque tienen raíces muy distintas.
2. En el Nuevo Testamento no aparecen a menudo, pero igual son importantes.

Capítulo 74

Verbos irregulares: verbos con -ν en el presente

Tema verbal	Presente	Futuro	Aoristo	Perfecto
ἁμαρτ(η)- (pecar)	ἁμαρτάνω	ἁμαρτήσω	ἥμαρτον/ ἡμάρτησα (Act) ἡμαρτήθην (Pas)	ἡμάρτηκα (Act) ἡμάρτημαι (MP)
πι-, πο-, πω- (beber)	πίνω	πίομαι	ἔπιον (Act) ἐπόθην (Pas)	πέπωκα (Act) πέπομαι (MP)
αὐξ(η)- (crecer)	αὐξάνω	αὐξήσω	ηὔξησα (Act) ηὐξήθην (Pas)	ηὔξηκα (Act) ηὔξημαι (Pas)
μαθ(η)- (aprender)	μανθάνω	μαθήσομαι	ἔμαθον	μεμάθηκα
βα-, βη- (ir)	βαίνω	βήσομαι	ἔβην	βέβηκα
λαβ-, ληβ- (tomar, recibir)	λαμβάνω	λήμψομαι	ἔλαβον (Act) ἐλήμφθην (Pas) ἐλαβόμην (Med)	εἴληφα (Act) εἰλήφθην (Pas) εἴλημμαι (Med)
λαθ-, ληθ- (estar escondido)	λανθάνω	λήσω	ἔλαθον (Act) ἐλαθόμην (Med)	λέληθα (Act) λέλημμαι (Med)
τυχ(η)-, τευχ- (alcanzar)	τυγχάνω	τεύξομαι	ἔτυχον	τέτευχα

Explicaciones

1. Una forma irregular del verbo αὐξανω es a veces la tercera persona singular del presente: αὔξει.
2. Las formas del aoristo del verbo βαινω son:

Núm	Ind/Ao/Act	Sub/Ao/Act	Imp/Ao/Act
Sg	ἔβην	βῶ	
	ἔβης	βῇς	βῆθι/βάθι
	ἔβη	βῇ	βήτω/βάθι
Pl	ἔβημεν	βῶμεν	
	ἔβητε	βῆτε	βῆτε/βάτε
	ἔβησαν	βῶσιν	βήτωσαν

Núm	Part/Masc	Part/Neu	Part/Fem
Sg	βάς	βάν	βᾶσα
	βάντος	βάντος	βάσης
	βάντι	βάντι	βάσῃ
	βάντα	βάν	βάσην
Pl	βάντες	βάντα	βᾶσαι
	βάντων	βάντων	βᾶσων
	βᾶσιν	βᾶσιν	βᾶσαις
	βάντας	βαύτα	βᾶσας

Inf/Ao/Act
βῆναι

Capítulo 75

Verbos irregulares: verbos con -σκ en el presente

Tema verbal	Presente	Futuro	Aoristo	Perfecto
θαν-, θνη- (morir)	**ἀποθνῄσκω**	ἀποθανοῦμαι	ἀπέθανον (Act)	τέθνηκα (Act)
εὑρ(η)-, εὑρε- (encontrar)	**εὑρίσκω**	εὑρήσω	εὗρον (Act) εὑρέθην (Pas)	εὕρηκα (Act) εὕρημαι (MP)
διδαχ- (enseñar)	**διδάσκω**	διδάξω	ἐδίδαξα (Act) ἐδιδάχθην (Pas)	δεδίδαχα (Act) δεδίδαγμαι (MP)
γνω(σ)- (conocer)	**γινώσκω**	γνώσομαι	ἔγνων (Act) ἐγνώθην (Pas)	ἔγνωκα (Act) ἔγνωσμαι (MP)

Explicaciones

Las formas del aoristo del verbo γινώσκω son:

Núm	Ind/Ao/Act	Ind/Ao/Pas
Sg	ἔγνων	ἐγνώσθην
	ἔγνως	ἐγνώσθης
	ἔγνω	ἐγνώθη
Pl	ἔγνωμεν	ἐγνώθημεν
	ἔγνωτε	ἐγνώθητε
	ἔγνωσαν	ἐγνώθησαν

Núm	Sub/Ao/Act	Sub/Ao/Pas
Sg	γνῶ	No existe en el NT
	γνῷς	
	γνῷ	γνωθῇ
Pl	γνῶμεν	No existe en el NT
	γνῶτε	
	γνῶσιν	

Núm	Imp/Ao/Act	Imp/Ao/Pas
Sg	γνῶθι	No existe en el NT
	γνώτω	γνωσθήτω
Pl	γνῶτε	No existe en el NT
	γνώτωσαν	

Inf/Ao/Act	Inf/Ao/Pas
γνῶναι	γνωσθῆναι

Núm	Part/Masc	Part/Neu	Part/Fem
Sg	γνούς	γνόν	γνοῦσα
	γνόντος	γνόντος	γνούσης
	γνόντι	γνόντι	γνούσῃ
	γνόντα	γνόν	γνούσην
Pl	γνόντες	γνόντα	γνοῦσαι
	γνόντων	γνόντων	γνούνων
	γνοῦσιν	γνοῦσιν	γνούσαις
	γνόντας	γνόντα	γνούσας

Capítulo 76

Verbos irregulares:
οἶδα (saber, conocer)

Núm	Ind/Fut	Ind/Perf	Ind/Plusc
Sg	εἰδήσω	οἶδα	ᾔδειν
	εἰδήσεις	οἶδας	ᾔδεις
	εἰδήσει	οἶδεν	ᾔδει
Pl	εἰδήσομεν	οἴδαμεν	ᾔδειμεν
	εἰδήσετε	οἴδατε/ἴστε	ᾔδειτε
	εἰδήσουσιν	οἴδασι(ν)/ἴσασιν	ᾔδεισαν

Núm	Sub	Imp
Sg	εἰδῶ	
	εἰδῇς	ἴσθι
	εἰδῇ	ἴστω
Pl	εἰδῶμεν	
	εἰδῆτε	ἴστε
	εἰδῶσι(ν)	ἴστωσαν

Infinitivo (Inf)
εἰδέναι

Núm	Part/Masc	Part/Neu	Part/Fem
Sg	εἰδώς	εἰδός	εἰδυῖα
	εἰδότος	εἰδότος	εἰδυίας
	εἰδότι	εἰδότι	εἰδυίᾳ
	εἰδότα	εἰδός	εἰδυῖαν
Pl	εἰδότες	εἰδότα	εἰδυῖαι
	εἰδότων	εἰδότων	εἰδυιῶν
	εἰδόσιν	εἰδόσιν	εἰδυίαις
	εἰδότας	εἰδότα	εἰδυίας

Explicaciones

1. Las raíces del verbo son: -οἰδ, εἰδ-, ἰδ-.
2. Originalmente el verbo significaba «*he visto*»; era como el tiempo perfecto del verbo «*ver*».
3. La forma del imperativo de la segunda persona singular es ambigua porque es la misma forma que la del imperativo de la segunda persona singular de εἰμί.

Capítulo 77

Verbos irregulares: γίνομαι (llegar a ser)

Núm	Ind/Pres	Ind/Impf	Ind/Fut	Ind/Ao	Ind/Perf
Sg	γίνομαι	ἐγινόμην	γενήσομαι	ἐγενόμην	γέγονα
	γίνῃ	ἐγίνου	γενήσῃ	ἐγένου	γέγονας
	γίνεται	ἐγίνετο	γενήσεται	ἐγένετο/ἐγενήθη	γέγονεν
Pl	γινόμεθα	ἐγινόμεθα	γενησόμεθα	ἐγενήθημεν	γεγόναμεν
	γίνεσθε	ἐγίνεσθε	γενήσεσθε	ἐγένεσθε/ἐγενήθητε	γεγόνατε/γεγένησθε
	γίνονται	ἐγίνοντο	γενήσονται	ἐγενήθησαν/ἐγένοντο	γεγόνασιν

Núm	Sub/Pres	Sub/Ao
Sg	γίνωμαι	γένωμαι
	γίνῃς	γένησῃ
	γίνηται	γένηται
Pl	γινώμεθα	γενώμεθα
	γίνησθε	γένησθε
	γίνωνται	γένωνται

Núm	Imp/Act/Pres	Imp/Act/Ao
Sg	γίνου	
	γινέσθω	γενέσθω/γενηθήτω
Pl	γίνεσθε	γένεσθε/γενήθητε
	γινέσθωσαν	

Inf/Pres	Inf/Ao	Inf/Perf
γίνεσθαι	γένεσθαι/γενηθῆναι	γεγονέναι/γεγενῆσθαι

Núm	Part/Pres/Masc	Part/Pres/Fem	Part/Pres/Neu
Sg	γινόμενος	γινομένη	γινόμενον
	γινομένου	γινομένης	γινομένου
	γινομένῳ	γινομένῃ	γινομένῳ
	γινόμενον	γινομένην	γινόμενον

Núm	Part/Pres/Masc	Part/Pres/Fem	Part/Pres/Neu
Pl	γινόμενοι	γινομέναι	γινόμενα
	γινομένων	γινομένων	γινομένων
	γινομένοις	γινομέναις	γινομένοις
	γινομένους	γινομένας	γινόμενα

Núm	Part/Ao/Masc	Part/Ao/Fem	Part/Ao/Neu
Sg	γενόμενος	γενομένη	γενόμενον
	γενομένου	γενομένης	γενομένου
	γενομένῳ	γενομένῃ	γενομένῳ
	γενόμενον	γενομένην	γενόμενον
Pl	γενηθέντες/γενόμενοι	γενόμεναι	γενόμενα
	γενήθεντων/γενομένων	γενομένων	γενομένων
	γενομένοις	γενομέναις	γενομένοις
	γενομένους	γενομένας	γενόμενα

Núm	Part/Perf/Masc	Part/Perf/Neu	Part/Perf/Fem
Sg	γεγονώς	γεγονός	γεγονυῖα
	γεγονότος	γεγόνοτος	γεγονυίας
	γεγονότι	γεγονότι	γεγονυίᾳ
	γεγονότα	γεγονός	γεγονυῖαν
Pl	γεγονότες	γεγονότα	γεγονυῖαι
	γεγονότων	γεγονότων	γεγονυιῶν
	γεγόνουσιν	γεγόνουσιν	γεγονυίαις
	γεγονότας	γεγονότα	γεγονυίας

Explicaciones

1. El verbo γινομαι puede tener formas de la voz pasiva y de la voz media, pero en ambos casos se traduce en voz activa, ya que es un verbo defectivo.
2. A pesar de ser un verbo defectivo, el tiempo perfecto tiene formas de la voz activa.
3. Existe también una forma del participio perfecto en voz media-pasiva: γεγενημένα.
4. La forma del optativo (γενοιτο) es frecuente, pero se usa como un término fijo que se podría traducir como «¡Hágase!» «¡Que pase!».

Capítulo 78

Verbos irregulares:
εἰμί (ser, estar)

Núm	Ind/Pres	Ind/Impf	Ind/Fut
Sg	εἰμί	ἤμην	ἔσομαι
	εἶ	ἦς/ἦσθα	ἔσῃ
	ἐστίν	ἦν	ἔσται
Pl	ἐσμέν	ἦμεν/ἤμεθα	ἐσόμεθα
	ἐστέ	ἦτε	ἔσεσθε
	εἰσίν	ἦσαν	ἔσονται

Núm	Subjuntivo (Sub)	Optativo (Opt)	Imperativo (Imp)
Sg	ὦ	εἴην	
	ᾖς	εἴης	ἴσθι
	ᾖ	εἴη	ἔστω/ἤτω
Pl	ὦμεν	εἴημεν/εἶμεν	
	ἦτε	εἴητε/εἶτε	ἔστε
	ὦσι(ν)	εἴησαν/εἶεν	ἔστωσαν/ἔστων

Inf/Pres	Inf/Fut
εἶναι	ἔσεσθαι

Núm	Part/Pres/Masc	Part/Pres/Fem	Part/Pres/Neu
Sg	ὤν	οὖσα	ὄν
	ὄντος	οὔσης	ὄντος
	ὄντι	οὔσῃ	ὄντι
	ὄντα	οὖσαν	ὄν
Pl	ὄντες	οὖσαι	ὄντα
	ὄντων	οὐσῶν	ὄντων
	ὄντοις	οὔσαις	ὄντοις
	ὄντους	οὔσας	ὄντα

Explicaciones

1. Las formas del participio del verbo εἰμί son a la vez las desinencias de los participios activos de otros tiempos
2. Hay una forma de un participio futuro en el NT: ἐσόμενον (Acusativo-Singular-Neutro)

Parte II

Ejercicios prácticos para el aprendizaje del griego del Nuevo Testamento

Capítulo 1

Ejercicio preliminar 1: Letras griegas (minúscula)
Escribe y pronuncia las letras griegas del alfabeto varias veces. Es importante aprender a reconocer, escribir y pronunciar cada una de ellas.

α	
β	
γ	
δ	
ε	
ζ	
η	
θ	
ι	
κ	
λ	
μ	
ν	
ξ	
ο	
π	
ρ	
σ	
ς	
τ	
υ	
φ	
χ	
ψ	
ω	

Ejercicio preliminar 2: Letras griegas (mayúscula)
Escribe y pronuncia las letras griegas del alfabeto varias veces. Es importante aprender a reconocer, escribir y pronunciar cada una de ellas.

Α	Α
Β	Β
Γ	Γ
Δ	Δ
Ε	Ε
Ζ	Ζ
Η	Η
Θ	Θ
Ι	Ι
Κ	Κ
Λ	Λ
Μ	Μ
Ν	Ν
Ξ	Ξ
Ο	Ο
Π	Π
Ρ	Ρ
Σ	Σ
Τ	Τ
Υ	Υ
Φ	Φ
Χ	Χ
Ψ	Ψ
Ω	Ω

Ejercicio preliminar 3: Transcripción
Transcribe en mayúscula las palabras que aparecen en minúscula y viceversa.

	Minúscula	Mayúscula
1	θεου	ΘΕΟΥ
2	ἐργα	ΕΡΓΑ
3	κοπτω	ΚΟΠΤΩ
4	ἀγαπη	ἈΓΑΠΗ
5	ἱππος	ΙΠΠΟΣ
6	χειρ	ΧΕΙΡ
7	κοσμος	ΚΟΣΜΟΣ
8	ἀποστολος	ΑΠΟΣΤΟΛΟΣ
9	δενδρον	ΔΕΝΔΡΟΝ
10	μοιχεια	ΜΟΙΧΕΙΑ
11	ἀγαθος	ἈΓΑΘΟΣ
12	ὑδωρ	ὙΔΩΡ
13	σαββατον	ΣΑΒΒΑΤΟΝ
14	περισσευω	ΠΕΡΙΣΣΕΥΩ
15	ὀφθαλμος	ὈΦΘΑΛΜΟΣ
16	χρονος	ΧΡΟΝΟΣ
17	διαβολος	ΔΙΑΒΟΛΟΣ
18	γλωσσα	ΓΛΩΣΣΑ
19	καρδια	ΚΑΡΔΙΑ
20	ἐθνος	ἘΘΝΟΣ
21	γραφω	ΓΡΑΦΩ
22	χαρις	ΧΑΡΙΣ
23	ἰχθυς	ΙΧΘΥΣ
24	κρισεως	ΚΡΙΣΕΩΣ
25	ἡμεραι	ΗΜΕΡΑΙ
26	μαρτυρουμεν	ΜΑΡΤΥΡΟΥΜΕΝ
27	οὐρανος	ὈΥΡΑΝΟΣ
28	ἀδελφος	ΑΔΕΛΦΟΣ
29	ψυχη	ΨΥΧΗ
30	πιστευω	ΠΙΣΤΕΥΩ

Ejercicio preliminar 4: Búsqueda en el diccionario
Busca las palabras anotando su significado y transcribe la palabra griega anterior o posterior según sea el caso.

	Anterior	Posterior	Significado
1	στιβάς		
2		φορτίζω	
3		ὀψέ	
4	λανθάνω		
5		θάλασσα	
6	ἐκθαυμάζω		
7	συντάσσω		
8		ἀσέλγεια	
9	ἕως		
10		ἴαμα	
11	ξέστης		
12		πατήρ	
13		ψηλαφάω	
14	γόης		
15		παγιδεύω	
16		δίς	
17	ὑποστολή		
18	θρίξ		
19		χρεία	
20	παραπίπτω		
21	κυκλεύω		
22		βροντή	
23		ὑετός	
24	ψεύδομαι		
25	ὄφις		
26		Ἰερουσαλήμ	
27	ʽΜαθθάθ		
28	Λιβύη		
29		Ραχάβ	
30		Ὑμέναιος	

Capítulo 3

Ejercicio 1: Segunda declinación masculina (parte 1)
Identifica el caso, número y léxica de la palabra y traduce las formas.

	Forma	Caso	Núm	Léxica	Traducción
1	ἄνθρωπον				
2	θεός				
3	Χριστοῦ				
4	νόμῳ				
5	ἀδελφούς				
6	λαοί				
7	Παῦλον				
8	κύριε				
9	οὐρανῶν				
10	κόσμῳ				
11	ὄχλοι				
12	Πέτρου				
13	λόγοις				
14	ἄγγελον				
15	ἀδελφός				
16	θεοῦ				
17	χριστόν				
18	νόμοις				
19	Πέτρῳ				
20	υἱούς				
21	κυρίων				
22	ἄνθρωπε				
23	ἀγγέλοις				
24	Παύλῳ				
25	οὐρανοί				
26	ὄχλος				
27	κόσμου				
28	υἱέ				
29	λαῶν				
30	λόγους				

Ejercicio 2: Segunda declinación masculina (parte 2)
Identifica el caso, número y léxica de la palabra y traduce las formas.

	Forma	Caso	Núm	Léxica	Traducción
1	καρπῶν				
2	οἶκοι				
3	ἄρτου				
4	φαρισαῖος				
5	καιρῷ				
6	δούλοις				
7	πρεσβύτερον				
8	ἀπόστολε				
9	λίθους				
10	τόποις				
11	ἄρτων				
12	θανάτῳ				
13	ὀφθαλμοῦ				
14	καίρον				
15	θρόνων				
16	ἄγγελοι				
17	ἀδελφέ				
18	οὐρανῷ				
19	κόσμον				
20	κυρίοις				
21	ἄνεμοι				
22	διαβόλους				
23	οἶνον				
24	ἄγροι				
25	διακόνους				
26	φίλοις				
27	θυμῷ				
28	βίος				
29	ἡλίου				
30	διδάσκαλε				

Capítulo 4

Ejercicio 3: Sustantivos, segunda declinación (masculino y neutro)
Identifica el caso, número, género y léxica de la palabra y traduce las formas.

	Forma	Caso	Núm	Gén	Léxica	Traducción
1	ἱεροῦ					
2	παιδίων					
3	υἱούς					
4	δαιμονία					
5	σημεῖον					
6	ὀφθαλμόν					
7	ἱματίῳ					
8	οἴκου					
9	σαββάτῳ					
10	ἀδελφῶν					
11	λίθου					
12	προβάτοις					
13	ἔργα					
14	δοῦλε					
15	εὐαγγελίου					
16	ὄχλον					
17	τέκνον					
18	νόμῳ					
19	θηρίων					
20	πρόσωπα					
21	ἀνθρώπου					
22	μνημείῳ					
23	ἔργον					
24	ἀπόστολοι					
25	κόσμος					
26	δένδρου					
27	εἰδώλων					
28	δείπνοις					
29	ἥλιε					
30	δηνάρια					

Capítulo 5

Ejercicio 4: Artículo
Identifica el artículo, caso, número, género y léxica de la palabra y traduce las formas.

	Artículo	Forma	Caso	Núm	Gén	Léxica	Traduccion
1		ἀδελφῶν					
2		υἱέ					
3		παιδίου					
4		τέκνον					
5		θηρία					
6		κόσμον					
7		νόμους					
8		Παύλῳ					
9		κυρίοι					
10		πλοῖον					
11		σημείων					
12		προσώπῳ					
13		καρπός					
14		καιρόν					
15		ἄρτους					
16		δαιμονία					
17		ἔργοις					
18		ἀγγέλοις					
19		ἄνθρωποι					
20		φαρισαῖε					
21		ἀποστόλου					
22		θρόνων					
23		εὐαγγελίου					
24		λόγος					
25		μνημεῖον					
26		μυστήρια					
27		οἶνον					
28		ξύλῳ					
29		διδάσκαλοις					
30		τύποι					

Capítulo 6

Ejercicio 5: Indicativo presente de los verbos vocalia
Identifica el tiempo, persona, número y léxica de la palabra y traduce las formas.

	Forma	Tiem	Pers	Núm	Léxica	Traducción
1	λύομεν					
2	βασιλεύεις					
3	κλαίετε					
4	περισσεύω					
5	πιστεύουσιν					
6	κελεύει					
7	θεραπεύομεν					
8	λύω					
9	περισσεύεις					
10	δουλεύετε					
11	κλαίουσιν					
12	ἀκούει					
13	κελεύομεν					
14	πιστεύεις					
15	θεραπεύετε					
16	δουλεύουσιν					
17	βασιλεύω					
18	περισσεύει					
19	ἀκούομεν					
20	λύεις					
21	πιστεύω					
22	θεραπεύεις					
23	δουλεύει					
24	βασιλεύομεν					
25	ἀκούουσιν					
26	πιστεύετε					
27	κελεύω					
28	κλαίει					
29	θεραπεύουσιν					
30	ἀκούετε					

Ejercicio 6: Sustantivos (segunda declinacion, tiempo presente)
Traduce las siguientes oraciones.

1	οἱ ἄνθρωποι ἀκούουσιν τοὺς ἀποστόλους
2	τοὺς δούλους θεραπεύει Ἰησοῦς
3	πιστεύουσιν τὸν λόγον τοῦ θεοῦ
4	Παῦλος λύει τὰ πρόβατα τοῦ ἀδελφοῦ
5	Κελεύω τὸ εὐαγγέλιον τοῦ θεοῦ τῷ Πέτρῳ
6	Δουλεύομεν τῷ κυρίῳ τῶν οὐρανῶν
7	Τῶν ἄρτων περισσεύουσιν οἱ οἶκοι
8	Τὰ θηρία βασιλεύουσιν οἱ πρεσβύτεροι
9	Θύετε τοὺς ἵππους τοῦ διακόνου
10	Τὰ δένδρα τοῦ διδασκάλου φυτεύουσιν οἱ ἄγγελοι τοῦ κυρίου

Capítulo 7

Ejercicio 7: Indicativo futuro
Identifica el tiempo, persona, número y léxica de la palabra y traduce las formas.

	Forma	Tiem	Pers	Núm	Léxica	Traducción
1	πιστεύομεν					
2	ἀκούουσιν					
3	λύσει					
4	κελεύσεις					
5	περισσεύσω					
6	κλαίει					
7	κλαύσουσιν					
8	βασιλεύομεν					
9	θεραπεύσομεν					
10	δουλεύσει					
11	περισσεύουσιν					
12	ἀκούσεις					
13	βασιλεύσετε					
14	πιστεύσει					
15	ἀκούσομεν					
16	κλαίεις					
17	κελεύετε					
18	θεραπεύσω					
19	δουλεύσουσιν					
20	λύσετε					
21	νηστεύσει					
22	μνημονεύω					
23	σαλεύσω					
24	λατρεύσουσιν					
25	φυτεύετε					
26	προφητεύεις					
27	μοιχεύσομεν					
28	θύσουσιν					
29	κωλύσετε					
30	παιδεύει					

Ejercicio 8: Sustantivos (segunda declinacion, tiempo futuro)
Traduce las siguientes oraciones.

1	Δουλεύσετε τῷ υἱῷ τοῦ θεοῦ
2	Τοῖς δούλοις τοῦ κυρίου κελεύσομεν τοὺς ἄρτους τῶν ἀδελφῶν
3	ὁ χριστὸς βασιλεύσει τοὺς ἀνθρώπους
4	Τοὺς λόγους τῶν υἱῶν τοῦ Πέτρου ἀκούσω
5	Λύσεις τὰ θηρία
6	Τὸν πρεσβύτερον θεραπεύει τὸ τέκνον τοῦ υἱοῦ τοῦ Παύλου
7	Οἱ λαοί πιστεύσουσιν τὸ εὐαγγέλιον τοῦ θεοῦ
8	Τοὺς διακόνους παραλύσει ὁ διάβολος
9	Λατρεύομεν τοῖς φίλοις τοῦ ἀποστόλου
10	Οἱ πνευματικοί ὑπακούσουσιν τῷ συνεδρίῳ

Capítulo 8

Ejercicio 9: Adjetivos sustantivados
Identifica el caso, número, género y léxica de la palabra y traduce las formas.

	Forma	Caso	Núm	Gén	Léxica	Traducción
1	ὁ ἀγαπητός					
2	τοῦ ἰουδαίου					
3	οἱ πρῶτοι					
4	τοῖς ἀγαθοῖς					
5	τὸ ἅγιον					
6	τοὺς νέκρους					
7	τὰ ἄλλα					
8	τῶν δικαίων					
9	τὸ πονηρόν					
10	τὸν ἀγαθόν					
11	τοῦ ἑτέρου					
12	τὰ καλά					
13	τῶν πιστῶν					
14	τῷ καλῷ					
15	ὁ δίκαιος					
16	τοῦ αἰωνίου					
17	τὸν ἕκαστον					
18	τοῖς ἀγαπητοῖς					
19	τὰ ἴδια					
20	τῷ ὅλῳ					
21	τῶν ἄλλων					
22	τοὺς πιστούς					
23	οἱ ἰουδαῖοι					
24	τὸν νεκρόν					
25	τῷ πονηρῷ					
26	οἱ ξένοι					
27	τοῖς διαβόλοις					
28	τοῦ ὑπηκόου					
29	τὸ κοινόν					
30	τῷ φρονίμῳ					

Ejercicio 10: Uso de adjetivos
Traduce las siguientes oraciones.

1	ὁ δοῦλος ὁ ἀγάπητος
2	τοῦ δικαίου νόμου
3	τοῖς ὀφθαλμοῖς τοῖς πονηροῖς
4	τὰ καλά τέκνα
5	τὸν ἀπόστολον τὸν ἅγιον
6	οἱ ἄνθρωποι οἱ ἕτεροι βασιλεύσουσιν τὰ ἄγαθα παιδία
7	τῷ κυρίῳ τῷ αἰωνίῳ ἀκούουσιν τὰ ἄλλα θηρία
8	Τοὺς ἀνθρώπους τοὺς πίστους θεραπεύσεις
9	τὸ κακόν δαιμονίον λατρεύσει τὸ ὀνάριον τὸ ἱλαρόν
10	Ἀκούομεν τοὺς κλήτους τοῦ κυρίου τοῦ λάμπρου οἴκου
11	Μακάριοι οἱ πτωχοί
12	Παῦλος ἀπόστολος Χριστοῦ Ἰησοῦ τοῖς ἁγίοις θεοῦ

Capítulo 9

Ejercicio 11: Indicativo aoristo
Identifica el tiempo, persona, número y léxica de la palabra y traduce las formas.

	Forma	Tiem	Pers	Núm	Léxica	Traducción
1	ἐπερίσσευσαν					
2	ἐπιστεύσαμεν					
3	ἔλυσεν					
4	ἐκέλευσας					
5	ἐθεραπεύσατε					
6	ἔκλαυσα					
7	ἠκούσαμεν					
8	ἐδούλευσας					
9	ἔλυσα					
10	ἐβασίλευσαν					
11	ἤκουσα					
12	ἐπίστευσας					
13	ἐκελεύσατε					
14	ἐπερίσσευσεν					
15	ἐδουλεύσαμεν					
16	ἔλυσαν					
17	ἠκούσατε					
18	ἐκελεύσαμεν					
19	ἐθεράπευσεν					
20	ἔκλαυσαν					
21	ἐβασίλευσας					
22	ἐδουλεύσατε					
23	ἐφύτευσα					
24	ἐλάτρευσαν					
25	ἐφόνευσεν					
26	ἐνηστεύσατε					
27	ἐμοίχευσας					
28	ἐκλείσαμεν					
29	ἔθυσεν					
30	ἔκαυσα					

Ejercicio 12: Búsqueda en el diccionario (formas verbales en el pasado)
Identifica la léxica de la palabra y traduce las formas.

	Forma	Léxica	Significado
1	ἤλαυνουν		
2	ᾔτησατε		
3	ἔθιζεις		
4	ὡδηγησαν		
5	ὀλοθρευεις		
6	εἰρηνευετε		
7	ἑτοιμαζομεν		
8	ὡμιλει		
9	εἱλκον		
10	ᾠκοδομησεν		
11	ᾔνειτε		
12	εἰωθει		
13	ἠγαλλιασεν		
14	ἠγειρεν		
15	ἐγγιζουσιν		
16	ἐκραζεν		
17	ᾤκουν		
18	ᾔρετισα		
19	ᾁδουσιν		
20	εἱλισσεις		
21	ηὑρισκον		
22	ὀζει		
23	ὠνειδιζον		
24	ὡδινομεν		
25	ᾖρον		
26	εἰχετε		
27	ἐτιμα		
28	ὡκνησαν		
29	ὡμολογησεν		
30	εἰθιζον		

Ejercicio 13: Verbos
Identifica el tiempo, persona, número y léxica de la palabra y traduce las formas.

	Forma	Tiem	Pers	Núm	Léxica	Traducción
1	ἀκούσομεν					
2	ἐθεράπευσα					
3	βασιλεύεις					
4	ἐπιστεύσατε					
5	λύσετε					
6	ἐκέλευσαν					
7	κλαύσουσιν					
8	περισσεύομεν					
9	δουλεύσω					
10	ἐθεραπεύσαμεν					
11	βασιλεύει					
12	ἤκουσαν					
13	κλαίετε					
14	δουλεύω					
15	περισσεύσει					
16	ἐπίστευσεν					
17	ἀκούουσιν					
18	λύσεις					
19	ἐκέλευσας					
20	ἐδούλευσεν					
21	παιδεύουσιν					
22	ἰσχύσει					
23	ἔκλεισα					
24	ἐσάλευσαν					
25	φονεύσω					
26	μνημονεύει					
27	θύομεν					
28	ἐλάτρευσαν					
29	καύσετε					
30	νηστεύεις					

Ejercicio 14: El aoristo
Traduce las siguientes oraciones.

1	Ἕκαστος τοῦ ὄχλου ἐδούλευσεν τὸν κύριον τοῦ θανάτου
2	Τῷ ὅλῳ κόσμῳ ἐκελεύσαμεν τὸ εὐαγγέλιον τοῦ υἱοῦ τοῦ θεοῦ
3	Τὸ ἱερὸν ἐπερίσσευσεν τῶν κάρπων καὶ τῶν ἄρτων
4	Τὰ σῆμεια τὰ ἕτερα ἤκουσαν οἱ δικαίοι
5	Κλαίουσιν οἱ Ἰουδαῖοι οἱ πίστοι
6	Ὁ ἄγγελος τοῦ θεοῦ τοῦ αἰωνίου θεραπεύσει τοὺς υἱοὺς τοῦ Πέτρου
7	Ἐπερίσσευσαν τὰ ἔργα τῶν καλῶν φαρισαίων
8	Ἔθυσαν οἱ διδάσκαλοι τὰ ἀρνία τῶν φιλῶν
9	Οἱ διάκονοι οἱ μακάριοι ἐφύτευσαν τὰ καίνα δένδρα
10	Ἐνδύσομεν τοῖς πτωχοῖς καὶ τοῖς ἀκαθαρτοῖς

Capítulo 10

Ejercicio 15: Primera declinación (sustantivos femeninos)
Identifica el caso, número, género y léxica de la palabra y traduce las formas.

	Forma	Caso	Núm	Gén	Léxica	Traducción
1	ἀγάπην					
2	γλῶσσαι					
3	συναγωγῆς					
4	βασιλεία					
5	δόξαν					
6	ἐντολάς					
7	ἀληθείᾳ					
8	δικαιοσύνην					
9	παραβολαῖς					
10	ἁμαρτιῶν					
11	ἐκκλησίας					
12	φωνήν					
13	εἰρήνῃ					
14	ἐξουσίαι					
15	χαρᾶς					
16	ζωῆς					
17	σοφίαι					
18	ψυχῶν					
19	γῆ					
20	οἰκίαν					
21	κεφαλαῖς					
22	ἐπαγγελίᾳ					
23	γραφαί					
24	ἀρχή					
25	θαλάσσης					
26	καρδίαις					
27	ἡμέραι					
28	ὀργῇ					
29	νεφέλης					
30	ἀδελφήν					

Capítulo 11

Ejercicio 16: Artículo definido e indefinido
Identifica el caso, número, género y léxica de la palabra y traduce las formas.

	Forma	Caso	Núm	Gén	Léxica	Traducción
1	πρόσωπον					
2	ὁ λαός					
3	τῆς ἐκκλησίας					
4	υἱῷ					
5	τοῦ σαββάτου					
6	καρδίᾳ					
7	τὸν οὐρανόν					
8	θηρίοις					
9	ἡμέραι					
10	παραβολαῖς					
11	κάρπου					
12	τὰ μνημεῖα					
13	τῷ κόσμῳ					
14	ἔργων					
15	νόμοι					
16	τῶν ψυχῶν					
17	τοῖς λόγοις					
18	τῷ εὐαγγελίῳ					
19	γλῶσσαν					
20	τὰς ἁμαρτίας					
21	ἀρνία					
22	τοῖς ἀνέμοις					
23	κοιλίαι					
24	τοῦ ποτηρίου					
25	σταυρῷ					
26	τὴν προσευχήν					
27	οἱ φίλοι					
28	δένδρων					
29	τῆς μαχαίρας					
30	ἀσθενείας					

Ejercicio 17: Primera declinacion, adjetivos, y el artículo indefinido
Traduce las siguientes oraciones.

1. ἡ ἀγάπη ἐθεράπευσεν τὰς ψυχάς

2. τὴν φωνήν τοῦ θεοῦ ἀκούει ἀγαθή καρδία

3. οἱ ἄνθρωποι τῆς γῆς δουλεύσουσιν τῷ αἰωνίῳ θεῷ τῆς εἰρήνης

4. τοῖς υἱοῖς τοῦ ἀποστόλου τοῦ δικαίου ἐκελεύσαμεν γραφάς τῆς ζωῆς

5. ἡ ἐκκλησία ἡ πρώτη ἔκλαυσεν τὰς ἁμαρτίας τῶν ἄλλων παιδίων τῶν ἀδελφῶν

6. Βασιλεύσει ὁ Χριστὸς τὰς οἰκίας τῶν πίστων

7. τὸ ἀλήθινον τοῦ εὐαγγελίου πιστεύεις

8. ἀφθάρτοις ἀνθρώποις ἐπροφήτευσεν ὁ πρεσβύτερος ὁ ἅγιος τὰς δύνατας ἐντολάς

9. αἱ ἐκλέκται αἱ ἀγαθαί καίουσιν τὴν θεοσέβειαν ἀνθρώπων τοῦ κόσμου

10. Λούσουσιν οἱ δοῦλοι οἱ σεμνοί τὰ λεντία τὰ πάλαια τῶν ἐχθρῶν τῆς βασιλείας

Capítulo 12

Ejercicio 18: Primera declinación (sustantivos masculinos)
Identifica el caso, número, género y léxica de la palabra y traduce las formas.

	Forma	Caso	Núm	Gén	Léxica	Traducción
1	μαθηταί					
2	Σατανᾶ					
3	ὁ Μωϋσῆς					
4	Ἰούδα					
5	τοῖς προφήταις					
6	Ἠλίαν					
7	Ἰωάννης					
8	Ἡρώδῃ					
9	οἱ προφῆται					
10	προφήτης					
11	Σατανᾶ					
12	τοῦ μαθητοῦ					
13	Μωϋσῇ					
14	Ἠλίᾳ					
15	Ἰωάννου					
16	Ἰούδας					
17	τοὺς προφήτας					
18	τοῖς μαθηταῖς					
19	οἱ λῃσταί					
20	στρατιώτην					
21	τῶν τελωνῶν					
22	κριτάς					
23	δέσποτα					
24	τοῦ κλέπτου					
25	αἱ ὁδοί					
26	τὴν ἄμπελον					
27	τῇ παρθένῳ					
28	τῆς ἀμπέλου					
29	τῶν ὁδῶν					
30	ταῖς παρθένοις					

Ejercicio 19: Primera y segunda declinación (repaso)
Identifica el caso, número, género y léxica de la palabra y traduce las formas.

	Forma	Caso	Núm	Gén	Léxica	Traducción
1	φωνάς					
2	τοῖς ἀδελφοῖς					
3	χαράν					
4	τὸν ἄγγελον					
5	μαθητής					
6	ἡμέραι					
7	τῇ εἰρήνῃ					
8	υἱῶν					
9	τὴν ψυχήν					
10	θεοῦ					
11	οἱ προφῆται					
12	τῶν ἔργων					
13	πρεσβύτεροι					
14	τῶν ἁμαρτιῶν					
15	τοὺς ἄρτους					
16	Ἰωάννῃ					
17	ἱερῷ					
18	ἐκκλησίας					
19	τῆς ἀληθείας					
20	τὰ τέκνα					
21	ὀφθαλμῷ					
22	τοῦ πλοίου					
23	βασιλείᾳ					
24	παιδίον					
25	τὴν περιτομήν					
26	τοῦ μισθοῦ					
27	κριτῇ					
28	τὰ ζῷα					
29	προσευχαῖς					
30	τοὺς πτωχούς					

Capítulo 13

Ejercicio 20: Preposiciones
Identifica el caso de la palabra y traduce las formas.

	Forma	Caso	Traducción
1	ἐν τῇ οἰκίᾳ		
2	σύν τοῖς πρεσβυτέροις		
3	εἰς τὸν Σατανᾶν		
4	ἐκ τῆς συναγωγῆς		
5	ἐξ οὐρανοῦ		
6	ἐπί τὸ εὐαγγέλιον		
7	διά τῆς δικαιοσύνης		
8	διά τὸν θεόν		
9	κατὰ τὰς ἐντολάς		
10	μετὰ τὸν νόμον		
11	μετὰ τῶν καρδίων		
12	ὑπέρ τοῦ μαθητοῦ		
13	ὑπέρ τὴν δόξαν		
14	περί τοῦ θανάτου		
15	ἀν' ἀνθρώπους		
16	παρά τοῖς προφήταις		
17	παρὰ τοῦ θεοῦ		
18	πρὸς τῶν παιδίων		
19	πρός τὴν ζωὴν		
20	ἀπ' ἔργων		
21	ἐπ' ἐπαγγελίᾳ		
22	μετ' ἀγάπης		
23	μεθ' υἱῶν		
24	ἀφ' ἑορτῆς		
25	ἐφ' ἁμαρτίας		
26	παρὰ τοῦ κρίτου		
27	ἐπὶ τῷ φόβῳ		
28	διὰ τοὺς στρατιώτας		
29	πρὸ τῆς κοινωνίας		
30	μετ' ἀργύριου		

Ejercicio 21: Sustantivos, segunda declinación (repaso)
Identifica el caso, número, género y léxica de la palabra y traduce las formas.

	Forma	Caso	Núm	Gén	Léxica	Traducción
1	ὁ ἀδελφός					
2	τῶν ἀνθρώπων					
3	τὰ ἔργα					
4	τὸ δαιμόνιον					
5	τὸν ὄχλον					
6	τῷ Χριστῷ					
7	οἱ πίστοι					
8	τοῦ θανάτου					
9	τοῖς νεκροῖς					
10	τῶν θηρίων					
11	τοῖς υἱοῖς					
12	τὰ τέκνα					
13	τὸ ἱερόν					
14	τῷ θεῷ					
15	τὸν δοῦλον					
16	οἱ ἀπόστολοι					
17	τοῖς παιδίοις					
18	τοὺς ἀγγέλους					
19	τὸ πρόσωπον					
20	τοῦ πρεσβυτέρου					
21	τὸν κόσμον					
22	τὰ πρόβατα					
23	τοὺς κυρίους					
24	τὰ καλά					
25	οἱ ὀφθαλμοί					
26	τοὺς ἐπαίνους					
27	ὁ ἔσχατος					
28	τοῦ ὕπνου					
29	τὰ στύγητα					
30	οἱ οἰκιάκοι					

Ejercicio 22: Sustantivos, primera declinación, artículo definido e indefinido (repaso)
Identifica el caso, número, género y léxica de la palabra y traduce las formas.

	Forma	Caso	Núm	Gén	Léxica	Traducción
1	τὴν γῆν					
2	τὰς ἐντολὰς					
3	μαθήταις					
4	ἡ ἀγάπη					
5	τῆς ἀρχῆς					
6	καρδίᾳ					
7	τὸν προφήτην					
8	κεφαλή					
9	αἱ βασιλεῖαι					
10	τοῖς μαθηταῖς					
11	γλωσσῶν					
12	τῇ ζωῇ					
13	ἡ εἰρήνη					
14	τὴν παραβολὴν					
15	οἰκίᾳ					
16	Σατανᾷ					
17	τῶν ψυχῶν					
18	φωνῆς					
19	ἐκκλησίαις					
20	τὴν χάραν					
21	ἁμαρτίας					
22	Ἰωάννῃ					
23	τῆς ἀληθείας					
24	ταῖς συναγώγαις					
25	θαλάσσαι					
26	τοὺς ὑποκρίτας					
27	τῆς ἀποθήκης					
28	κλέπται					
29	ταῖς ἐρημίαις					
30	ναύτης					

Ejercicio 23: Verbos vocalias (repaso)
Identifica el tiempo, persona, número y léxica de la palabra y traduce las formas.

	Forma	Tiem	Pers	Núm	Léxica	Traducción
1	ἀκούει					
2	ἐπίστευσας					
3	βασιλεύσεις					
4	ἐθεράπευσαν					
5	κελεύσουσιν					
6	ἐκλαύσατε					
7	δουλεύομεν					
8	ἀκούσετε					
9	ἔλυσα					
10	περισσεύεις					
11	ἐκελεύσαμεν					
12	ἐθεράπευσεν					
13	λύουσιν					
14	πιστεύσετε					
15	ἐδούλευσεν					
16	ἠκούσαμεν					
17	περισσεύσω					
18	ἐβασίλευσεν					
19	θεραπεύσει					
20	ἐκέλευσα					
21	πιστεύσομεν					
22	λύει					
23	κλαύσετε					
24	ἀκούουσιν					
25	θεραπεύσετε					
26	κλείομεν					
27	ἔχρισεν					
28	παιδεύσεις					
29	ἐθύσαμεν					
30	λατρεύσουσιν					

Ejercicio 24: Preposiciones
Traduce las siguientes oraciones.

1. ἐν τῷ οὐρανῷ τῷ αἰωνίῳ οἱ ἄγγελοι παρά τῷ θεῷ ἔκλαυσαν διά τὰς πονηρὰς ἁμαρτίας τῶν ἀνθρώπων

2. διά τοὺς ἀνθρωπούς τοὺς κακούς ὁ ἅγιος θεός ἐκελεύσεν τὸν υἱόν Ἰησοῦν Χριστόν

3. οἱ ἀπόστολοι κελεύσουσιν τὰς γράφας τῆς ἀγάπης πρὸς τοὺς ἐχθρούς

4. Μεθ' ἡμέρας ἕξ ὁ Ἰησοῦς ἐθεράπευσεν τὸν Ἰωάννην διά λόγου τοῦ ἁγίου θεοῦ

5. Ἐπίστευσαν οἱ ἀγαθοί ἄνθρωποι διά τὸ εὐαγγέλιον τοῦ Παύλου

6. Εἰρήνην ὅλην ἔχομεν παρὰ τῷ θεῷ διὰ τοῦ κυρίου ἐκ τοῦ οὐρανοῦ

7. φωνή ἐξ οὐρανοῦ φυτεύσει τὴν ἀλήθειαν ἐν ταῖς καρδίαις τῶν υἱῶν τοῦ θεοῦ

8. Ὁ Ἰησοῦς λέγει τοῖς ὄχλοις περὶ τοῦ Ἰωάννου τοῦ δικαίου

9. Μετὰ παρρησίας οἱ κρίται οἱ πλούσιοι ἐπαίδευσαν τοὺς πτώχους διακόνους ἐν τῷ ναῷ τῷ καίνῳ

Capítulo 14

Ejercicio 25: El uso predicativo del adjetivo y el verbo «εἰμί»
Traduce las siguientes oraciones.

1	οἱ προφῆται οἱ ἀγαπητοί
2	αἱ ἄλλαι ἐπαγγελίαι
3	ταῖς καλαῖς ἀδελφαῖς
4	ἤρεμος ἡ συνοδία
5	ὁ Ἰωάννης ἀγαθός
6	οἱ λευῖται θνητοί
7	εἰμί ὁ ἄρτος τοῦ θεοῦ
8	ἐκ τοῦ οὐράνου τοῦ κάλου εἶ
9	ἐσμέν υἱοί τοῦ θεοῦ ἐν ἀληθείᾳ
10	ἡ ἁμαρτία πονηρά ἐστιν
11	Ἐν καρδίᾳ εἰσίν ἐντολαί ἀγαθαί εἰς ζωήν
12	ἐστέ δοῦλοι τοῦ Χριστοῦ καὶ ἄγγελοι τῆς εἰρήνης
13	Ψεύστης εἶ
14	οἱ ὑποκρίται κακοί καὶ ἄπιστοι εἰσιν
15	ἔστιν ἡ προσευχὴ τῆς ἀδελφῆς δυνάτη καὶ ἄξια
16	ἔσμεν διακόνοι τύφλοι τῆς ἀδικίας εἰ μοιχεύομεν καὶ φονεύομεν

Capítulo 15

Ejercicio 26: Negación
Traduce las siguientes oraciones.

1	οὐκ ἐν σοφίᾳ τοῦ λόγου ἐπιστεύσαμεν
2	Οὐ φονεύσεις
3	(...) καὶ οὐχ εὑρίσκει
4	Ὁ λόγος τοῦ θεοῦ οὐκ ἔστιν Ναὶ καὶ οὔ
5	Μὴ μετὰ λιθῶν ἔθυσεν τὸν ἀδελφόν;
6	Οὐχ οὗτός ἐστιν ὁ τέκτων, ὁ υἱὸς τῆς Μαρίας καὶ ἀδελφός Ἰακώβου; Καὶ οὐκ εἰσὶν αἱ ἀδελφαί ὧδε;
7	(...) πλὴν οὐχ ὡς ἐγώ θέλω
8	Τὸ σάββατον διὰ τὸν ἄνθρωπον ἔστιν καὶ οὐχ ὁ ἄνθρωπος διὰ τὸ σάββατον
9	Μήτι ἐγώ Ἰουδαῖος εἰμὶ;
10	μισθὸν οὐκ ἔχετε παρὰ τῷ θεῷ τῷ ἐν τοῖς οὐρανοῖς
11	Παιδία, μὴ προσφάγιον ἔχετε; Οὔ
12	Οὐκ ἐπ' ἄρτῳ μόνῳ <u>ζήσεται</u> (vivirá) ὁ ἄνθρωπος
13	Οὐκ ἔστιν φόβος θεοῦ ἀπέναντι τῶν ὀφθαλμῶν
14	Τοῖς λοιποῖς λέγω ἐγώ, οὐχ ὁ κύριος
15	οὐχ ὅτι οὐκ ἔχομεν ἐξουσίαν

16 ἀλλ' οὐχ ὁ ὕψιστος ἐν χειροποιήτος κατοικεῖ, καθὼς ὁ προφήτης λέγει

17 Οὐκ εἰμὶ ὁ Χριστός. Ἠλίας εἶ; Οὐκ εἰμί. Ὁ προφήτης εἶ; Οὔ. Φωνὴ ἐν τῇ ἐρήμῳ εἰμί.

Capítulo 16

Ejercicio 27: Imperfecto indicativo activo
Identifica el tiempo, persona, número y léxica de la palabra y traduce las formas.

	Forma	Tiem	Pers	Núm	Léxica	Traducción
1	ἤκουον					
2	ἐθεράπευεν					
3	ἐλύετε					
4	ἐβασιλεύομεν					
5	ἐπίστευες					
6	ἐδούλευον					
7	ἐκελεύετε					
8	ἐπερισσεύομεν					
9	ἤκουεν					
10	ἐλύσαμεν					
11	βασιλεύσει					
12	ἐπιστεύετε					
13	ἔχριεν					
14	ἐθύομεν					
15	ἐπαίδευον					
16	ἐνήστευες					
17	ἐμοιχεύετε					
18	ἐφύτευον					
19	ἐκλείομεν					
20	ἐμνημονεύσας					

21	Μαρία ἔκλαιεν πρός τῷ μνημείῳ περί τοῦ θανάτου τοῦ υἱοῦ τοῦ Ἰούδα
22	ἤκουεν ὁ Ἡρῴδης τὸν Ἰωάννην τὸν ἄγαθον
23	Οὐκ ἐπιστεύετε τῷ Ἰούδᾳ. Μὴ ἐπιστεύετε τῷ Ἰωάννῃ;
24	οὐκ ἐθεραπεύσαμεν ὑπηρέτας ἀπό τῶν ἁμαρτίων
25	τοῖς υἱοῖς τῆς ἀληθείας τῆς δικαίας οὐκ ἐπαιδεύες μετά τοῦ νόμου τῆς ἐντολῆς

Capítulo 17

Ejercicio 28: Verbos contractos en -αω *y* -οω *(aoristo y futuro)*
Identifica el tiempo, persona, número y léxica de la palabra y traduce las formas.

	Forma	Tiem	Pers	Núm	Léxica	Traducción
1	ἀγαπήσω					
2	ἐπλάνησας					
3	ἐπλήρωσαν					
4	τιμήσεις					
5	σταυρώσομεν					
6	ἠρώτησεν					
7	ζήσετε					
8	ἐτελειώσατε					
9	ἐγέννησας					
10	πλανήσετε					
11	τελειώσει					
12	ἐτιμήσαμεν					
13	πληρώσω					
14	ἐρωτήσουσιν					
15	ἐφανέρωσα					
16	ἔζησα					
17	ἐσταύρωσεν					
18	ἠγάπησαν					
19	δικαιώσεις					
20	φανερώσετε					
21	νικήσουσιν					
22	κοπίασα					
23	ἐμερίμνησας					
24	ζηλώσομεν					
25	ἐταπείνωσα					
26	ἠγαλλίασεν					
27	ὑψώσεις					
28	ἐδίψησαν					
29	ὑπαντήσετε					
30	ὡμοιώσατε					

Ejercicio 29: Verbos contractos en -αω y -οω (aoristo y futuro)
Traduce las siguientes oraciones.

1. Τὸν Ἰακὼβ ἠγάπησα, τὸν Ἠσαῦ ἐδικαίωσα

2. Οὐκ ἠγάπησαν τὴν ψυχὴν ἄχρι θανάτου

3. Τοὺς υἱούς τοῦ Ἡλία ἐσταύρωσαν οἱ στρατιῶται

4. Ὁ ἀρχιερεὺς ἠρώτησεν τὸν Ἰησοῦν περὶ τῶν μαθητῶν καὶ περὶ τῆς διδαχῆς

5. Καὶ ἔζησεν καὶ ἐβασίλευσεν μετὰ τοῦ Χριστοῦ

6. Ἰδοὺ, ἐνίκησεν ὁ λέων ὁ ἐκ τῆς φυλῆς τοῦ Ἰούδα

7. ὁ κύριος φανερώσει τὰς βουλὰς τῶν καρδίων

8. ἐταπείνωσεν μέχρι θανάτου, θάνατος σταυροῦ

9. οὐ πεινάσουσιν ἔτι, οὐδὲ διψήσουσιν ἔτι

Capítulo 18

Ejercicio 30: Conjunciones y preposiciones
Traduce las siguientes oraciones.

1. Καὶ ἐθεράπευσεν μετ' ἐξουσίας ὁ μαθητής ὅτι ὁ θεός ἤκουσεν τὴν φωνὴν τοῦ δουλοῦ διὰ τοῦ υἱοῦ Ἰησοῦ Χριστοῦ.

2. Μετὰ τὸν θανατὸν ὁ ἄνθρωπος ζήσει ζωὴν καλὴν καὶ πιστεύσει ἐν τῇ γράφῃ τῇ ἀγάθῃ ὅτι ὁ κύριος κελεύσει τοὺς ἁγίους δούλους.

3. Καὶ ἐπλάνησεν ὁ ἐχθρός διὰ λόγων πονηρῶν καὶ ἔλυσεν δαιμονία καὶ ἔκλεισεν τόν οἶκον τοῦ χρόνου.

4. Εἰ ἀλήθεια ἐν τοῖς ἀποστόλοις καὶ εἰρήνη ἐπὶ τῇ γῇ, οἱ ἄγγελοι τιμήσουσιν τὴν ἀγάπην τοῦ θεοῦ μετὰ χαράς.

5. Εἰ οὐ ἀγαπήσεις τοὺς ἀνθρώπους ἀλλὰ θύσεις τοὺς υἱούς <u>αὐτῶν</u> (de ellos), οὐχ υἱός τοῦ θεοῦ.

6. ἡ εἰρήνη καὶ ἡ δικαιωσύνη ἐδήλωσαν τοῖς τελώναις τὴν ἀγάπην τοῦ κυρίου ἐν τῷ οὐρανῷ καὶ τὴν ἐξουσίαν τοῦ υἱοῦ τῶν ανθρώπων

7. ἠρωτήσαμεν τῷ διακόνῳ ὅτι οὐκ ἠγάπησεν τὰ τέκνα καθώς ἐκέλευσεν ὁ θεός

Capítulo 19

Ejercicio 31: Pronombres personales (primera y segunda persona singular)
Identifica el caso y persona de la palabra y traduce las formas.

	Forma	Caso	Pers	Traducción
1	σοῦ			
2	ἐμοί			
3	σέ			
4	Σύ			
5	ἐν σοι			
6	περί σου			
7	διά σε			
8	μετ' ἐμοῦ			
9	δι' ἐμοῦ			
10	πρός σε			
11	τῷ θεῷ μοῦ			
12	οἱ ἀδελφοί σου			
13	τοῖς ὀφθαλμοῖς μου			
14	ἠγάπησαν με			
15	Ἐγὼ εἰμὶ			

Ejercicio 32: Verbos contractos en -εω (Aoristo y Futuro)
Identifica el tiempo, persona, número y léxica de la palabra y traduce las formas.

	Forma	Tiem	Pers	Núm	Léxica	Traducción
1	ζητήσει					
2	ἐλαλήσαμεν					
3	ἐποίησαν					
4	τηρήσετε					
5	ἀκολουθήσω					
6	ἐθεώρησα					
7	καλέσουσιν					
8	μαρτυρήσεις					
9	ἐζήτησεν					
10	ᾔτησας					
11	ποιήσομεν					
12	μισήσουσιν					
13	λαλήσεις					
14	ἐτήρησα					
15	ἐμαρτύρησαν					
16	ἐκαλέσαμεν					
17	αἰτήσω					
18	ἠκολούθησεν					
19	ἐμισήσατε					
20	θεωρήσει					
21	βλασφημήσω					
22	ἐφιλήσαμεν					
23	ἐγρηγώρησα					
24	ἀσθενήσετε					
25	μετανοήσεις					
26	ἠδικήσατε					
27	διακονήσομεν					
28	ἐλύπησεν					
29	φρονήσουσιν					
30	ὡμολόγησαν					

Ejercicio 33: Pronombres personales (primera y segunda persona singular)
Traduce las siguientes oraciones.

1. Σὺ εἶ ὁ υἱός τοῦ θεοῦ

2. Καὶ ἡ ἀλήθεια οὐκ ἐστίν ἐν ἐμοί

3. Ἐγώ εἰμί ἡ ἀλήθεια καὶ ἡ ζωή

4. Ἰούδας μαθήτης μοῦ

5. Ἡ ἐντολή μου οὐκ ἐστίν κακή, ἀλλὰ καλή

6. Δηλώσω σοι τὴν ἀλήθειαν καὶ ἡ ἀλήθεια ἐλευθερώσει σοι

7. Ετι χρόνον μικρὸν μετὰ σοῦ εἰμὶ καὶ ὑπάγω πρὸς τὸν θεόν μοῦ

8. Ἐδιανεύσεν μοί ὁ παροίνος μετὰ τῆς κεφαλῆς

9. Ἐτίμησεν με ὁ λαός ὁ περιούσιος μετὰ τῶν κεφαλῶν καὶ οὐ μετὰ τῆς καρδίας

10. Διὰ καλὰ ἔργα οὐ λιθάζομεν σε ἀλλὰ διὰ βλασφημίαν.

Capítulo 20

Ejercicio 34: Pronombres personales (primera y segunda persona plural)
Identifica el caso y persona de la palabra y traduce las formas.

	Forma	Caso	Pers	Traducción
1	ἡμᾶς			
2	ὑμεῖς			
3	ἡμῖν			
4	ὑμῶν			
5	ἡμεῖς			
6	σύν ὑμῖν			
7	δι' ὑμᾶς			
8	ὑπέρ ἡμῶν			
9	ἀφ' ἡμῶν			
10	παρ' ὑμῖν			
11	πρὸς ἡμᾶς			
12	μεθ' ὑμῶν			
13	ἐμαρτύρησα ὑμῖν			
14	ἡμεῖς ζήσομεν			
15	ἐκέλευσεν ὑμᾶς			
16	τηρήσομεν τὸν οἶκον ὑμῶν			
17	ἠγαπήσατε ἡμᾶς			
18	αἱ ψυχαί ἡμῶν			
19	ὑμεῖς ἐστὲ			
20	φιλήσουσιν ἡμᾶς			

21	Οὐ καλῶς λέγομεν ἡμεῖς ὅτι Σαμαρίτης εἶ σὺ καὶ δαιμόνιον ἔχεις;
22	(...) καὶ ἡ ἀλήθεια οὐκ ἔστιν ἐν ἡμῖν
23	ἡμεῖς ἐκ τοῦ θεοῦ ἐσμεν
24	χάρις ὑμῖν καί εἰρήνη ἀπὸ θεοῦ ἡμῶν
25	καὶ τὸ αἷμα Ιησοῦ τοῦ υἱοῦ καθαρίζει ἡμᾶς ἀπὸ τῆς ἁμαρτίας
26	εἰ ὁ υἱὸς ἐλευθερώσει ὑμᾶς, ἐλεύθεροι ἐστε

Capítulo 21

Ejercicio 35: Verbos contractos en -αω y -οω (presente e imperfecto)
Identifica el tiempo, persona, número y léxica de la palabra y traduce las formas.

	Forma	Tiem	Pers	Núm	Léxica	Traducción
1	ἀγαπᾷ					
2	γεννήσει					
3	ἠρώτων					
4	ζῶ					
5	ἠγάπα					
6	πλανήσουσιν					
7	γεννῶσιν					
8	πληροῖς					
9	τιμᾶτε					
10	σταυροῦσιν					
11	ζῶμεν					
12	ἠρώτα					
13	δικαιοῖ					
14	ἐγέννησα					
15	ἠγαπήσαμεν					
16	τιμᾷ					
17	ἐρωτήσετε					
18	ἐπλάνων					
19	ἐγέννας					
20	ἐπλήρου					
21	φανεροῦτε					
22	ἐτελειοῦς					
23	σταυροῖ					
24	ἐδικαίωσας					
25	ὡμοίουν					
26	νίκᾳ					
27	ἠγαλλίας					
28	κοινοῦσιν					
29	σιωπᾷς					
30	ἐζήλωσαν					

Capítulo 22

Ejercicio 36: Pronombres personales (tercera persona)
Identifica el caso, número y género de la palabra y traduce las formas.

	Forma	Caso	Núm	Gén	Traducción
1	αὐτοῦ				
2	αὐτήν				
3	ὑμεῖς				
4	αὐτοῖς				
5	αὐτός				
6	σοι				
7	αὐτῇ				
8	αὐτῶν				
9	αὐτῆς				
10	αὐτό				
11	αὐτῷ				
12	ὑμῖν				
13	αὐτὸν				
14	τῷ αὐτῷ οὐρανῷ				
15	αὐτά				
16	αὐτούς				
17	ὑπὲρ αὐτῶν				
18	ἐν αὐτῇ				
19	μετ' αὐτοῦ				
20	ἀν' αὐτούς				

21	ὁ κύριος αὐτῆς
22	τοῖς δούλοις αὐτῶν
23	αὐτὸς ὁ θεὸς ἠγάπα
24	τῷ αὐτῷ οὐρανῷ
25	ζήσομεν δι' αὐτοῦ
26	πλανᾷς τὴν καρδίαν σοῦ

27	τὴν αὐτὴν ἀλήθειαν ἀγαπῶμεν
28	αὐτὸς δηλοῖ τὴν ἀγάπην μοῦ
29	τοὺς αὐτοὺς δούλους
30	ἐσταυροῦμεν αὐτὰς

Ejercicio 37: Pronombres personales (tercera persona)
Traduce las siguientes oraciones.

1. ἀγαπᾶτε αὐτάς

2. Καὶ λέγει αὐτῇ ὁ Ιησοῦς, μὴ ἐστίν ἡ ὥρα μοῦ

3. δηλώσιν οἱ ἄγγελοι του θεοῦ τάς ἐντολάς αὐτοῦ διὰ τὰς ἁμαρτίας τὰς κακὰς τῶν ἀνθρώπων ὅτι ὁ θεός ἐκέλευσεν αὐτούς ἐκ τοῦ οὐρανοῦ εἰς τὴν γὴν

4. Οὐ ἠγάπων οἱ ὑποκριταί καὶ οἱ τελῶναι τὸ ἀγαθὸν εὐαγγέλιον ἀλλὰ ἐτίμων τὰ δαιμονία καὶ τάς ἐξουσίας αὐτῶν ἐν τῷ κόσμῳ

5. Ἔζησεν Ἡλίας χρόνον μίκρον ἐν τῷ οἰκία αὐτῆς ὅτι ἡ ἁμαρτία ἐδούλου αὐτόν καὶ οὐκ ἤκουον τὴν φώνὴν τὴν καλὴν τοῦ κυρίου αὐτου

6. Εἰ ζητήσεις ἐν τῷ οἴκῳ μοῦ καὶ ἀγαπήσεις τούς δούλους μοῦ, οὐ ἐρωτήσω σε καθώς ἐπλάνησας τούς διακόνους Ἡρώδου

7. ὁ κρίτης εἶπεν πρὸς αὐτὸν καὶ ἠρώτησεν εἰ ἀπὸ τοῦ οὐρανοῦ ἐστίν

8. Οἱ ἄνθρωποι τιμῶσι τὸν υἱὸν καθώς τιμῶσιν τὸν θεὸν καὶ ὁ ἄνθρωπος ὅτι οὐ τιμᾷ τὸν υἱὸν οὐ τιμᾷ τὸν θεὸν αὐτοῦ

9. Οἱ μὲν ἐλάλησαν ὅτι ἀγαθός ἐστιν, ἄλλοι ἐλάλησαν, οὐ, ἀλλὰ πλανᾷ τὸν ὄχλον

Capítulo 23

***Ejercicio 38: Verbos contractos en -εω** (presente e imperfecto)*
Identifica el tiempo, persona, número y léxica de la palabra y traduce las formas.

	Forma	Tiem	Pers	Núm	Léxica	Traducción
1	αἰτοῦμεν					
2	ἐτηρεῖτε					
3	ἐκάλουν					
4	ζητοῦσιν					
5	θεωρεῖ					
6	ἐλάλει					
7	μαρτυρῶ					
8	ἐμίσεις					
9	ποιεῖ					
10	ἠκολούθει					
11	ἐθεωροῦν					
12	ἐτήρησα					
13	ᾔτεις					
14	ζητήσουσιν					
15	θεωροῦμεν					
16	ἐλάλησαν					
17	ἐμαρτυροῦμεν					
18	ἐποίουν					
19	καλεῖτε					
20	ἠκολούθουν					
21	ᾔτησεν					
22	θεωρεῖς					
23	ποιοῦμεν					
24	μισεῖτε					
25	πλουτεῖ					
26	ἐχωρεῖτε					
27	ἐφίλουν					
28	ἐπιθυμεῖτε					
29	ἐξομολογοῦσιν					
30	ἐκληρονομήσατε					

Ejercicio 39: Verbos contractos (repaso)
Identifica el tiempo, persona, número y léxica de la palabra y traduce las formas.

	Forma	Tiem	Pers	Núm	Léxica	Traducción
1	πλανᾷ					
2	ἠκολούθησα					
3	ἐπλήρου					
4	γεννήσεις					
5	ἔζων					
6	φανερώσετε					
7	μαρτυρεῖς					
8	ἠρώτα					
9	ἐτελείωσεν					
10	λαλεῖτε					
11	καλέσω					
12	ἐδικαίους					
13	τιμᾶτε					
14	ἐποιεῖ					
15	ἠγαπήσαμεν					
16	πληροῖς					
17	σταυρώσουσιν					
18	τελειῶ					
19	ᾐτήσατε					
20	ζήσομεν					
21	ἐθεώρει					
22	ἐτόλμων					
23	θανατοῦσιν					
24	κοσμήσομεν					
25	ἐνοοῦμεν					
26	ἐκοίνωσεν					
27	ἐζήλουν					
28	βοῶσιν					
29	ἐμεριμνήσατε					
30	μετρεῖς					

Ejercicio 40: Verbos contractos
Traduce las siguientes oraciones.

1	Εἰ ἀγαπᾷς τὸν θεὸν καὶ τιμᾷς τὸν υἱὸν αὐτοῦ, ἅγιός εἶ.
2	Καὶ νῦν ἐρῶτω σε, ἀδελφέ, οὐχ ὡς ἐχθρός σου ἀλλ' ὡς ἀπόστολος τοῦ κυρίου
3	Ἐν (...) Χριστῷ Ἰησοῦ διὰ τοῦ εὐαγγελίου ἐγὼ ὑμᾶς ἐγέννησα
4	ἠκούσατε ὅτι ἐγὼ εἶπον ὑμῖν, ὑπάγω (...) πρὸς τὸν θεόν. Εἰ ἠγαπᾶτε με, ἐπιστεύετε τοὺς λόγους μοῦ
5	ζῶ (...) οὐκέτι ἐγώ ἀλλὰ ζῇ (...) ἐν ἐμὲ Χριστός
6	Ἔτι μικρὸν καὶ ὁ κόσμος με οὐκέτι θεωρεῖ, ὑμεῖς θεωρεῖτέ με ὅτι ἐγὼ ζῶ καὶ ὑμεῖς ζήσετε
7	(...) ὅτι ἁμαρτίαν οὐκ ἔχομεν, (...) πλανῶμεν ἡμῖν καὶ ἡ ἀλήθεια οὐκ ἔστιν ἐν ἡμῖν
8	Εἶπον αὐτῷ, ὁ πατὴρ ἡμῶν Ἀβραάμ ἐστιν. Λέγει αὐτοῖς ὁ Ἰησοῦς, εἰ τέκνα τοῦ Ἀβραάμ ἐστε, τὰ ἔργα τοῦ Ἀβραάμ ἐποιεῖτε.
9	Ἐλάλουν δοῦλοι ἐκ τῶν Φαρισαίων. Οὐκ ἔστιν παρὰ θεοῦ ὁ ἄνθρωπος ὅτι τὸ σάββατον οὐ τηρεῖ.
10	Εἶπον (...) αὐτῷ οἱ Φαρισαῖοι, σὺ περὶ σοῦ μαρτυρεῖς. Ἡ μαρτυρία σοῦ οὐκ ἔστιν ἀληθής.

Capítulo 24

Ejercicio 41: Verbos compuestos
Identifica el tiempo, persona, número y léxica de la palabra y traduce las formas.

	Forma	Tiem	Pers	Núm	Léxica	Traducción
1	ἀπέλυσαν					
2	περιεπάτει					
3	προσεκύνησαν					
4	ἐπηρώτα					
5	μετενόησαν					
6	παρεκάλεσας					
7	προσεκύνει					
8	περιεπατήσατε					
9	παρεκαλοῦμεν					
10	ἀπέλυεν					
11	μετενόησεν					
12	περιεπάτουν					
13	ἐπηρώτησεν					
14	παρεκάλει					
15	προσεκύνουν					
16	μετανοεῖτε					
17	ἀπολύσω					
18	προσκυνεῖ					
19	παρεκάλουν					
20	ἐπηρώτων					
21	ἐπήκουσα					
22	συνέκλεισαν					
23	συνεμαρτύρησα					
24	ὑπήκουον					
25	ἐνεφύσησεν					
26	συνεζήτει					
27	διελάλουν					
28	καταλύσει					
29	συνελάλησεν					
30	διέμενεν					

Capítulo 25

Ejercicio 42: Conjunciones
Traduce las siguientes oraciones.

1	ἔλεγον οὖν οἱ Ἰουδαῖοι, (...) πῶς ἐφίλει αὐτόν
2	ἠγάπησαν γὰρ τὴν δόξαν τῶν ἀνθρώπων μᾶλλον ἤπερ τὴν δόξαν τοῦ θεοῦ
3	ἐγὼ δαιμόνιον οὐκ ἔχω ἀλλὰ τιμῶ τὸν πατέρα (padre) μου καὶ ὑμεῖς ἀτιμάζετέ με
4	Λέγει αὐτοῖς ὁ Ἰησοῦς εἰ τέκνα τοῦ Ἀβραάμ ἐστε, τὰ ἔργα τοῦ Ἀβραάμ ἐποιεῖτε
5	οὕτως γὰρ ἠγάπησεν ὁ θεὸς τὸν κόσμον ὥστε τὸν υἱὸν τὸν μονογενῆ ἔδωκεν (dio)
6	ἐκ τοῦ ὄχλου δὲ πολλοὶ (muchos) ἐπίστευσαν εἰς αὐτόν
7	Πάλιν οὖν αὐτοῖς ἐλάλησεν ὁ Ἰησοῦς (...), ἐγώ εἰμι τὸ φῶς τοῦ κόσμου
8	Ἐπίστευσα διὸ ἐλάλησα καὶ ἡμεῖς πιστεύομεν διὸ καὶ λαλοῦμεν
9	Ἐπεὶ ἄρα τὰ τέκνα ὑμῶν ἀκάθαρτά ἐστιν νῦν δὲ ἅγιά ἐστιν
10	ἡ γὰρ ἀγάπη τοῦ Χριστοῦ συνέχει ἡμᾶς
11	ἀπὸ δὲ τῶν ἡμερῶν Ἰωάννου τοῦ βαπτιστοῦ ἕως ἄρτι ἡ βασιλεία τῶν οὐρανῶν βιάζεται (sufre violencia)

Capítulo 26

Ejercicio 43: Tiempo perfecto
Identifica el tiempo, persona, número y léxica de la palabra y traduce las formas.

	Forma	Tiem	Pers	Núm	Léxica	Traducción
1	λέλυκας					
2	τεθεραπεύκαμεν					
3	κεκέλευκεν					
4	βεβασιλεύκατε					
5	δεδούλευκα					
6	κέκλαυκαν					
7	ἠγαπήκαμεν					
8	ἠρώτηκα					
9	πεπλάνηκεν					
10	ᾔτηκας					
11	τετηρήκασιν					
12	μεμισήκατε					
13	πεποίηκεν					
14	τεθεωρήκαμεν					
15	ἠρωτήκειν					
16	γεγεννηκείμεν					
17	δεδικαίωκα					
18	ζέζηκας					
19	ἠγαπησεν					
20	ἐρωτήσετε					
21	ἐπλάνα					
22	πεπληρώκασιν					
23	κελεύομεν					
24	ἐποίεις					
25	λελαλήκατε					
26	ἐμαρτύρουν					
27	ζεζήτηκεν					
28	τετελειώκει					
29	ἠγάπων					
30	τηροῦμεν					

Capítulo 27

Ejercicio 44: Tercera declinación (parte 1)
Identifica el caso, número, género y léxica de la palabra y traduce las formas.

	Forma	Caso	Núm	Gén	Léxica	Traducción
1	τοῖς ῥήμασιν					
2	τὰ ὀνόματα					
3	τάς νύκτας					
4	τῇ ἐλπίδι					
5	ἡ σάρξ					
6	τοῦ πυρός					
7	τῷ φωτί					
8	τὸ αἷμα					
9	τὰ στόματα					
10	τὴν χάριν					
11	τῶν σωμάτων					
12	τοῦ πνεύματος					
13	τὸ θέλημα					
14	τὴν σάρκα					
15	τοῦ αἵματος					
16	τῶν ῥημάτων					
17	αἱ σάρκες					
18	τοῦ σπέρματος					
19	τῷ θελήματι					
20	τοῖς πνεύμασιν					
21	τῷ στόματι					
22	τὸ πῦρ					
23	τὰ φῶτα					
24	αἱ νύκτες					
25	τῷ σώματι					
26	τῶν βρωμάτων					
27	τοῦ κέρατος					
28	τοῖς μνήμασιν					
29	τῷ κέρατι					
30	τοὺς παῖδας					

Capítulo 28

Ejercicio 45: Tercera declinación (parte 2)
Identifica el caso, número, género y léxica de la palabra y traduce las formas.

	Forma	Caso	Núm	Gén	Léxica	Traducción
1	ἄρχοντες					
2	αἰῶνος					
3	πατήρ					
4	δύναμιν					
5	γραμματέων					
6	κρίσεως					
7	πόλεσιν					
8	πατέρας					
9	ἀναστάσει					
10	ἀρχιερεῦσιν					
11	πίστις					
12	μητέρα					
13	κρισεῖς					
14	βασιλέα					
15	αἰῶνας					
16	δυνάμεως					
17	ἄρχουσιν					
18	ἀναστάσεως					
19	πόλεων					
20	μητρί					
21	θλίψει					
22	ἄρχοντα					
23	γραμματεῖς					
24	ἀρχιερεῖ					
25	θλίψεων					
26	προθέσει					
27	ἀστέρας					
28	ἱερέως					
29	ἀπολυτρώσιν					
30	δράκοντος					

Capítulo 29

Ejercicio 46: Tercera declinación (parte 3)
Identifica el caso, número, género y léxica de la palabra y traduce las formas.

	Forma	Caso	Núm	Gén	Léxica	Traducción
1	ἔθνη					
2	μέρει					
3	γυναικός					
4	ὄρεσιν					
5	χεῖρας					
6	ποσίν					
7	γυναῖκα					
8	ὄρη					
9	χερσίν					
10	ἀνδρῶν					
11	ὕδατα					
12	πόδας					
13	ἔτος					
14	γυναῖκες					
15	μέρος					
16	χειρῶν					
17	ἔθνους					
18	ὕδατος					
19	πόδες					
20	ἄνερ					
21	τέλος					
22	χεῖρα					
23	ὑδάτων					
24	τέλους					
25	ἄνδρες					
26	σάλπιγγες					
27	μάρτυρος					
28	τρίχας					
29	σκεύη					
30	γένους					

Ejercicio 47: Declinaciones mixtas
Identifica el caso, número, género, declinación y léxica de la palabra y traduce las formas.

	Forma	Caso	Núm	Gén	Declin	Léxica	Traducción
1	θεοῦ						
2	ὀνόματος						
3	υἱός						
4	μαθήτης						
5	εἰρήνης						
6	ὄρους						
7	ἀποστόλους						
8	σάρκος						
9	ἄνθρωπος						
10	ἔτος						
11	βασιλεία						
12	βασιλέα						
13	ἐκκλησίᾳ						
14	θέλημα						
15	σώματα						
16	πρόβατα						
17	ἀγάπη						
18	ἔθνη						
19	πόλει						
20	ποιεῖ						
21	ἄνδρας						
22	ἡμέρας						
23	πίστιν						
24	ἀρχιερεῖ						
25	αἰών						
26	θλίψεως						
27	πόλεσιν						
28	δύναμιν						
29	μέρη						
30	βασιλεῖς						

Ejercicio 48: Declinaciones mixtas (sustantivos no conocidos)
Identifica el caso, número, género, declinación y léxica de la palabra y traduce las formas.

	Forma	Caso	Núm	Gén	Declin	Léxica	Traducción
1	ξεστῶν						
2	δῆμος						
3	ὁράματος						
4	βραδυτῆτα						
5	σῦκα						
6	καταπαύσεως						
7	ζεύγη						
8	ἀκοή						
9	ῥάκους						
10	ἀνέμους						
11	νέκρωσιν						
12	σφραγῖδα						
13	εἰκόνος						
14	φόβος						
15	παῖδα						
16	ἀφέσει						
17	ἀκρίδες						
18	σεισμός						
19	φρέατος						
20	εἴδους						
21	λαμπάδας						
22	ἤθη						
23	ὕψους						
24	γνώσεως						
25	παρουσία						
26	χρείας						
27	μαστοῖς						
28	ἰάσεις						
29	κτίσει						
30	ἱερέα						

Ejercicio 49: Tercera declinación
Traduce las siguientes oraciones.

1	μάρτυς γάρ μού ἐστιν ὁ θεός, ᾧ (a quien) λατρεύω ἐν τῷ πνεύματί μου ἐν τῷ εὐαγγελίῳ τοῦ υἱοῦ αὐτοῦ.
2	ἐὰν δὲ ἐν τῷ φωτὶ περιπατῶμεν ὡς αὐτός ἐστιν ἐν τῷ φωτί, κοινωνίαν ἔχομεν μετ' ἀλλήλων (uno con el otro) καὶ τὸ αἷμα Ἰησοῦ τοῦ υἱοῦ αὐτοῦ καθαρίζει ἡμᾶς ἀπὸ (...) τῆς ἁμαρτίας
3	τοῦ (...) υἱοῦ θεοῦ ἐν δυνάμει κατὰ πνεῦμα ἁγιωσύνης ἐξ ἀναστάσεως νεκρῶν, Ἰησοῦ Χριστοῦ τοῦ κυρίου ἡμῶν
4	Οὐ πᾶσα (toda) σὰρξ ἡ αὐτὴ σάρξ ἀλλὰ ἄλλη σὰρξ ἀνθρώπων, ἄλλη δὲ σὰρξ κτηνῶν, ἄλλη δὲ σὰρξ πτηνῶν, ἄλλη δὲ ἰχθύων
5	Στέφανος δὲ πλήρης χάριτος καὶ δυνάμεως ἐποίει τέρατα καὶ σημεῖα ἐν τῷ λαῷ
6	Ὑμεῖς δὲ οὐκ ἐστὲ ἐν σαρκὶ ἀλλὰ ἐν πνεύματι εἴπερ πνεῦμα θεοῦ οἰκεῖ ἐν ὑμῖν.
7	οἱ πατέρες ἡμῶν ἐν τῷ ὄρει τούτῳ (este) προσεκύνησαν καὶ ὑμεῖς λέγετε ὅτι ἐν Ἱεροσολύμοις ἐστὶν ὁ τόπος τῆς προσευχῆς
8	αἱ γυναῖκες τοῖς ἰδίοις ἀνδράσιν ὡς τῷ κυρίῳ ὅτι ἀνήρ ἐστιν κεφαλὴ τῆς γυναικὸς ὡς καὶ ὁ Χριστὸς κεφαλὴ τῆς ἐκκλησίας, αὐτος σωτὴρ τοῦ σώματος

9 οἳ (los que) οὐκ ἐξ αἱμάτων, οὐδὲ ἐκ θελήματος σάρκος οὐδὲ ἐκ θελήματος ἀνδρὸς ἀλλ' ἐκ θεοῦ ἐγεννήθησαν (fueron engendrados)

10 Καὶ ἡ φωνὴ αὐτοῦ ὡς φωνὴ ὑδάτων πολλῶν (mucho) καὶ πόδες αὐτοῦ καθὼς πῦρ

11 Οὐαὶ ὑμῖν, ὅτι οἰκοδομεῖτε τὰ μνημεῖα τῶν προφητῶν, οἱ δὲ πατέρες ὑμῶν ἀπέκτειναν (mataron) αὐτοὺς

12 χάρις δὲ τῷ θεῷ διὰ Ἰησοῦ Χριστοῦ τοῦ κυρίου ἡμῶν ἄρα οὖν αὐτὸς ἐγὼ ἐν τῷ νοΐ δουλεύω νόμῳ θεοῦ ἐν τῇ δὲ σαρκὶ νόμῳ ἁμαρτίας

13 καὶ θεωρεῖ δύο ἀγγέλλους ἐν λευκοῖς ἱματίοις, ἕνα (uno) πρὸς τῇ κεφαλῇ καὶ ἕνα πρὸς τοῖς πόσιν.

14 καὶ κιννάμωμον καὶ ἄμωμον καὶ θυμιάματα καὶ μύρον καὶ λίβανον καὶ οἶνον καὶ ἔλαιον καὶ σεμίδαλιν καὶ σῖτον καὶ κτήνη καὶ πρόβατα καὶ ἵππων καὶ ῥεδῶν καὶ σωμάτων καὶ ψυχὰς ἀνθρώπων

15 (...) καὶ κηρυχθῆναι (predicar) ἐπὶ τῷ ὀνόματι αὐτοῦ μετάνοιαν εἰς ἄφεσιν ἁμαρτιῶν εἰς (...) τὰ ἔθνη

Capítulo 30

Ejercicio 50: Voz media y activa
Identifica la voz, tiempo, persona, número y léxica de la palabra y traduce las formas.

	Forma	Voz	Tiem	Pers	Núm	Léxica	Traducción
1	θεραπεύονται						
2	λαλεῖ						
3	ἐτιμώμεθα						
4	ζήσονται						
5	ἠτήσαμην						
6	λύῃ						
7	ἠρώτων						
8	ἐδικαιοῦ						
9	ζητήσῃ						
10	ἐκλαύσαντο						
11	ἐμαρτυρήσαμεν						
12	σταυρῶμαι						
13	γεννᾶσθε						
14	ἐποιησάμεθα						
15	πεφανέρωσθε						
16	ἐκελεύετο						
17	ἠγάπησαι						
18	ἤκουσω						
19	τηρεῖσθε						
20	τελειώσω						
21	ἐτελευτήσατο						
22	ἐφονεύου						
23	νενουθέτημαι						
24	τολμᾷ						
25	ὑψώσῃ						
26	ἐσαλευόμεθα						
27	ὡμολογησάμην						
28	ταπεινοῦται						
29	γεωργήσετε						
30	ἐπηρωτήσαμην						

Capítulo 31

Ejercicio 51: Voz pasiva y activa
Identifica la voz, tiempo, persona, número y léxica de la palabra y traduce las formas.

	Forma	Voz	Tiem	Pers	Núm	Léxica	Traducción
1	πιστευθήσομαι						
2	λαλεῖται						
3	ἐδουλεύθημεν						
4	ἐσταυρώθης						
5	πλανηθήσῃ						
6	ἐφανερώσω						
7	ἠκούσαμεν						
8	τελειοῖς						
9	ἐγεννώμην						
10	περισσεύονται						
11	ζήσεται						
12	ἠγαπήθην						
13	κελευθησόμεθα						
14	θεωρεῖ						
15	πεποίησαι						
16	ἐτηρησάμην						
17	ᾐτήθη						
18	ἠρωτῶντο						
19	ἐδικαιώθημεν						
20	πληροῦται						
21	ἐφυτεύθησαν						
22	φιλοῦνται						
23	ὑψώθη						
24	ἐπαιδεύσω						
25	κοινωθήσεται						
26	σεσιώπηκας						
27	μετανοήσομαι						
28	ᾠκοδομοῦ						
29	ἐνικήθητε						
30	ἐτελεύτησεν						

Capítulo 32

Ejercicio 52: Verbos defectivos
Identifica la voz, tiempo, persona, número y léxica de la palabra y traduce las formas.

	Forma	Voz	Tiem	Pers	Núm	Léxica	Traducción
1	κεκαύχημαι						
2	λογίζονται						
3	προσηυχετο						
4	δικαιωθήσομαι						
5	δύναται						
6	ἐφοβήθησαν						
7	ἐδεχόμεθα						
8	ἀποκρίνῃ						
9	προσεύχεται						
10	ἀπεκρίθης						
11	ἐπορεύθη						
12	ἠσπάζοντο						
13	ἐπορεύετο						
14	ἐζητεῖτε						
15	τεθεραπεύσαι						
16	φοβούμεθα						
17	ἠγαπήθην						
18	καυχᾶσθε						
19	ἀποκριθήσεται						
20	δυνήσῃ						
21	ἔρχονται						
22	ἐθανατώθητε						
23	ἐχρησάμην						
24	ῥύεται						
25	ἐπαύοντο						
26	τεθεάμεθα						
27	ἔρχῃ						
28	ἐδεήθην						
29	γεύσεται						
30	ἠρνήσασθε						

Ejercicio 53: Las tres declinaciones (repaso)
Identifica el caso, número, género, declinación y léxica de la palabra y traduce las formas.

	Forma	Caso	Núm	Gén	Declin	Léxica	Traducción
1	δούλῳ						
2	ἀγάπης						
3	ἄρτους						
4	αἵματος						
5	κεφαλήν						
6	υἱοί						
7	βασιλεῦ						
8	γῇ						
9	ἔθνους						
10	εὐαγγελίου						
11	ἀναστάσεως						
12	ἁμαρτιῶν						
13	γυναιξίν						
14	ἀποστόλοις						
15	ἐκκλησίας						
16	ἔργα						
17	σαρκί						
18	ἄνθρωπον						
19	καρδίαις						
20	γραμματεῖς						
21	ὀφθαλμῶν						
22	ὄρη						
23	παραβολαί						
24	ὕδατι						
25	πρόβατον						
26	συναγωγάς						
27	σώματα						
28	πίστει						
29	Σίμωνα						
30	πάτερ						

Ejercicio 54: Verbos vocalia en todos los tiempos y voces (repaso)
Identifica la voz, tiempo, persona, número y léxica de la palabra y traduce las formas.

	Forma	Voz	Tiem	Pers	Núm	Léxica	Traducción
1	πιστεύεις						
2	θεραπεύσουσιν						
3	ἠκούομεν						
4	ἔλυσα						
5	βεβασίλευκας						
6	ἐκεκελεύκειν						
7	λύομαι						
8	ἐκλαίετε						
9	ἐπιστεύσατο						
10	δουλεύῃ						
11	ἐβασιλευόμην						
12	ἐπίστευσαν						
13	περισσεύουσιν						
14	λύομεν						
15	ἀκουσόμεθα						
16	ἐβασιλεύσατε						
17	κελεύσω						
18	δεδούλευκαν						
19	ἐθεραπεύθημεν						
20	πεπιστεύται						
21	ἐθεραπεύσω						
22	κλαύσει						
23	κελευθήσονται						
24	περισσεύσονται						
25	ἠκούθης						
26	ἐνήστευσαν						
27	ἐκδυόμεθα						
28	ἐσαλεύθη						
29	ἔκλειον						
30	ἐλατρεύετο						

Ejercicio 55: Verbos contractos en todos los tiempos y voces (repaso)
Identifica la voz, tiempo, persona, número y léxica de la palabra y traduce las formas.

	Forma	Voz	Tiem	Pers	Núm	Léxica	Traducción
1	ἀγαπᾷ						
2	ἐγεννήθη						
3	ᾔτησας						
4	πληροῖ						
5	ζῇς						
6	λελάληκα						
7	φανερωθήσεσθε						
8	ἐπλανήθησαν						
9	ἐμαρτυρεῖτο						
10	ἐδικαιώθητε						
11	ἐρωτᾷς						
12	σταυροῦμεν						
13	ἠκολούθησεν						
14	τετελείωμαι						
15	ἐζητησάμην						
16	ἠγάπηται						
17	ἐποιήθημεν						
18	ἐπλήρωσεν						
19	μισήσεις						
20	ἐσταυρώθην						
21	ἠρώτων						
22	τηρούμεθα						
23	τιμήσουσιν						
24	ἐκολλήθη						
25	κεκληρονόμηκεν						
26	ἐταπείνωσεν						
27	ζωοποιεῖται						
28	κλῶμεν						
29	ὑψωθήσομαι						
30	ἐλυπήθησαν						

Ejercicio 56: Voz media-pasiva
Traduce las siguientes oraciones.

1. ἀπεκρίθησαν οὖν αὐτοῖς οἱ Φαρισαῖοι, μὴ καὶ ὑμεῖς πεπλάνησθε;

2. ὁ δὲ ἀγαπῶν (el que ama) με ἀγαπηθήσεται ὑπὸ τοῦ πατρός μου κἀγὼ ἀγαπήσω αὐτὸν

3. Τὸ πνεῦμα ὅπου θέλει πνεῖ καὶ τὴν φωνὴν αὐτοῦ ἀκούεις ἀλλ' οὐκ οἶδας (sabes) πόθεν ἔρχεται καὶ ποῦ ὑπάγει

4. Καὶ ὅταν τελεσθῇ (se cumplen) τὰ χίλια ἔτη, λυθήσεται ὁ σατανᾶς ἐκ τῆς φυλακῆς αὐτοῦ καὶ πλανήσει τὰ ἔθνη

5. τεκνία, ἔτι μικρὸν μεθ' ὑμῶν εἰμι. ζητήσετέ με καὶ καθὼς εἶπον τοῖς Ἰουδαίοις ὅτι ὅπου ἐγὼ ὑπάγω ὑμεῖς οὐ δύνασθε ἐλθεῖν (venir)

6. Τιμόθεος, υἱὸς γυναικὸς Ἰουδαίας πιστῆς (...) ἐμαρτυρεῖτο ὑπὸ τῶν ἐν Λύστροις καὶ Ἰκονίῳ ἀδελφῶν

7. Καὶ ἐπορεύθησαν ἕκαστος εἰς τὸν οἶκον αὐτοῦ, Ἰησοῦς δὲ ἐπορεύθη εἰς τὸ ὄρος τῶν ἐλαιῶν.

8. καὶ προσηύχετο ἵνα εἰ δυνατόν ἐστιν παρέλθῃ (pase) ἀπ' αὐτοῦ ἡ ὥρα

9. ἐὰν προσεύχωμαι ἐν γλώσσῃ, τὸ πνεῦμά μου προσεύχεται, ὁ δὲ νοῦς μου ἄκαρπός ἐστιν

10 ἀσπάζεται ὑμᾶς Τιμόθεος ὁ συνεργός μου καὶ Λούκιος καὶ Ἰάσων καὶ Σωσίπατρος οἱ συγγενεῖς μου. ἀσπάζομαι ὑμᾶς ἐγὼ Τέρτιος <u>ὁ γράψας</u> (él que escribio) τὴν ἐπιστολὴν ἐν κυρίῳ. ἀσπαζεται ὑμᾶς Γάϊος ὁ ξένος μου καὶ ὅλης τῆς ἐκκλεσίας. ἀσπάζεται ὑμᾶς Ἔραστος ὁ οἰκονόμος τῆς πόλεως καὶ Κούαρτος ὁ ἀδελφός.

Capítulo 33

Ejercicio 57: Verbos mudos (labiales)
Identifica la voz, tiempo, persona, número y léxica de la palabra y traduce las formas.

	Forma	Voz	Tiem	Pers	Núm	Léxica	Traducción
1	ἀναβλέψουσιν						
2	γέγραπται						
3	ἐπέμφθη						
4	ἐπιστρέφετε						
5	ἅπτεσθε						
6	ἐκρύβη						
7	ἀποκαλύπτεται						
8	πέμψω						
9	βλέπουσιν						
10	ἥπτοντο						
11	ἐπιστρέψει						
12	ἔγραψα						
13	ἀποκαλυφθήσεται						
14	κέκρυπται						
15	ἐγράφη						
16	ἔπεμψα						
17	ἀπεκαλύφθη						
18	ἔκρυψεν						
19	ἀνέβλεψεν						
20	γέγραφα						
21	ἔκρυψαν						
22	ἐπέμψατε						
23	ἅπτεται						
24	ἀποκαλύψει						
25	ἐπεστράφητε						
26	κλέψεις						
27	τρέφει						
28	κόψονται						
29	ἐτάφη						
30	ἐπέτρεψεν						

Ejercicio 58: Verbos mudos (labiales)
Traduce las siguientes oraciones.

1. τὸ γὰρ «οὐ μοιχεύσεις, οὐ φονεύσεις, οὐ κλέψεις, οὐκ ἐπιθυμήσεις» καὶ εἴ (...) ἑτέρα ἐντολή, ἐν τῷ λόγῳ (...) ἀνακεφαλαιοῦται «ἀγαπήσεις τὸν πλησίον σοῦ»

2. ὁ Ἰησοῦς ἥψατο τῶν ὀμμάτων αὐτῶν καὶ εὐθέως ἀνέβλεψαν καὶ ἠκολούθησαν αὐτῷ

3. ἡμῖν δὲ ἀπεκάλυψεν ὁ θεός διὰ τοῦ πνεύματος. τὸ γὰρ πνεῦμα πάντα (todo) ἐραυνᾷ καὶ τὰ βάθη τοῦ θεοῦ

4. Κἀγὼ Ἰωάννης ἤκουσα καὶ ἔβλεψα (...) καὶ ἔπεσα (caí) (...) ἔμπροσθεν τῶν ποδῶν τοῦ ἀγγέλου

5. καὶ ἡ ζωὴ ὑμῶν κέκρυπται σὺν τῷ Χριστῷ ἐν τῷ θεῷ

6. Ἄνδρες ἀδελφοί, λέγω μετὰ παρρησίας πρὸς ὑμᾶς περὶ τοῦ πατριάρχου Δαυίδ ὅτι (...) ἐτελεύτησεν καὶ ἐτάφη καὶ τὸ μνῆμα αὐτοῦ ἔστιν ἐν ἡμῖν ἄχρι τῆς ἡμέρας ταύτης (este).

7. αὐτοὶ γὰρ περὶ ἡμῶν ἀπαγγέλλουσιν ὁποίαν εἴσοδον ἔσχομεν (tuvimos) πρὸς ὑμᾶς καὶ πῶς ἐπεστρέψατε πρὸς τὸν θεὸν ἀπὸ τῶν εἰδώλων καὶ ἐδουλεύσατε θεῷ τῷ ἀληθινῷ

8 εἶπεν δὲ ὁ κύριος τοῦ ἀμπελῶνος, τί ποιήσω; πέμψω τὸν υἱόν μου τὸν ἀγαπητόν, ἴσως τοῦτον (a este) ἐντραπήσονται

9 Καὶ τότε φανήσεται (φαινω) τὸ σημεῖον τοῦ υἱοῦ τοῦ ἀνθρώπου ἐν οὐρανῷ καὶ τότε κόψονται πᾶσαι (todas) αἱ φυλαὶ τῆς γῆς καὶ θεωρήσουσιν τὸν υἱὸν τοῦ ἀνθρώπου (...) ἐπὶ τῶν νεφελῶν τοῦ οὐρανοῦ μετὰ δυνάμεως καὶ δόξης

Capítulo 34

Ejercicio 59: Verbos mudos (guturales)
Identifica la voz, tiempo, persona, número y léxica de la palabra y traduce las formas.

	Forma	Voz	Tiem	Pers	Núm	Léxica	Traducción
1	ἐπράξαμεν						
2	ἔδοξεν						
3	ἔκραζον						
4	ἐκήρυσσεν						
5	προσεύξομαι						
6	ἐξελέξω						
7	ἐφυλαξάμην						
8	ἐδίωκον						
9	πράσσεις						
10	πέπραχα						
11	προσηύξατο						
12	ἐκηρύχθη						
13	ἐξελέγοντο						
14	ἐδεξάμεθα						
15	ὑπέταξας						
16	ἤρξατο						
17	διώξουσιν						
18	ὑπῆρχεν						
19	δέδεκται						
20	φυλάσσεσθε						
21	ἄρξονται						
22	κέκραγεν						
23	ὑπάρχουσιν						
24	ἐφύλαξα						
25	ὑπετάγη						
26	ἀνοίξω						
27	φεύξονται						
28	ἐβαστάζετο						
29	ἤλλαξαν						
30	τέτακται						

Ejercicio 60: Verbos mudos (guturales)
Traduce las siguientes oraciones.

1	Καὶ ἤκουσαν οἱ ἐν Ἱεροσολύμοις ἀπόστολοι ὅτι δέδεκται ἡ Σαμάρεια τὸν λόγον τοῦ θεοῦ καὶ ἔπεμψαν πρὸς αὐτούς Πέτρον καὶ Ἰωάννην
2	Λέγω ὑμῖν εἰ οὗτοι σιωπήσουσιν, οἱ λίθοι κράξουσιν
3	Καὶ κηρυχθήσεται (...) τὸ εὐαγγέλιον τῆς βασιλείας ἐν ὅλῃ τῇ οἰκουμένῃ εἰς μαρτύριον (...) τοῖς ἔθνεσιν καὶ τότε ἥξει τὸ τέλος
4	Απεκρίθη αὐτοῖς ὁ Ἰησοῦς, οὐκ ἐγὼ ὑμᾶς τοὺς δώδεκα ἐξελεξάμην; καὶ ἐξ ὑμῶν εἷς διάβολός ἐστιν.
5	Εγὼ γάρ εἰμι ὁ ἐλάχιστος τῶν ἀποστόλων (...) διότι ἐδίωξα τὴν ἐκκλησίαν τοῦ θεοῦ
6	Μέγα ἐστὶν τὸ τῆς εὐσεβείας μυστήριον, (...) ἐφανερώθη ἐν σαρκί, ἐδικαιώθη ἐν πνεύματι, ἐθεωρήθη ὑπὸ τῶν ἀγγέλων, ἐκηρύχθη ἐν ἔθνεσιν, ἐπιστεύθη ἐν κόσμῳ
7	οὐχ ὑμεῖς με ἐξελέξασθε ἀλλ' ἐγὼ ἐξελεξάμην ὑμᾶς
8	Καὶ πάλιν προσηύξατο καὶ ὁ οὐρανὸς ὑετὸν <u>ἔδωκεν</u> (dio) καὶ ἡ γῆ ἐβλάστησεν τὸν καρπὸν αὐτῆς
9	Καὶ <u>ἐκήρυξεν</u> τοῖς ἐν φυλακῇ πνεύμασιν
10	ἀποστέλλω πρὸς ὑμᾶς προφήτας καὶ σοφοὺς καὶ γραμματεῖς. ἐξ αὐτῶν (...) σταυρώσετε καὶ ἐξ αὐτῶν μαστιγώσετε ἐν ταῖς συναγωγαῖς ὑμῶν καὶ διώξετε ἀπὸ πόλεως εἰς πόλιν

Capítulo 35

Ejercicio 61: Verbos mudos (dentales)
Identifica la voz, tiempo, persona, número y léxica de la palabra y traduce las formas.

	Forma	Voz	Tiem	Pers	Núm	Léxica	Traducción
1	σωθησόμεθα						
2	βαπτίζομαι						
3	δεδόξασμαι						
4	θαυμάσονται						
5	ἤγγισεν						
6	εὐαγγελίζεται						
7	εἰργάσαντο						
8	ἐπείθετο						
9	καθαρίζονται						
10	κεκάθικεν						
11	εὐηγγελισάμην						
12	ἡτοιμάσας						
13	εἰργάζετο						
14	ἐδοξάσθη						
15	πείσομεν						
16	ἤγγικεν						
17	σέσωκεν						
18	εὐηγγελίσθη						
19	βαπτίσει						
20	ἡτοίμασται						
21	θαυμάζετε						
22	ἐκαθαρίσθησαν						
23	ἐδόξαζον						
24	ἐκάθισα						
25	ἑτοιμάζομεν						
26	ἐκτίσθη						
27	ἁγιάζεται						
28	ἤλπικεν						
29	ἐγόγγυσαν						
30	ἐπειράσθησαν						

Ejercicio 62: Verbos mudos (dentales)
Traduce las siguientes oraciones.

1	καίτοιγε Ἰησοῦς αὐτὸς οὐκ ἐβάπτιζεν ἀλλ' οἱ μαθηταὶ αὐτοῦ
2	ἀλλα ἀπελούσασθε, ἀλλα ἡγιάσθητε, ἀλλα ἐδικαιώθητε ἐν τῷ ὀνόματι τοῦ κυρίου Ἰησοῦ Χριστοῦ καὶ ἐν τῷ πνεύματι τοῦ θεοῦ ἡμῶν
3	ἄξιος εἶ, ὁ κύριος καὶ ὁ θεὸς ἡμῶν, λαβεῖν (para recibir) τὴν δόξαν καὶ τὴν τιμὴν καὶ τὴν δύναμιν ὅτι σὺ ἔκτισας τὰ πάντα (todo) καὶ διὰ τὸ θέλημά σου ἦσαν (eran) καὶ ἐκτίσθησαν
4	εἰς τοῦτο (esto) γαρ κοπιῶμεν καὶ ἀγωνιζόμεθα ὅτι ἠλπίκαμεν ἐπὶ θεῷ ὅς (quien) ἐστιν σωτὴρ (...) ἀνθρώπων
5	εἶπον οὖν οἱ μαθηταὶ αὐτῷ, Κύριε, εἰ κεκοίμηται σωθήσεται
6	ἐν ἀτόμῳ, ἐν ῥιπῇ ὀφθαλμοῦ, ἐν τῇ ἐσχάτῃ σάλπιγγι σαλπίσει γὰρ καὶ οἱ νεκροὶ ἐγερθήσονται (ἐγείρω) ἄφθαρτοι καὶ ἡμεῖς ἀλλαγησόμεθα
7	οἱ δὲ ἄνθρωποι ἐθαύμασαν καὶ ἐλάλησαν, ποταπός ἐστιν οὗτος ὅτι καὶ οἱ ἄνεμοι καὶ ἡ θάλασσα αὐτῷ ὑπακούουσιν;
8	Νῦν ἐδοξάσθη ὁ υἱὸς τοῦ ἀνθρώπου καὶ ὁ θεὸς ἐδοξάσθη ἐν αὐτῷ
9	ἀλλὰ καθὼς δεδοκιμάσμεθα ὑπὸ τοῦ θεοῦ πιστευθῆναι (para ser confiado) τὸ εὐαγγέλιον
10	ἀπεκρίθη ὁ Ἰησοῦς, οὐχὶ οἱ δέκα ἐκαθαρίσθησαν; οἱ δὲ ἐννέα ποῦ;

Capítulo 36

Ejercicio 63: Pronombres demostrativos, artículos y pronombres personales (repaso)
Identifica el caso, número, género, persona y tipo de la palabra y traduce las formas.

	Forma	Caso	Núm	Gén	Pers	Tipo de palabra	Traducción
1	τούτῳ						
2	μου						
3	ὁ						
4	αὐτοί						
5	οὗτος						
6	ὑμῖν						
7	τούτοις						
8	αὕτη						
9	ταῖς						
10	τοῦτο						
11	ταῦτα						
12	αὐταί						
13	τά						
14	ταύτας						
15	αὐταῖς						
16	τό						
17	αὗται						
18	τόν						
19	σοι						
20	οὗτοι						
21	τοῖς						
22	ἐκείνων						
23	αὐτό						
24	τούς						
25	ταύτῃ						
26	αὐτά						
27	τάς						
28	τούτου						
29	τῷ						
30	σε						

Ejercicio 64: Pronombres demostrativos
Traduce las siguientes oraciones.

1	ὁ δὲ ἀγρός ἐστιν ὁ κόσμος, τὸ δὲ καλὸν σπέρμα οὗτοί εἰσιν οἱ υἱοὶ τῆς βασιλείας. Τὰ δὲ ζιζάνιά εἰσιν οἱ υἱοὶ τοῦ πονηροῦ
2	Καὶ οἱ λοιποὶ τῶν ἀνθρώπων, οἳ οὐκ ἀπεκτάνθησαν (los que no fueron matados) ἐν ταῖς πληγαῖς ταύταις, οὐδὲ μετενόησαν ἐκ τῶν ἔργων τῶν χειρῶν αὐτῶν
3	τὰ βρώματα τῇ κοιλίᾳ καὶ ἡ κοιλία τοῖς βρώμασιν, ὁ δὲ θεός ταύτην καὶ ταῦτα καταργήσει. Τὸ δὲ σῶμα οὐ τῇ πορνείᾳ ἀλλὰ τῷ κυρίῳ, καὶ ὁ κύριος τῷ σώματι
4	ὁ δὲ εἶπεν αὐτοῖς, οὐ πάντες (todos) χωροῦσιν τὸν λόγον τοῦτον
5	Πόθεν τούτῳ ἡ σοφία αὕτη καὶ αἱ δυνάμεις; οὐχ οὗτός ἐστιν ὁ τοῦ τέκτονος υἱός;
6	καὶ ἐκαυματίσθησαν οἱ ἄνθρωποι καῦμα μέγα καὶ ἐβλασφήμησαν τὸ ὄνομα τοῦ θεοῦ τοῦ ἔχοντος (el que tiene) τὴν ἐξουσίαν ἐπὶ τὰς πληγὰς ταύτας καὶ οὐ μετενόησαν
7	οὓς (a los que) δὲ προώρισεν, τούτους καὶ ἐκάλεσεν, καὶ οὓς (a los que) ἐκάλεσεν, τούτους καὶ ἐδικαίωσεν, οὓς (a los que) δὲ ἐδικαίωσεν, τούτους καὶ ἐδόξασεν

8 ἐδηλώθη γὰρ μοι περὶ ὑμῶν, ἀδελφοί μου, ὑπὸ τῶν Χλόης ὅτι ἔριδες ἐν ὑμῖν εἰσιν. λέγω δὲ τοῦτο ὅτι ἕκαστος ὑμῶν λέγει: (...)

9 Μάρθα ἐφώνησεν Μαριὰμ τὴν ἀδελφὴν αὐτῆς καὶ εἶπεν, ὁ διδάσκαλος πάρεστιν καὶ φωνεῖ σε. Ἐκείνη δέ, ὡς ἤκουσεν ἤρχετο ταχὺ πρὸς αὐτὸν

10 ὁ υἱὸς τοῦ ἀνθρώπου ὑπάγει καθὼς γέγραπται περὶ αὐτοῦ, οὐαί δὲ τῷ ἀνθρώπῳ ἐκείνῳ δι' οὗ (por el cual) ὁ υἱὸς τοῦ ἀνθρώπου παραδίδοται (es entregado). Καλὸν αὐτῷ εἰ οὐκ ἐγεννήθη ὁ ἄνθρωπος ἐκεῖνος

Capítulo 37

Ejercicio 65: Pronombres indefinidos e interrogativos
Identifica el caso, número, género, persona y tipo de la palabra y traduce las formas.

	Forma	Caso	Núm	Gén	Pers	Tipo de palabra	Traducción
1	τίς						
2	τι						
3	τίσιν						
4	τίνα						
5	τινας						
6	τίνες						
7	τισιν						
8	τινα						
9	τίσι						
10	τινι						
11	τί						
12	τίνων						
13	τις						
14	τινες						
15	τίνος						
16	τινὰς						
17	τίνας						
18	τίνι						
19	τινὸς						
20	ἡμῖν						
21	τῇ						
22	αὗται						
23	σου						
24	ὑμῶν						
25	τοῦ						
26	οὗτος						
27	ἐκείνου						
28	με						
29	αὐτοῦ						
30	ταύταις						

Ejercicio 66: Pronombres indefinidos e interrogativos
Traduce las siguientes oraciones.

1	ἀλλὰ τί λέγει ἡ γραφή; ἔκβαλε (echa) τὴν παιδίσκην καὶ τὸν υἱὸν αὐτῆς
2	τινὲς δὲ ἐξ αὐτῶν εἶπον, ἐν Βεελζεβοὺλ τῷ ἄρχοντι τῶν δαιμονίων ἐκβάλλει τὰ δαιμόνια
3	εἰ τις λέγει ὅτι ἀγαπῶ τὸν θεὸν καὶ τὸν ἀδελφὸν αὐτοῦ μισεῖ, ψεύστης ἐστίν
4	καὶ λέγει αὐτοῖς, τίνος ἡ εἰκὼν αὕτη καὶ ἡ ἐπιγραφή;
5	ὥστε μὴ πρὸ καιροῦ τι κρίνετε ἕως ἔρχεται ὁ κύριος. Οὗτος καὶ φωτίσει τὰ κρυπτὰ τοῦ σκότους καὶ φανερώσει τὰς βουλὰς τῶν καρδιῶν
6	πάλιν οὖν ἐπηρώτησεν αὐτούς· τίνα ζητεῖτε; οἱ δὲ εἶπον· Ἰησοῦν τὸν Ναζαραῖον
7	ὁ δὲ ἀπεκρίθη· τίς ἐστιν ἡ μήτηρ μου καὶ τίνες εἰσὶν οἱ ἀδελφοί μου;
8	τινῶν ἀνθρώπων αἱ ἁμαρτίαι πρόδηλοί εἰσιν προάγουσαι (avanzando) εἰς κρίσιν, τισὶν δὲ καὶ ἐπακολουθοῦσιν
9	ταλαίπωρος ἐγὼ ἄνθρωπος. Τίς με ῥύσεται ἐκ τοῦ σώματος τοῦ θανάτου τούτου;
10	ὁ δὲ Σαῦλος ᾐτήσατο παρὰ τοῦ ἀρχιερέως ἐπιστολὰς εἰς Δαμασκὸν πρὸς τὰς συναγωγάς ὅπως ἐάν τινάς εὕρῃ (encuentre) τῆς ὁδοῦ (...), ἄνδρας τε καὶ γυναῖκας δεδεμένους ἀγάγῃ (encadenado lleve) εἰς Ἰερουσαλήμ

Capítulo 38

Ejercicio 67: Tiempo presente
Traduce las siguientes oraciones.

1. ὅταν ἔλθῃ (viene) ὁ παράκλητος, ὅν (que) ἐγὼ πέμψω ὑμῖν παρὰ τοῦ πατρός, τὸ πνεῦμα τῆς ἀληθείας (...), ἐκεῖνος μαρτυρήσει περὶ ἐμοῦ καὶ ὑμεῖς δὲ μαρτυρεῖτε ὅτι ἀπ' ἀρχῆς μετ' ἐμοῦ ἐστε.

2. ἱλαρὸν γὰρ δότην ἀγαπᾷ ὁ θεός

3. καθὼς γέγραπται ὅτι ἕνεκεν σοῦ θανατούμεθα ὅλην τὴν ἡμέραν, ἐλογίσθημεν ὡς πρόβατα σφαγῆς

4. Τότε προσέρχονται αὐτῷ οἱ μαθηταὶ Ἰωάννου καὶ λαλοῦσιν, Διὰ τί ἡμεῖς καὶ οἱ Φαρισαῖοι νηστεύομεν, οἱ δὲ μαθηταί σου οὐ νηστεύουσιν;

5. ἀπεκρίθη αὐτοῖς ὁ Ἰησοῦς, πολλὰ ἔργα καλὰ ἔδειξα (mostré) ὑμῖν ἐκ τοῦ πατρός. Διὰ ποῖον αὐτῶν ἔργον ἐμὲ λιθάζετε; ἀπεκρίθησαν αὐτῷ οἱ Ἰουδαῖοι, περὶ καλοῦ ἔργου οὐ λιθάζομέν σε ἀλλὰ περὶ βλασφημίας

6. ἤδη δὲ καὶ ἡ ἀξίνη πρὸς τὴν ῥίζαν τῶν δένδρων κεῖται. Πᾶν (todo) οὖν δένδρον μὴ ποιοῦν (que no hace) καρπὸν καλὸν ἐκκόπτεται καὶ εἰς πῦρ βάλλεται

Capítulo 39

Ejercicio 68: ***Las palabras*** πας, μεγας, πολυς
Identifica el caso, número, género y léxica de la palabra y traduce las formas.

	Forma	Caso	Núm	Gén	Léxica	Traducción
1	πολλά					
2	μέγα					
3	πάντα					
4	πολλήν					
5	πολύ					
6	μεγάλαι					
7	πάντας					
8	πολλαί					
9	πᾶσα					
10	μεγάλην					
11	πᾶσαν					
12	πᾶν					
13	πολλῷ					
14	μεγάλους					
15	παντός					
16	πᾶσαι					
17	μεγάλοι					
18	πολλάς					
19	παντί					
20	μεγάλῃ					
21	πάσῃ					
22	πασῶν					
23	πολλῇ					
24	μεγάλης					
25	πᾶσιν					
26	πολλῶν					
27	μέγαν					
28	πολλοί					
29	πάντων					
30	μεγάλαις					

Ejercicio 69: Las palabras πας, μεγας, πολυς
Traduce las siguientes oraciones.

1	τότε ἐξεπορεύετο πρὸς αὐτὸν Ἱεροσόλυμα καὶ πᾶσα ἡ Ἰουδαία καὶ πᾶσα ἡ περίχωρος τοῦ Ἰορδάνου καὶ ἐβαπτίζοντο ἐν τῷ Ἰορδάνῳ ποταμῷ
2	Διὰ τοῦτο παρεκλήθημεν, ἀδελφοί, ἐφ' ὑμῖν ἐπὶ πάσῃ τῇ ἀνάγκῃ καὶ θλίψει ἡμῶν διὰ τῆς ὑμῶν πίστεως
3	Γέγραπται γάρ, ζῶ ἐγώ, λέγει κύριος, ὅτι ἐμοὶ κάμψει πᾶν γόνυ καὶ πᾶσα γλῶσσα ἐξομολογήσεται τῷ θεῷ
4	(...) καὶ αἱ ἀδελφαὶ αὐτοῦ οὐχὶ πᾶσαι πρὸς ἡμᾶς εἰσιν; πόθεν οὖν τούτῳ ταῦτα πάντα;
5	οὐ μέγα οὖν εἰ καὶ οἱ διάκονοι αὐτοῦ μετασχηματίζονται ὡς διάκονοι δικαιοσύνης
6	ὅτι λύπη μοί ἐστιν μεγάλη καὶ ἀδιάλειπτος ὀδύνη (ἐν) τῇ καρδίᾳ μου
7	μήτε ἐν τῇ γῇ, ὅτι ὑποπόδιόν ἐστιν τῶν ποδῶν αὐτου, μήτε εἰς Ἱεροσόλυμα, ὅτι πόλις ἐστὶν τοῦ μεγάλου βασιλέως
8	ὅτι ὕδατα πολλὰ ἦν ἐκεῖ, καὶ παρεγίνοντο καὶ ἐβαπτίζοντο
9	ὥστε, ἀγαπητοί μου, καθὼς πάντοτε ὑπηκούσατε, μὴ (ὡς) ἐν τῇ παρουσίᾳ μου μόνον ἀλλὰ νῦν πολλῷ μᾶλλον ἐν τῇ ἀπουσίᾳ μου, μετὰ φόβου καὶ τρόμου τὴν (...) σωτηρίαν κατεργάζεσθε
10	ἐκ γὰρ πολλῆς θλίψεως καὶ συνοχῆς καρδίας ἔγραψα ὑμῖν διὰ πολλῶν δακρύων

Capítulo 40

Ejercicio 70: El verbo εἰμὶ
Traduce las siguientes oraciones.

1. Καὶ ἔσομαι ὑμῖν εἰς πατέρα καὶ ὑμεῖς ἔσεσθέ μοι εἰς υἱοὺς καὶ θυγατέρας

2. Ἀπεκρίθησαν καὶ εἶπον αὐτῷ, ὁ πατὴρ ἡμῶν Ἀβραάμ ἐστιν. Λέγει αὐτοῖς ὁ Ἰησοῦς, εἰ τέκνα τοῦ Ἀβραάμ ἐστε, τὰ ἔργα τοῦ Ἀβραάμ ἐποιεῖτε

3. Ἀγαπητοί, νῦν τέκνα θεοῦ ἐσμεν καὶ οὔπω ἐφανερώθη τί ἐσόμεθα

4. Ἐν ἀρχῇ ἦν ὁ λόγος καὶ ὁ λόγος ἦν πρὸς τὸν θεόν καὶ θεὸς ἦν ὁ λόγος. Οὗτος ἦν ἐν ἀρχῇ πρὸς τὸν θεόν

5. ὅτε γὰρ δοῦλοι ἦτε τῆς ἁμαρτίας, ἐλεύθεροι ἦτε τῇ δικαιοσύνῃ

6. Καὶ ὅταν προσεύχησθε, οὐκ ἔσεσθε ὡς ὑποκριταί ὅτι φιλοῦσιν ἐν ταῖς συναγωγαῖς καὶ ἐν ταῖς γωνίαις (…) <u>προσεύχεσθαι</u> (orar)

7. εἰ ἐκ τοῦ κόσμου ἦτε, ὁ κόσμος (…) τὸ ἴδιον ἐφίλει. Ὅτι δὲ ἐκ τοῦ κόσμου οὐκ ἐστέ, ἀλλ' ἐγὼ ἐξελεξάμην ὑμᾶς ἐκ τοῦ κόσμου, διὰ τοῦτο μισεῖ ὑμᾶς ὁ κόσμος

8. καὶ εἶπεν αὐτῷ, Ἀμήν σοι λέγω, σήμερον μετ' ἐμοῦ ἔσῃ ἐν τῷ παραδείσῳ

9. ἤμεθα δὲ αἱ πᾶσαι ψυχαὶ ἐν τῷ πλοίῳ διακόσια ἑβδομήκοντα ἕξ

10 ὅτε ἤμην νήπιος, ἐλάλουν ὡς νήπιος, ἐφρόνουν ὡς νήπιος, ἐλογιζόμην ὡς νήπιος

11 καὶ ἠρώτησαν αὐτόν, τί οὖν; Σὺ Ἠλίας εἶ; καὶ λέγει, οὐκ εἰμί. ὁ προφήτης εἶ σύ; καὶ ἀπεκρίθη, οὔ.

12 καὶ ταῦτά τινες ἦτε, ἀλλὰ ἀπελούσασθε, ἀλλὰ ἡγιάσθητε, ἀλλὰ ἐδικαιώθητε ἐν τῷ ὀνόματι τοῦ κυρίου Ἰησοῦ Χριστοῦ καὶ ἐν τῷ πνεύματι τοῦ θεοῦ ἡμῶν

13 ὅτε γὰρ ἦμεν ἐν τῇ σαρκί, τὰ παθήματα τῶν ἁμαρτιῶν τὰ διὰ τοῦ νόμου ἐνηργεῖτο ἐν τοῖς μέλεσιν ἡμῶν

Capítulo 41

Ejercicio 71: Pronombres reflexivos
Identifica el caso, número, género y persona de la palabra y traduce las formas.

	Forma	Caso	Núm	Gén	Pers	Traducción
1	ἐμαυτοῦ					
2	ἑαυτῷ					
3	σεαυτῆς					
4	ἑαυταῖς					
5	ἑαυτοῖς					
6	σεαυτοῦ					
7	ἐμαυτῷ					
8	ἑαυτῇ					
9	ἑαυτάς					
10	ἐμαυτήν					
11	ἑαυτούς					
12	σεαυτόν					
13	ἐμαυτῇ					

14	Ἐὰν ἐγὼ μαρτυρῶ περὶ ἐμαυτοῦ (…)
15	τί λέγεις περὶ σεαυτοῦ;
16	οὐ γὰρ ἑαυτοὺς κηρύσσομεν
17	προσέχετε ἑαυτοῖς ἐπὶ τοῖς ἀνθρώποις τούτοις
18	θησαυρίζεις σεαυτῷ ὀργήν
19	καὶ ἡ γυνὴ αὐτοῦ ἡτοίμασεν ἑαυτὴν
20	Ἀγαπήσεις τὸν πλησίον σου ὡς σεαυτόν

Capítulo 42

Ejercicio 72: Pronombres recíprocos
Identifica el caso, número y género de la palabra y traduce las formas.

	Forma	Caso	Núm	Gén	Traducción
1	ἀλλήλων				
2	ἀλλήλαις				
3	ἀλλήλους				
4	ἀλλήλας				
5	ἀλλήλοις				
6	ἀλλήλα				

7 οἱ ποιμένες ἐλάλουν πρὸς ἀλλήλους

8 ἵνα ἀγαπᾶτε ἀλλήλους

9 καὶ εἰρηνεύετε ἐν ἀλλήλοις

10 (...), ἀλλὰ διὰ τῆς ἀγάπης δουλεύετε ἀλλήλοις

11 καὶ ὑμεῖς ὀφείλετε ἀλλήλων <u>νίπτειν</u> (lavar) τοὺς πόδας

12 Μὴ γογγύζετε μετ' ἀλλήλων

13 καὶ τότε σκανδαλισθήσονται πολλοὶ καὶ (...) μισήσουσιν ἀλλήλους

14 ἐζήτουν οὖν τὸν Ἰησοῦν καὶ ἔλεγον μετ' ἀλλήλων:

15 ὥστε παρακαλεῖτε ἀλλήλους ἐν τοῖς λόγοις τούτοις

16 ἐξομολογεῖσθε οὖν ἀλλήλοις τὰς ἁμαρτίας καὶ εὔχεσθε ὑπὲρ ἀλλήλων

Ejercicio 73: Pronombres posesivos
Identifica el caso, número y género de la palabra y traduce las formas.

	Forma	Caso	Núm	Gén	Traducción
1	ἐμοῦ				
2	σῷ				
3	σούς				
4	ἡμετέρων				
5	ἡμετέραις				
6	ἡμέτεροι				
7	σοί				
8	ἐμοί				
9	ὑμέτερος				
10	ἡμετέραν				
11	ἐμήν				
12	ὑμετέρῳ				
13	σόν				
14	ἡμετέρα				
15	σῇ				
16	ἐμούς				
17	ἐμῇ				
18	σά				
19	ἡμετέρας				
20	σός				
21	ἡμετέροις				
22	ἐμῆς				
23	ἐμόν				

24	αὕτη οὖν ἡ χαρὰ ἡ ἐμὴ πεπλήρωται	
25	οὐ ζητῶ τὸ θέλημα τὸ ἐμόν	
26	εἰς τὴν ἡμετέραν διδασκαλίαν ἐγράφη	
27	ὁ λόγος ὁ σὸς ἀλήθειά ἐστιν	

28	ὁ καιρὸς ὁ ἐμὸς οὔπω πάρεστιν, ὁ δὲ καιρὸς ὁ ὑμέτερος πάντοτέ ἐστιν ἕτοιμος
29	καὶ τὰ ἐμὰ πάντα σά ἐστιν καὶ τὰ σὰ ἐμά
30	διὰ τί τὴν λαλιὰν τὴν ἐμὴν οὐ γινώσκετε;

Capítulo 43

Ejercicio 74: Pronombres relativos y repaso de otros
Identifica el caso, número, género y tipo de la palabra y traduce las formas.

	Forma	Caso	Núm	Gén	Tipo de palabra	Traducción
1	ὅ					
2	ἥ					
3	τοὺς					
4	μοῦ					
5	ταῦτα					
6	τίνες					
7	αἵ					
8	τι					
9	ὅς					
10	ἑαυτοῖς					
11	οἵτινες					
12	ὁ					
13	ὑμῖν					
14	ἅ					
15	τά					
16	ἐκείνῳ					
17	ᾗ					
18	ἅς					
19	αὐτας					
20	ἀλλήλων					
21	οἵ					
22	συ					
23	σεαυτοῦ					
24	οὗτος					
25	οἷς					
26	ἥν					
27	ἤν					
28	οὕς					
29	ὧν					
30	οὗ					

Ejercicio 75: Adverbios pronominales
Identifica el caso, número, género y léxica de la palabra y traduce las formas.

	Forma	Caso	Núm	Gén	Léxica	Significado
1	οἵα					
2	τοσαῦτα					
3	τηλικούτου					
4	ὅσαι					
5	ὁποίαν					
6	πόσην					
7	ποίᾳ					
8	οἵους					
9	τοιαῦτα					
10	ὅσοι					
11	τοσοῦτον					
12	ὁποῖοι					
13	πόσῳ					
14	οἷον					
15	τοσούτου					
16	ποίῳ					
17	ὅσον					
18	ὁποῖον					
19	τοιαύταις					
20	τηλικαύτης					
21	τοιαύτη					
22	πόσων					
23	ὅσα					
24	οἷοι					
25	τοσούτων					
26	ποῖον					
27	τοιοῦτον					
28	ὅσους					
29	τοιούτων					
30	ποίας					

Ejercicio 76: Pronombres relativos
Traduce las siguientes oraciones.

1. Ἰδοὺ (...) ὁ παῖς μου ὃν ᾑρέτισα, ὁ ἀγαπητός μου εἰς ὃν εὐδόκησεν ἡ ψυχή μου

2. ἀλλ' εἰσὶν ἐξ ὑμῶν τινες οἳ οὐ πιστεύουσιν

3. ἀλλὰ διὰ τοὺς ἐκλεκτοὺς οὓς ἐξελέξατο ἐκολόβωσεν τὰς ἡμέρας

4. ὡς δὲ ἦν ἐν τοῖς Ἱεροσολύμοις ἐν τῷ πάσχα ἐν τῇ ἑορτῇ, πολλοὶ ἐπίστευσαν εἰς τὸ ὄνομα αὐτοῦ ὅτι ἐθεώρουν αὐτοῦ τὰ σημεῖα ἃ ἐποίει

5. Μάρτυς γάρ μού ἐστιν ὁ θεός ᾧ λατρεύω ἐν τῷ πνεύματί μου ἐν τῷ εὐαγγελίῳ τοῦ υἱοῦ αὐτοῦ

6. Καὶ γυναῖκές τινες αἳ ἐθεραπεύθησαν ἀπὸ πνευμάτων πονηρῶν

7. Καὶ ὃς οὐ λαμβάνει τὸν σταυρὸν αὐτοῦ καὶ ἀκολουθεῖ ὀπίσω μου, οὐκ ἔστιν μου ἄξιος

8. ἥξει ὁ κύριος τοῦ δούλου ἐκείνου ἐν ἡμέρᾳ ᾗ οὐ προσδοκᾷ καὶ ἐν ὥρᾳ ᾗ οὐ γινώσκει

9. τὸ ποτήριον τῆς εὐλογίας ὃ εὐλογοῦμεν, οὐχὶ κοινωνία ἐστὶν τοῦ αἵματος τοῦ Χριστοῦ; τὸν ἄρτον ὃν κλῶμεν οὐχὶ κοινωνία τοῦ σώματος τοῦ Χριστοῦ ἐστιν;

10. ἦσαν δὲ ἐκεῖ γυναῖκες πολλαὶ (...) αἵτινες ἠκολούθησαν τῷ Ἰησοῦ ἀπὸ τῆς Γαλιλαίας (...) ἐν αἷς ἦν Μαρία ἡ Μαγδαληνὴ καὶ Μαρία ἡ τοῦ Ἰακώβου καὶ Ἰωσὴφ μήτηρ καὶ μήτηρ τῶν υἱῶν Ζεβεδαίου

Capítulo 44

Ejercicio 77: Adjetivos (todas la declinaciones)
Identifica el caso, número, género y léxica de la palabra y traduce las formas.

	Forma	Caso	Núm	Gén	Léxica	Significado
1	ἀγαθήν					
2	βαθεῖ					
3	διπλᾶ					
4	μέλαιναν					
5	ἀγενή					
6	παλαιᾷ					
7	πορφυροῦν					
8	ἀγαπητοῖς					
9	εὐθεῖαν					
10	πλατεῖαις					
11	ἀργυρᾶ					
12	διηνεκές					
13	σώφρονας					
14	πρόδηλα					
15	θειώδεις					
16	χρυσῆν					
17	ἁγνάς					
18	ὁμοιοπαθεῖς					
19	βαρεῖαι					
20	θεομάχοι					
21	παντελές					
22	τετραπλοῦν					
23	ἀληθοῦς					
24	κενέ					
25	περικρατεῖς					
26	ἄρρενες					
27	πλήρη					
28	δειλοί					
29	ἡμιθανῆ					
30	ἀδιάλειπτον					

Ejercicio 78: Adjetivos (parte 1)
Traduce las siguientes oraciones.

1. Διὰ τοῦτο ἐν ὑμῖν πολλοὶ ἀσθενεῖς καὶ ἄρρωστοι καὶ κοιμῶνται ἱκανοί

2. Καὶ ὁ λόγος μου καὶ τὸ κήρυγμά μου οὐκ ἐν πειθοῖς σοφίας λόγοις ἀλλ' ἐν ἀποδείξει πνεύματος καὶ δυνάμεως

3. Ἐὰν ἐγὼ μαρτυρῶ περὶ ἐμαυτοῦ, ἡ μαρτυρία μου οὐκ ἔστιν ἀληθής

4. Ἐν μεγάλῃ δὲ οἰκίᾳ οὐκ ἔστιν μόνον σκεύη χρυσᾶ καὶ ἀργυρᾶ ἀλλὰ καὶ ξύλινα καὶ ὀστράκινα, καὶ ἃ μὲν εἰς τιμὴν ἃ δὲ εἰς ἀτιμίαν

5. Εἰ ἡμεῖς σήμερον ἀνακρινόμεθα ἐπὶ εὐεργεσίᾳ ἀνθρώπου ἀσθενοῦς, ἐν τίνι οὗτος σέσωται.

6. Τινῶν ἀνθρώπων αἱ ἁμαρτίαι πρόδηλοί εἰσιν (...), τισὶν δὲ καὶ ἐπακολουθοῦσιν

7. Καὶ σώματα ἐπουράνια, καὶ σώματα ἐπίγεια, ἀλλὰ ἑτέρα μὲν ἡ τῶν ἐπουρανίων δόξα, ἑτέρα δὲ ἡ τῶν ἐπιγείων

Capítulo 45

Ejercicio 79: Adjetivos (los grados)
Identifica el caso, número, género, grado y léxica de la palabra y traduce las formas.

	Forma	Caso	Núm	Gén	Grado	Léxica	Traducción
1	μεγάλῃ						
2	πολλοί						
3	κατώτερα						
4	τάχιον						
5	πλεῖσται						
6	μειζοτέραν						
7	βέλτιον						
8	κρείττονα						
9	πλείοσιν						
10	μέγιστα						
11	κράτιστε						
12	μείζονας						
13	ἐλάσσονι						
14	πολλά						
15	χείρονος						
16	φρονιμώτεροι						
17	πλείονα						
18	ἐλαχίστῳ						
19	μεγάλης						
20	βαθύτερος						
21	πλεῖστον						
22	μωροτάτου						
23	τάχιστα						
24	κρατίστῳ						
25	κρείττονος						
26	ἁγιωτάτῃ						
27	πονηρότερα						
28	μείζονος						
29	πλείονες						
30	ἰσχυρότεροι						

Ejercicio 80: Adjetivos (parte 2)
Traduce las siguientes oraciones.

1. Καὶ κελεύσει τοὺς ἀγγέλους αὐτοῦ μετὰ σάλπιγγος μεγάλης καὶ ἐπισυνάξουσιν τοὺς ἐκλεκτοὺς αὐτοῦ ἐκ τῶν τεσσάρων ἀνέμων ἀπ' ἄκρων οὐρανῶν ἕως τῶν ἄκρων αὐτῶν

2. Εἰσὶν γὰρ πολλοὶ ἀνυπότακτοι, ματαιολόγοι καὶ φρεναπάται, μάλιστα οἱ ἐκ τῆς περιτομῆς

3. (...) δι' ὧν τὰ τίμια καὶ μέγιστα ἡμῖν ἐπαγγέλματα δεδώρηται, (...)

4. Ἐγὼ γάρ εἰμι ὁ ἐλάχιστος τῶν ἀποστόλων ὃς οὐκ εἰμὶ ἱκανὸς <u>καλεῖσθαι</u> (ser llamado) ἀπόστολος διότι ἐδίωξα τὴν ἐκκλησίαν τοῦ θεοῦ

5. Ἐν πάντῃ τε καὶ πανταχοῦ ἀποδεχόμεθα, κράτιστε Φῆλιξ, μετὰ πάσης εὐχαριστίας

6. Νυνὶ δὲ μένει πίστις, ἐλπίς, ἀγάπη, τὰ τρία ταῦτα. Μείζων δὲ τούτων ἡ ἀγάπη

7. Τοῦτο δὲ παραγγέλλω, οὐκ ἐπαινῶ, ὅτι οὐκ εἰς τὸ κρεῖσσον ἀλλὰ εἰς τὸ ἧσσον συνέρχεσθε

8. ὁ δὲ πλεῖστος ὄχλος ἔστρωσαν (στρωννυω) ἑαυτῶν τὰ ἱμάτια ἐν τῇ ὁδῷ, ἄλλοι δὲ ἔκοπτον κλάδους ἀπὸ τῶν δένδρων καὶ ἐστρώννυον (στρωννυω) ἐν τῇ ὁδῷ

Capítulo 46

Ejercicio 81: Tiempo imperfecto y futuro
Traduce las siguientes oraciones.

1	Κατὰ δὲ τὴν ἑορτὴν ἀπέλυεν αὐτοῖς ἕνα δέσμιον ὃν παρῃτοῦντο
2	ἐγὼ ἐφύτευσα, Ἀπολλῶς ἐπότισεν ἀλλὰ ὁ θεός ηὔξανεν
3	ἠκούσατε γὰρ τὴν ἐμὴν ἀναστροφήν ποτε ἐν τῷ Ἰουδαϊσμῷ ὅτι καθ' ὑπερβολὴν ἐδίωκον τὴν ἐκκλησίαν τοῦ θεοῦ καὶ ἐπόρθουν αὐτήν
4	οὐ φονεύσεις, οὐ μοιχεύσεις, οὐ κλέψεις οὐ ψευδομαρτυρήσεις (…). Ἀγαπήσεις τὸν πλησίον σου ὡς σεαυτόν
5	ἠγάπα δὲ ὁ Ἰησοῦς τὴν Μάρθαν καὶ τὴν ἀδελφὴν αὐτῆς καὶ τὸν Λάζαρον
6	Καὶ ἐκάλουν αὐτὸ ἐπὶ τῷ ὀνόματι τοῦ πατρὸς αὐτοῦ, Ζαχαρίαν
7	Εἰ μέντοι νόμον τελεῖτε βασιλικὸν κατὰ τὴν γραφήν, ἀγαπήσεις τὸν πλησίον σου ὡς σεαυτόν, καλῶς ποιεῖτε
8	Τί οὖν ἐστιν; προσεύξομαι ἐν τῷ πνεύματι, προσεύξομαι δὲ καὶ ἐν τῷ νοΐ. Ψαλῶ ἐν τῷ πνεύματι, ψαλῶ δὲ καὶ ἐν τῷ νοΐ
9	Καὶ ἐπηρώτων αὐτὸν οἱ ὄχλοι (…), τί οὖν ποιήσομεν;
10	Καὶ ἤνοιξεν τό στόμα αὐτοῦ καὶ ἐδίδασκεν αὐτοὺς
11	ὁ δὲ μείζων ὑμῶν ἔσται ὑμῶν διάκονος

Capítulo 47

Ejercicio 82: Tiempo aoristo y perfecto
Traduce las siguientes oraciones.

1. Ἐπ' ἀληθείας δὲ λέγω ὑμῖν, πολλαὶ χῆραι ἦσαν ἐν ταῖς ἡμέραις Ἠλίου ἐν τῷ Ἰσραήλ, ὅτε ἐκλείσθη ὁ οὐρανὸς ἐπὶ ἔτη τρία καὶ μῆνας ἕξ, ὡς ἐγένετο (llegó) λιμὸς μέγας ἐπὶ πᾶσαν τὴν γῆν καὶ πρὸς οὐδεμίαν αὐτῶν ἐπέμφθη Ἠλίας εἰ μὴ εἰς Σάρεπτα τῆς Σιδωνίας πρὸς γυναῖκα χήραν

2. ὅτι ἐν αὐτῷ ἐκτίσθη τὰ πάντα ἐν τοῖς οὐρανοῖς καὶ ἐπὶ τῆς γῆς, τὰ ὁρατὰ καὶ τὰ ἀόρατα, εἴτε θρόνοι εἴτε κυριότητες εἴτε ἀρχαὶ εἴτε ἐξουσίαι. Τὰ πάντα δι' αὐτοῦ καὶ εἰς αὐτὸν ἔκτισται

3. Καὶ ἐπίστευσαν πολλοὶ ἐπὶ τὸν κύριον

4. ἐν τούτῳ ἐδοξάσθη ὁ πατήρ μου, ἵνα καρπὸν πολὺν φέρητε

5. καὶ ἰδοὺ πεπληρώκατε τὴν Ἰερουσαλὴμ τῆς διδαχῆς ὑμῶν

6. τὸν καλὸν ἀγῶνα ἠγώνισμαι, τὸν δρόμον τετέλεκα, τὴν πίστιν τετήρεκα. Λοιπὸν ἀπόκειταί μοι ὁ τῆς δικαιοσύνης στέφανος

Capítulo 49

Ejercicio 83: Imperativo, voz activa
Identifica el modo, voz, tiempo, persona, número y léxica de la palabra y traduce las formas.

	Forma	Modo	Voz	Tiem	Pers	Núm	Léxica	Traducción
1	σῴζετε							
2	πλανάτω							
3	ἐγγίσατε							
4	ἀκουσάτωσαν							
5	σταύρου							
6	δίωκε							
7	ποιείτω							
8	βλέψον							
9	ἐρωτήσατε							
10	παρακάλει							
11	κήρυξον							
12	πίστευσον							
13	γράφε							
14	τελειοῦτε							
15	καθάρισον							
16	ἀγαπάτω							
17	λύε							
18	κρύπτετε							
19	πράξατε							
20	βασιλευέτωσαν							
21	δικαιούτω							
22	ἑτοιμάσατω							
23	ἀποκαλύψατε							
24	τιμᾶτε							
25	θεράπευσον							
26	ὑποτάσσε							
27	βαπτίζετε							
28	ἀνάβλεψον							
29	καλέσατε							
30	δουλεύσατω							

Ejercicio 84: Imperativo voz activa
Traduce las siguientes oraciones.

1	Σὺ δέ, ἄνθρωπε θεοῦ, ταῦτα φεῦγε δίωκε δὲ δικαιοσύνην εὐσέβειαν πίστιν ἀγάπην ὑπομονὴν πραϋπαθίαν
2	Φαρισαῖε τυφλέ, καθάρισον πρῶτον τὸ ἐντὸς τοῦ ποτηρίου
3	Τεκνία, φυλάξατε ἑαυτὰ ἀπὸ τῶν εἰδώλων
4	ἃ (...) ἠκούσατε, (...) ταῦτα πράσσετε καὶ ὁ θεὸς τῆς εἰρήνης ἔσται μεθ' ὑμῶν
5	ἕκαστος τὴν ἑαυτοῦ γυναῖκα οὕτως ἀγαπάτω ὡς ἑαυτόν
6	λέγει δὲ Ἀβραάμ, ἔχουσι Μωϋσέα καὶ τοὺς προφήτας, ἀκουσάτωσαν αὐτῶν
7	Καὶ ἐγένετο (vino) φωνὴ πρὸς αὐτόν (...), Πέτρε, θῦσον καὶ ἐσθίε
8	Πάτερ, δόξασόν σου τὸ ὄνομα
9	Ἑτοιμάσατε τὴν ὁδὸν κυρίου, εὐθείας ποιεῖτε τὰς τρίβους αὐτοῦ
10	Κύριε, κύριε, ἄνοιξον ἡμῖν
11	Εἰ δέ τις ὑμῶν λείπεται σοφίας, αἰτείτω παρὰ τοῦ (...) θεοῦ
12	Ἐκκλινάτω δὲ ἀπὸ κακοῦ καὶ ποιησάτω ἀγαθόν, ζητησάτω εἰρήνην καὶ διωξάτω αὐτήν

Capítulo 50

Ejercicio 85: Imperativo voz media-pasiva
Identifica el modo, voz, tiempo, persona, número y léxica de la palabra y traduce las formas.

	Forma	Modo	Voz	Tiem	Pers	Núm	Léxica	Traducción
1	σώθητε							
2	πρόσευξαι							
3	φυλάσσου							
4	ποιεῖσθε							
5	προσευχέσθω							
6	κελευθήτωσαν							
7	πορεύθητι							
8	γράψον							
9	φοβηθήτε							
10	πλανηθήτω							
11	λυέσθωσαν							
12	ἄρξαι							
13	μισήθητι							
14	βάπτισαι							
15	ὑποτάγητε							
16	δέξασθε							
17	θεραπεύεσθε							
18	σταυρωθήτω							
19	ἀγαπᾶτε							
20	ἀποκρίνου							
21	δικαιωθήτω							
22	ἄσπασαι							
23	πεμφθήτωσαν							
24	καυχάσθω							
25	διώκετε							
26	ἁγιασθήτω							
27	χρηστεύου							
28	τραχηλιζέσθω							
29	γίνου							
30	μνήσθητε							

Ejercicio 86: Imperativo voz media-pasiva
Traduce las siguientes oraciones.

1	Μὴ πλανᾶσθε, ἀδελφοί μου ἀγαπητοί, πᾶσα δόσις ἀγαθὴ καὶ πᾶν δώρημα τέλειον ἄνωθέν ἐστιν.
2	ἐγὼ δὲ λέγω ὑμῖν, ἀγαπᾶτε τοὺς ἐχθροὺς ὑμῶν καὶ προσεύχεσθε ὑπὲρ τῶν διωκτῶν ὑμῶν
3	τὸ βάπτισμα τοῦ Ἰωάννου ἐξ οὐρανοῦ ἦν ἢ ἐξ ἀνθρώπων; ἀποκρίθητέ μοι
4	εἰρήνη σοι. ἀσπάζονταί σε οἱ φίλοι. ἀσπάζου τοὺς φίλους κατ' ὄνομα
5	Σώθητε ἀπὸ τῆς γενεᾶς τῆς σκολιᾶς ταύτης
6	οὕτως οὖν προσεύχεσθε ὑμεῖς· Πάτερ ἡμῶν ὁ ἐν τοῖς οὐρανοῖς, ἁγιασθήτω τὸ ὄνομά σου
7	Ἄσπασαι Πρίσκαν καὶ Ἀκύλαν καὶ τὸν Ὀνησιφόρου οἶκον
8	καὶ (...) ἥψατο αὐτοῦ καὶ ἐλάλησεν, θέλω, καθαρίσθητι, καὶ εὐθέως ἐκαθαρίσθη αὐτοῦ ἡ λέπρα
9	καὶ τὴν περικεφαλαίαν τοῦ σωτηρίου δέξασθε καὶ τὴν μάχαιραν τοῦ πνεύματος ὅ ἐστιν ῥῆμα θεοῦ
10	Μετανοήσατε καὶ βαπτισθήτω ἕκαστος ὑμῶν ἐπὶ τῷ ὀνόματι Ἰησοῦ Χριστοῦ εἰς ἄφεσιν τῶν ἁμαρτιῶν ὑμῶν

Capítulo 51

Ejercicio 87: Aoristo 2
Identifica el modo, voz, tiempo, persona y número de la palabra y traduce las formas.

	Forma	Modo	Voz	Tiem	Pers	Núm	Léxica	Traducción
1	εἶδον						ὁράω	
2	ἔπαθεν						πασχω	
3	ἔλαβες						λαμβανω	
4	ἔσχες						ἐχω	
5	ἐφάγομεν						ἐσθιω	
6	ἤλθετε						ἐρχομαι	
7	ἤγαγον						ἀγω	
8	ἔβαλεν						βαλλω	
9	ἐγένου						γινομαι	
10	ἔφυγεν						φευγω	
11	ἔφερον						φερω	
12	πασχέτω						πασχω	
13	εἴδομεν						ὁραω	
14	εἰπέ						λεγω	
15	ἤρχου						ἐρχομαι	
16	ἁμαρτάνει						ἁμαρτανω	
17	εἰπάτωσαν						λεγω	
18	εἶχεν						ἐχω	
19	ἐσθίετε						ἐσθιω	
20	ἐλέγετε						λεγω	
21	φεύγετε						φευγω	
22	γίνεται						γινομαι	
23	ἤμαρτεν						ἁμαρτανω	
24	ἴδε						ὁραω	
25	ἤνεγκαν						φερω	
26	ἔρχου						ἐρχομαι	
27	ἤσθιον						ἐσθιω	
28	λάβετε						λαμβανω	
29	ὅρα						ὁραω	
30	ἐνέγκατε						φερω	

Ejercicio 88: Aoristo 2
Traduce las siguientes oraciones.

1. Καὶ εἶπεν ὁ Ἰησοῦς τῷ ἑκατοντάρχῃ, Ὕπαγε, ὡς ἐπίστευσας γενηθήτω σοι καὶ ἰάθη ὁ παῖς αὐτοῦ ἐν τῇ ὥρᾳ ἐκείνῃ

2. ἀπεκρίθη αὐτῷ Ναθαναήλ, Ῥαββί, σὺ εἶ ὁ υἱὸς τοῦ θεοῦ, σὺ βασιλεὺς εἶ τοῦ Ἰσραήλ. Ἀπεκρίθη Ἰησοῦς καὶ εἶπεν αὐτῷ, ὅτι εἶπόν σοι ὅτι εἶδόν σε ὑποκάτω τῆς συκῆς, πιστεύεις;

3. εἶπεν δὲ ὁ υἱὸς αὐτῷ, Πάτερ, ἥμαρτον εἰς τὸν οὐρανὸν καὶ ἐνώπιόν σου, οὐκέτι εἰμὶ ἄξιος κληθῆναι (ser llamado) υἱός σου. Εἶπεν δὲ ὁ πατὴρ πρὸς τοὺς δούλους αὐτοῦ, ταχὺ ἐξενέγκατε στολὴν τὴν πρώτην καὶ ἐνδύσατε αὐτόν.

4. καὶ ἐγένετο φωνὴ πρὸς αὐτόν, (...) Πέτρε, θῦσον καὶ φάγε. Ὁ δὲ Πέτρος εἶπεν, Μηδαμῶς, κύριε, ὅτι οὐδέποτε ἔφαγον πᾶν κοινὸν καὶ ἀκάθαρτον. Καὶ φωνὴ πάλιν ἐκ δευτέρου πρὸς αὐτόν, ἃ ὁ θεὸς ἐκαθάρισεν, σὺ μὴ κοίνου

Capítulo 52

Ejercicio 89: Subjuntivo presente
Identifica el modo, voz, tiempo, persona, número y léxica de la palabra y traduce las formas.

	Forma	Modo	Voz	Tiem	Pers	Núm	Léxica	Traducción
1	θεραπεύωσιν							
2	πλανῶμεν							
3	καθαρίζῃ							
4	ἀκούῃς							
5	δικαιῶται							
6	ἄρχωνται							
7	πέμπητε							
8	ἀγαπᾶτε							
9	αἰτώμεθα							
10	ἑτοιμάζῃ							
11	ἀποκαλύπτεται							
12	θεωρῆτε							
13	βλέπωσιν							
14	προσεύχησθε							
15	δέχεσθε							
16	ἐρωτᾷ							
17	εἰργάζετο							
18	λαλοῦμεν							
19	γεννῶνται							
20	διώκωσιν							
21	γράφηται							
22	μαρτυρῶ							
23	πράσσῃς							
24	ζῶμεν							
25	κηρύσσετε							
26	τηρῆτε							
27	σταυρῶσιν							
28	θαυμάζητε							
29	φανεροῖς							
30	σῴζησθε							

Ejercicio 90: Subjuntivo aoristo
Identifica el modo, voz, tiempo, persona, número y léxica de la palabra y traduce las formas.

	Forma	Modo	Voz	Tiem	Pers	Núm	Léxica	Traducción
1	λύσῃς							
2	κλαύσῃ							
3	ἐρωτήσωσιν							
4	εἰργασάμεθα							
5	πορευθῶ							
6	βαπτίσωνται							
7	σταυρωθήτω							
8	ζήσωμεν							
9	κηρυχθῇ							
10	πέμψῃς							
11	ζητεῖται							
12	γεννηθῇ							
13	μαρτυρήσω							
14	τελειωθῶσιν							
15	ποιήσωμεν							
16	ἀποκαλυφθήσεται							
17	ἐπέμφθη							
18	δικαιωθῶμεν							
19	πράσσῃς							
20	τιμῶσιν							
21	φυλάξῃς							
22	διώξητε							
23	φοβηθῶμεν							
24	καθαρίσωμεν							
25	ἀγαπήσητε							
26	κέκρυπται							
27	ὑποτάξωμαι							
28	αἰτήσεσθε							
29	φυλάσσου							
30	δέξηται							

Capítulo 53

Ejercicio 91: Subjuntivo
Traduce las siguientes oraciones

1. ἀγαπητοί, ἀγαπῶμεν ἀλλήλους, ὅτι ἡ ἀγάπη ἐκ τοῦ θεοῦ ἐστιν

2. Καὶ ἐπηρώτων αὐτὸν οἱ ὄχλοι (...), τί οὖν ποιήσωμεν;

3. ἀμὴν ἀμὴν λέγω ὑμῖν, ἐάν τις τὸν ἐμὸν λόγον τηρήσῃ, θάνατον οὐ μὴ θεωρήσῃ εἰς τὸν αἰῶνα

4. ὃς ἐὰν οὖν λύσῃ μίαν τῶν ἐντολῶν τούτων τῶν ἐλαχίστων καὶ διδάξῃ οὕτως τοὺς ἀνθρώπους, ἐλάχιστος κληθήσεται ἐν τῇ βασιλείᾳ τῶν οὐρανῶν

5. ὥστε ἑορτάζωμεν μὴ ἐν ζύμῃ παλαιᾷ μηδὲ ἐν ζύμῃ κακίας καὶ πονηρίας ἀλλ' ἐν ἀζύμοις εἰλικρινείας καὶ ἀληθείας

6. ὃς δ' ἂν τηρῇ αὐτοῦ τὸν λόγον, ἀληθῶς ἐν τούτῳ ἡ ἀγάπη τοῦ θεοῦ τετελείωται

7. Πῶς οὖν ἐπικαλέσωνται εἰς ὃν οὐκ ἐπίστευσαν; πῶς δὲ πιστεύσωσιν οὗ οὐκ ἤκουσαν;

8. τίμα τὸν πατέρα σου καὶ τὴν μητέρα, ἥτις ἐστὶν ἐντολὴ πρώτη ἐν ἐπαγγελίᾳ, ἵνα εὖ σοι γένηται καὶ ἔσῃ μακροχρόνιος ἐπὶ τῆς γῆς

9 Διό, καθὼς λέγει τὸ πνεῦμα τὸ ἅγιον, σήμερον ἐὰν τῆς φωνῆς αὐτοῦ ἀκούσητε, μὴ σκληρύνητε τὰς καρδίας ὑμῶν ὡς ἐν τῷ παραπικρασμῷ κατὰ τὴν ἡμέραν τοῦ πειρασμοῦ ἐν τῇ ἐρήμῳ

10 τούτῳ ὁ θυρωρὸς ἀνοίγει καὶ τὰ πρόβατα τῆς φωνῆς αὐτοῦ ἀκούει καὶ τὰ ἴδια πρόβατα φωνεῖ κατ' ὄνομα καὶ ἐξάγει αὐτά. ὅταν τὰ ἴδια πάντα ἐκβάλῃ, ἔμπροσθεν αὐτῶν πορεύεται, καὶ τὰ πρόβατα αὐτῷ ἀκολουθεῖ.

11 ἄρα οὖν ὡς καιρὸν ἔχομεν, ἐργαζώμεθα τὸ ἀγαθὸν πρὸς πάντας, μάλιστα δὲ πρὸς τοὺς οἰκείους τῆς πίστεως

12 Ἐὰν εἴπωμεν ὅτι κοινωνίαν ἔχομεν μετ' αὐτοῦ καὶ ἐν τῷ σκότει περιπατῶμεν, ψευδόμεθα καὶ οὐ ποιοῦμεν τὴν ἀλήθειαν. Ἐὰν δὲ ἐν τῷ φωτὶ περιπατῶμεν ὡς αὐτός ἐστιν ἐν τῷ φωτί, κοινωνίαν ἔχομεν μετ' ἀλλήλων καὶ τὸ αἷμα Ἰησοῦ τοῦ υἱοῦ αὐτοῦ καθαρίζει ἡμᾶς ἀπὸ πάσης ἁμαρτίας

Capítulo 54

Ejercicio 92: Verbos líquidos (parte 1)
Identifica el modo, voz, tiempo, persona, número y léxica de la palabra y traduce las formas.

	Forma	Modo	Voz	Tiem	Pers	Núm	Léxica	Traducción
1	βάλλεται							
2	ἔκβαλε							
3	ἀπέσταλκα							
4	ἔβαλεν							
5	ἀπαγγελῶ							
6	ἐξέβαλον							
7	ἀπόστειλον							
8	βέβληκεν							
9	ἀπαγγέλλουσιν							
10	ἐκβάλω							
11	βάλε							
12	ἀπήγγειλεν							
13	ἀποστέλλω							
14	ἀπηγγέλη							
15	ἀπέσταλκεν							
16	ἐκβάλλει							
17	ἔβαλλον							
18	ἐκβληθήσεται							
19	ἀπέστειλαν							
20	ἐξεβλήθη							
21	ἀπαγγείλατε							
22	ἀποστελεῖ							
23	ἐβλήθη							
24	ἐξέβαλλον							
25	ἐπέστειλα							
26	ἐπέβαλον							
27	κατηγγέλη							
28	ὤφειλεν							
29	παρηγγέλλομεν							
30	περιβαλοῦ							

Ejercicio 93: Verbos líquidos (parte 2)
Identifica el modo, voz, tiempo, persona, número y léxica de la palabra y traduce las formas.

	Forma	Modo	Voz	Tiem	Pers	Núm	Léxica	Traducción
1	ἔκρινα							
2	ἀπεκρίθη							
3	μένε							
4	ἀποκτενοῦσιν							
5	κρινεῖ							
6	μένω							
7	ἀπεκτάνθη							
8	κρίνει							
9	ἀποκριθήσεται							
10	ἀπέκτειναν							
11	μενῶ							
12	κέκρικα							
13	ἀποκτείνει							
14	ἀποκρίνεται							
15	ἐμείναμεν							
16	ἀποκτενεῖ							
17	κρίνωμεν							
18	ἀποκρίνῃ							
19	ἀπεκτείνεν							
20	ἔμενεν							
21	ἀπεκρίνατο							
22	κρίνεται							
23	ἔμεινεν							
24	ἀπεκρίθησαν							
25	ἐπιμείνῃς							
26	ὑπέμενον							
27	ἀνακριθῶ							
28	φαίνει							
29	φανήσεται							
30	ἐφάνη							

Ejercicio 94: Verbos líquidos (parte 3)
Identifica el modo, voz, tiempo, persona, número y léxica de la palabra y traduce las formas.

	Forma	Modo	Voz	Tiem	Pers	Núm	Léxica	Traducción
1	ἐγείρεται							
2	ἐσπείραμεν							
3	ἔχαιρεν							
4	ἐγερεῖς							
5	ἦρεν							
6	σπάρῃ							
7	ἔχαρεν							
8	ἀρθήσεται							
9	ἐγερθήσονται							
10	ἄρατε							
11	σπείρει							
12	ἐγέρθητι							
13	ἐχάρησαν							
14	αἶρε							
15	χαῖρε							
16	ἤγειρεν							
17	ἦρκεν							
18	σπείρεται							
19	χαρήσεται							
20	ἠγέρθη							
21	ἆρον							
22	χαίρομεν							
23	σπείρῃ							
24	ἔγειραι							
25	ἐπῆραν							
26	δέρεις							
27	συναίρει							
28	ἔδειραν							
29	δαρήσεται							
30	ἐξαρεῖτε							

Capítulo 55

Ejercicio 95: Modos
Identifica el modo, voz, tiempo, persona, número y léxica de la palabra y traduce las formas.

	Forma	Modo	Voz	Tiem	Pers	Núm	Léxica	Traducción
1	λυθηναι							
2	πιστευσαι							
3	ἀκουε							
4	κλαιειν							
5	ἐρωτᾷν							
6	θεραπευεσθε							
7	ποιῆσαι							
8	ἐρωτήσῃ							
9	δικαιωσθαι							
10	κελευσον							
11	βλεψαι							
12	πράξαι							
13	μαρτυρησαι							
14	τιμησει							
15	ἀπαγγειλαι							
16	ἐγγιζειν							
17	γραψον							
18	κρυβηναι							
19	κηρυχθῃ							
20	σωσαι							
21	μενε							
22	διωκειν							
23	ἐργασασθαι							
24	φυλασσῃ							
25	πεμψουσιν							
26	ἀραι							
27	λεγειν							
28	βαλειν							
29	πεποικεναι							
30	κραζειν							

Ejercicio 96: Infinitivo
Traduce las siguientes oraciones.

1	Μετὰ ταῦτα δεῖ λυθῆναι αὐτὸν μικρὸν χρόνον
2	Ἐπηρώτησαν αὐτὸν (...) εἰ ἔξεστιν τοῖς σάββασιν θεραπεῦσαι
3	εἰ οὕτως ἐστὶν ἡ αἰτία τοῦ ἀνθρώπου μετὰ τῆς γυναικός, οὐ συμφέρει γαμῆσαι
4	ἀλλα ἐν ἐκκλησίᾳ θέλω πέντε λόγους (ἐν) τῷ νοΐ μου λαλῆσαι (...) ἢ μυρίους λόγους ἐν γλώσσῃ
5	Μέλλει γὰρ Ἡρῴδης ζητεῖν τὸ παιδίον τοῦ ἀπολέσαι αὐτό
6	Πῶς δύναται ἄνθρωπος γεννηθῆναι γέρων <u>ὤν</u> (siendo)
7	καὶ ἐφοβοῦντο ἐρωτῆσαι αὐτὸν περὶ τοῦ ῥήματος τούτου
8	οὕτως ὀφείλουσιν οἱ ἄνδρες ἀγαπᾶν τὰς ἑαυτῶν γυναῖκας ὡς τὰ ἑαυτῶν σώματα
9	ἐλπίζω δὲ καὶ ἐν ταῖς συνειδήσεσιν ὑμῶν πεφανερῶσθαι
10	καὶ συνήρχοντο ὄχλοι πολλοὶ ἀκούειν καὶ θεραπεύεσθαι ἀπὸ τῶν ἀσθενειῶν αὐτῶν
11	ὥσπερ ὁ υἱὸς τοῦ ἀνθρώπου οὐκ ἦλθεν διακονηθῆναι ἀλλὰ διακονῆσαι
12	ἔπεμψεν αὐτὸν εἰς τοὺς ἀγροὺς αὐτοῦ βόσκειν χοίρους

13	(...) ὥστε ἀπὸ Ἰερουσαλὴμ καὶ κύκλῳ μέχρι Ἰλλυρικοῦ πεπληρωκέναι τὸ εὐαγγέλιον τοῦ Χριστοῦ
14	ἐμοὶ γὰρ τὸ ζῆν Χριστὸς καὶ τὸ ἀποθανεῖν κέρδος
15	(...) ἵνα καταργηθῇ τὸ σῶμα τῆς ἁμαρτίας τοῦ μηκέτι δουλεύειν (...) τῇ ἁμαρτίᾳ
16	καὶ ὁ υἱὸς τοῦ ἀνθρώπου παραδίδοται εἰς τὸ σταυρωθῆναι
17	ἐν δὲ τῷ καθεύδειν τοὺς ἀνθρώπους ἦλθεν αὐτοῦ ὁ ἐχθρὸς
18	ὁ δὲ θεὸς τῆς ἐλπίδος πληρῶσαι ὑμᾶς πάσης χαρᾶς καὶ εἰρήνης ἐν τῷ πιστεύειν, εἰς τὸ περισσεύειν ὑμᾶς ἐν τῇ ἐλπίδι ἐν δυνάμει πνεύματος ἁγίου
19	οὐκ ἔχετε διὰ τὸ μὴ αἰθεῖσθαι ὑμᾶς
20	οὐ θέλομεν τοῦτον βασιλεῦσαι ἐφ' ἡμᾶς
21	λογιζόμεθα γὰρ δικαιοῦσθαι (...) ἄνθρωπον χωρὶς ἔργων νόμου
22	οὐ θέλω γὰρ ὑμᾶς ἀγνοεῖν, ἀδελφοί, ὅτι οἱ πατέρες ἡμῶν (...)

Capítulo 56

Ejercicio 97: Participio presente
Identifica el caso, número, género voz y léxica de la palabra.

	Forma	Caso	Núm	Gén	Voz	Léxica
1	πιστεύοντι					
2	γεννῶσα					
3	ζητοῦν					
4	ἀκούων					
5	πέμποντα					
6	φανερούμενον					
7	ἐλπίζουσαι					
8	δουλεύοντες					
9	ἀγαπῶσιν					
10	αἴροντος					
11	καλουμένης					
12	ἐκβάλλων					
13	κρίνοντι					
14	διωκόμενοι					
15	κλαίουσαν					
16	προσευχομένη					
17	πληρουμένου					
18	χαίροντες					
19	κηρύσσον					
20	μαρτυρουμένους					
21	δυναμένου					
22	βλεπομένη					
23	βασιλευόντων					
24	δοξάζοντες					
25	ζῶντος					
26	ἐρωτῶν					
27	φοβούμενος					
28	ὤν					
29	ὄντες					
30	οὔσῃ					

Ejercicio 98: Participio aoristo
Identifica el caso, número, género, voz y léxica de la palabra.

	Forma	Caso	Núm	Gén	Voz	Léxica
1	ἀποστείλας					
2	ἀποκτεινάντων					
3	πέμψαντες					
4	πιστεύσαντι					
5	ἐπαγγειλάμενον					
6	κράξαν					
7	ἀποκριθείς					
8	σταυρώσαντες					
9	κηρύξας					
10	ἀποσταλέντι					
11	βαστάσασα					
12	βαλοῦσα					
13	βαπτισθέντες					
14	ἁψαμένη					
15	ἄραντες					
16	σώσας					
17	τηρησάντας					
18	ἐγείραντος					
19	ποιήσαντι					
20	δικαιωθέντες					
21	κηρυχθείς					
22	κρίναντας					
23	πράξαντες					
24	ἀγοράσαντα					
25	ἐγγισάντος					
26	ἐγερθέντι					
27	μαρτυρήσας					
28	λαληθείς					
29	γεννηθέν					
30	ζήσασα					

Ejercicio 99: Participio perfecto
Identifica el caso, número, género, voz y léxica de la palabra.

	Forma	Caso	Núm	Gén	Voz	Léxica
1	κεκριμένα					
2	γεγραμένην					
3	κεκρυμμένου					
4	κεκαλυμμένον					
5	δεδιωγμένοι					
6	πεπραγμένον					
7	πεπιστευκότας					
8	σεσωσμένοι					
9	βεβλημένην					
10	ἡτοιμασμένοις					
11	δεδικαιωμένος					
12	διεστραμμένα					
13	δεδοξασμένη					
14	μεμισημένου					
15	ἐλπικότες					
16	τετηρημένους					
17	ἡρμένον					
18	ἡγιασμένοι					
19	πεποιηκώς					
20	ἡγαπηκόσιν					
21	γεγεννημένου					
22	ἐγηγερμένον					
23	δεδουλωμένας					
24	λελαλημένοις					
25	τεθεραπευμένῳ					
26	λελυμένα					
27	πεπλανημένοις					
28	πεποιηκότες					
29	τετιμημένου					
30	βεβαπτισμένοι					

Ejercicio 100: Participio (todos los tiempos y géneros de la voz activa)
Identifica el caso, número, género, tiempo y léxica de la palabra.

	Forma	Caso	Núm	Gén	Tiem	Léxica
1	λελυκυίης					
2	χαίρων					
3	ἀποστείλαντες					
4	ἀγαπήσαντος					
5	παιδεύοντα					
6	βεβαπτίκυιας					
7	ἐγγίζουσαν					
8	ζητούντων					
9	λυσούσῃ					
10	ζήσασα					
11	ἐγείρας					
12	τετελειωκότι					
13	φανεροῦντι					
14	γεννῶσα					
15	ἀγαγόντες					
16	κρίναντας					
17	βεβληκότος					
18	πεποιηκυίᾳ					
19	γράψαι					
20	πέψασιν					
21	πεπληρωκότα					
22	ουσῶν					
23	αἰτῶν					
24	βασιλευούσης					
25	ἄραντες					
26	ἄξων					
27	σπείροντι					
28	διώκοντας					
29	ζεζητηκόσιν					
30	ἀποκτείνουσα					

Ejercicio 101: Participio (todos los tiempos y géneros de la voz media-pasiva)
Identifica el caso, número, género, tiempo, voz y léxica de la palabra.

	Forma	Caso	Núm	Gén	Tiem	Voz	Léxica
1	ἀποκριθείς						
2	δεδουλωμένας						
3	ἀσπασόμενοι						
4	δεδοξασμένῃ						
5	φυλασσόμενος						
6	καυχωμένους						
7	γεγραμμένοις						
8	δεδοξασμένον						
9	δεχόμενος						
10	βαπτισθέντες						
11	ποιησάμενος						
12	δυναμένου						
13	προσευχομένη						
14	πεμφθέντες						
15	ἠγαπημένην						
16	φοβηθεῖσα						
17	ἀπεσταλμένους						
18	ἀσπασάμενοι						
19	λεγομένη						
20	ἐγερθέντι						
21	πορευθεῖσαι						
22	φοβουμένοις						
23	μεμισμένου						
24	κεκρυμμένῳ						
25	προσευξαμένοι						
26	τηρηθῆναι						
27	πορευόμενον						
28	ἐργαζομένους						
29	ἐγερθείς						
30	ἐρχόμενα						

Capítulo 57

Ejercicio 102: Participio (uso atributivo)
Traduce las siguientes oraciones.

1	ὁ πιστεύων
2	τὸν πέμψαντα
3	τῶν λυόντων
4	τοῦ ἀγαπήσαντος
5	τῷ μαρτυροῦντι
6	ἡ ἐρχομένη
7	τὰ κεκρυμμένα
8	ὁ κηρυχθείς
9	ὁ καθαρίσας
10	οἱ ἀπαγγέλλοντες
11	τοῦ φανερωθέντος
12	τοῖς πεποιηκόσιν
13	τὰς γεγραμμένας
14	ὁ βαπτίζων
15	ὁ προσευξάμενος
16	οἱ πράξαντες ἀπόστολοι

17	οἱ δοῦλοι οἱ ἀπεσταλμένοι
18	τῷ φωτὶ τῷ σπαρέντι
19	ἡ γυνὴ ἡ ἐκβαλοῦσα
20	τῶν στρατιωτῶν τῶν ἀποκτεινόντων
21	τῷ κτίσαντι θεῷ
22	τὰ ἱερὰ τὰ κυκλωθέντα
23	ταῖς προσκυνούσαις χήραις
24	τῶν λόγων τῶν λαληθησομένων
25	τὴν καρδίαν τὴν λουθεῖσαν
26	τοὺς μαρτυρουμένους ἄνδρας
27	τῷ ἀκολουθοῦντι κρίσει
28	αἱ γυναῖκαι αἱ κλαίουσαι
29	τῶν βαλλόντων ἀνθρώπων
30	τῇ ἀδέλφῃ τῇ πωλούσῃ

Ejercicio 103: Participio (uso atributivo)
Traduce las siguientes oraciones.

1	καὶ ὁ θεωρῶν ἐμὲ θεωρεῖ τὸν πέμψαντά με
2	Μακάριοι οἱ πεινῶντες νῦν ὅτι χορτασθήσεσθε
3	ὁ ἀθετῶν ἐμὲ καὶ μὴ λανβάνων τὰ ῥήματά μου ἔχει τὸν κρίνοντα αὐτόν
4	ἵνα πᾶς ὁ θεωρῶν τὸν υἱὸν καὶ πιστεύων εἰς αὐτὸν ἔχῃ ζωὴν αἰώνιον
5	πῶς δυσκόλως οἱ τὰ χρήματα ἔχοντες εἰς τὴν βασιλείαν τοῦ θεοῦ εἰσελεύσονται
6	ὑμεῖς οὖν ἀκούσατε τὴν παραβολὴν τοῦ σπείραντος
7	τῇ ἐκκλησίᾳ τοῦ θεοῦ τῇ οὔσῃ ἐν Κορίνθῳ
8	τῷ ἀγαπῶντι ἡμᾶς καὶ λύσαντι ἡμᾶς ἐκ τῶν ἁμαρτιῶν ἡμῶν ἐν τῷ αἵματι αὐτοῦ, (...) αὐτῷ ἡ δόξα καὶ τὸ κράτος
9	ἔπινον γὰρ ἐκ πνευματικῆς ἀκολουθούσης πέτρας, ἡ πέτρα δὲ ἦν ὁ Χριστός
10	ἐρωτῶμεν δὲ ὑμᾶς, ἀδελφοί, γινώσκειν τοὺς κοπιῶντας ἐν ὑμῖν (...) καὶ νουθετοῦντας ὑμᾶς
11	ἡ χάρις μετὰ πάντων τῶν ἀγαπώντων τὸν κύριον ἡμῶν Ἰησοῦν Χριστὸν ἐν ἀφθαρσίᾳ

Ejercicio 104: Participio (uso atributivo)
Traduce las siguientes oraciones.

1	Καὶ εἶδον ἄγγελον ἰσχυρὸν κηρύσσοντα ἐν φωνῇ μεγάλῃ, Τίς ἄξιος ἀνοῖξαι τὸ βιβλίον καὶ λῦσαι τὰς σφραγῖδας αὐτοῦ;
2	Οὕτως καὶ γέγραπται, Ἐγένετο ὁ πρῶτος ἄνθρωπος Ἀδὰμ εἰς ψυχὴν ζῶσαν, ὁ ἔσχατος Ἀδὰμ εἰς πνεῦμα ζῳοποιοῦν
3	ὁ οὖν διδάσκων ἕτερον σεαυτὸν οὐ διδάσκεις; ὁ κηρύσσων μὴ κλέπτειν κλέπτεις;
4	οἴδαμεν δὲ ὅτι τοῖς ἀγαπῶσιν τὸν θεὸν πάντα συνεργεῖ εἰς ἀγαθόν, τοῖς κατὰ πρόθεσιν κλητοῖς οὖσιν
5	ἐραυνᾶτε τὰς γραφάς ὅτι ὑμεῖς δοκεῖτε ἐν αὐταῖς ζωὴν αἰώνιον ἔχειν, καὶ ἐκεῖναί εἰσιν αἱ μαρτυροῦσαι περὶ ἐμοῦ
6	ὁ ἄνωθεν ἐρχόμενος ἐπάνω πάντων ἐστίν, ὁ ὢν ἐκ τῆς γῆς ἐκ τῆς γῆς ἐστιν καὶ ἐκ τῆς γῆς λαλεῖ, ὁ ἐκ τοῦ οὐρανοῦ ἐρχόμενος ἐπάνω πάντων ἐστίν
7	ὅσοι γὰρ ἐξ ἔργων νόμου εἰσίν, ὑπὸ κατάραν εἰσίν, γέγραπται γὰρ ὅτι ἐπικατάρατος πᾶς ὃς οὐκ ἐμμένει πᾶσιν τοῖς γεγραμμένοις ἐν τῷ βιβλίῳ τοῦ νόμου τοῦ ποιῆσαι αὐτά

8 καὶ (...) κατῴκησεν εἰς πόλιν λεγομένην Ναζαρέτ ὅπως πληρωθῇ τὸ ῥηθὲν διὰ τῶν προφητῶν ὅτι Ναζαραῖος κληθήσεται

9 μακάριος ὁ ἀναγινώσκων καὶ οἱ ἀκούοντες τοὺς λόγους τῆς προφητείας καὶ τηροῦντες τὰ ἐν αὐτῇ γεγραμμένα, ὁ γὰρ καιρὸς ἐγγύς

Capítulo 58

Ejercicio 105: Participio (uso semítico)
Traduce las siguientes oraciones.

1. Ἀπεκρίθη ἡ γυνὴ καὶ εἶπεν αὐτῷ, Οὐκ ἔχω ἄνδρα. Λέγει αὐτῇ ὁ Ἰησοῦς, καλῶς εἶπας ὅτι ἄνδρα οὐκ ἔχω.

2. Ἐκεῖθεν δὲ ἀναστὰς (Participio de ἵστημι) ἀπῆλθεν εἰς τὰ ὅρια Τύρου

3. Διὰ τοῦτο ἐν παραβολαῖς αὐτοῖς λαλῶ ὅτι βλέποντες οὐ βλέπουσιν καὶ ἀκούοντες οὐκ ἀκούουσιν

4. (...) ὁ Φαρισαῖος ὁ καλέσας αὐτὸν εἶπεν ἐν ἑαυτῷ λέγων, (...)

5. (...) Εὐλογῶν εὐλογήσω σε καὶ πληθύνων πληθυνῶ σε

6. Αὐτὸς γὰρ ὁ Ἡρῴδης ἀποστείλας ἐκράτησεν τὸν Ἰωάννην καὶ ἔδησεν αὐτὸν ἐν φυλακῇ διὰ Ἡρῳδιάδα τὴν γυναῖκα Φιλίππου τοῦ ἀδελφοῦ αὐτοῦ ὅτι αὐτὴν ἐγάμησεν

7. Καὶ ἀποκριθεὶς (ὁ Ἰησοῦς) εἶπεν αὐτοῖς, πορευθέντες ἀπαγγείλατε Ἰωάννῃ ἃ (...) ἠκούσατε, τυφλοὶ ἀναβλέπουσιν καὶ χωλοὶ περιπατοῦσιν, λεπροὶ καθαρίζονται καὶ κωφοὶ ἀκούουσιν, νεκροὶ ἐγείρονται, πτωχοὶ εὐαγγελίζονται

8. Πάλιν οὖν αὐτοῖς ἐλάλησεν ὁ Ἰησοῦς λέγων, ἐγώ εἰμι τὸ φῶς τοῦ κόσμου, ὁ ἀκολουθῶν ἐμοὶ οὐ μὴ περιπατήσῃ ἐν τῇ σκοτίᾳ ἀλλ' ἕξει τὸ φῶς τῆς ζωῆς

Capítulo 59

Ejercicio 106: Participios (uso adverbial)
Traduce las siguientes oraciones.

1. πῶς οὖν ἐλογίσθη; ἐν περιτομῇ ὄντι ἢ ἐν ἀκροβυστίᾳ; οὐκ ἐν περιτομῇ ἀλλ' ἐν ἀκροβυστίᾳ

2. καὶ περιῆγεν ὁ Ἰησοῦς τὰς πόλεις πάσας καὶ τὰς κώμας διδάσκων ἐν ταῖς συναγωγαῖς αὐτῶν καὶ κηρύσσων τὸ εὐαγγέλιον τῆς βασιλείας καὶ θεραπεύων πᾶσαν νόσον καὶ πᾶσαν μαλακίαν.

3. γινώσκετε γὰρ τὴν χάριν τοῦ κυρίου ἡμῶν Ἰησοῦ Χριστοῦ ὅτι δι' ὑμᾶς ἐπτώχευσεν πλούσιος ὤν ἵνα ὑμεῖς τῇ ἐκείνου πτωχείᾳ πλουτήσητε

4. καὶ ἐβαπτίζοντο ἐν τῷ Ἰορδάνῃ ποταμῷ ὑπ' αὐτοῦ ἐξομολογούμενοι τὰς ἁμαρτίας αὐτῶν

5. ὅτι πᾶν κτίσμα θεοῦ καλὸν καὶ οὐδὲν ἀπόβλητον μετὰ εὐχαριστίας λαμβανόμενον

6. νυνὶ δὲ πορεύομαι εἰς Ἰερουσαλὴμ διακονῶν τοῖς ἁγίοις

7. Ἰωσὴφ δὲ ὁ ἀνὴρ αὐτῆς, δίκαιος ὢν καὶ μὴ θέλων αὐτὴν δειγματίσαι, ἐβουλήθη λάθρᾳ ἀπολῦσαι αὐτήν

8. πορευθέντες οὖν μαθητεύσατε πάντα τὰ ἔθνη βαπτίζοντες αὐτοὺς εἰς τὸ ὄνομα τοῦ πατρὸς καὶ τοῦ υἱοῦ καὶ τοῦ ἁγίου πνεύματος διδάσκοντες αὐτοὺς τηρεῖν πάντα ὅσα ἐνετειλάμην ὑμῖν

9. ταῦτα εἰπὼν ἔπτυσεν χαμαὶ καὶ ἐποίησεν πηλὸν ἐκ τοῦ πτύσματος καὶ ἐπέχρισεν αὐτοῦ τὸν πηλὸν ἐπὶ τοὺς ὀφθαλμοὺς

10. ἀπέχεσθαι εἰδωλοθύτων καὶ αἵματος καὶ πνικτῶν καὶ πορνείας, ἐξ ὧν διατηροῦντες ἑαυτοὺς εὖ πράξετε

11. καὶ προσελθόντες οἱ Φαρισαῖοι καὶ Σαδδουκαῖοι πειράζοντες ἐπηρώτησαν αὐτὸν σημεῖον ἐκ τοῦ οὐρανοῦ ἐπιδεῖξαι αὐτοῖς

12. ἡ γὰρ σωματικὴ γυμνασία πρὸς ὀλίγον ἐστὶν ὠφέλιμος, ἡ δὲ εὐσέβεια πρὸς πάντα ὠφέλιμος ἐστιν ἐπαγγελίαν ἔχουσα ζωῆς τῆς νῦν καὶ τῆς μελλούσης

13. Περιπατῶν δὲ παρὰ τὴν θάλασσαν τῆς Γαλιλαίας εἶδεν δύο ἀδελφούς, Σίμωνα τὸν λεγόμενον Πέτρον καὶ Ἀνδρέαν τὸν ἀδελφὸν αὐτοῦ, βάλλοντας ἀμφίβληστρον εἰς τὴν θάλασσαν

14. πλὴν ἀγαπᾶτε τοὺς ἐχθροὺς ὑμῶν καὶ ἀγαθοποιεῖτε καὶ δανίζετε μηδὲν ἀπελπίζοντες καὶ ἔσται ὁ μισθὸς ὑμῶν πολύς καὶ ἔσεσθε υἱοὶ ὑψίστου

15. ἐν δὲ ταῖς ἡμέραις ἐκείναις παραγίνεται Ἰωάννης ὁ βαπτιστὴς κηρύσσων ἐν τῇ ἐρήμῳ τῆς Ἰουδαίας

Capítulo 60

Ejercicio 107: Participios (genitivo absoluto)
Traduce las siguientes oraciones.

1. Εἶπεν δὲ ὁ Πέτρος, ἄνθρωπε, οὐκ οἶδα ὃ λέγεις καὶ παραχρῆμα ἔτι λαλοῦντος αὐτοῦ ἐφώνησεν ἀλέκτωρ

2. ὑπὲρ Χριστοῦ οὖν πρεσβεύομεν ὡς τοῦ θεοῦ παρακαλοῦντος δι' ἡμῶν

3. Ἀκούοντος δὲ παντὸς τοῦ λαοῦ εἶπεν τοῖς μαθηταῖς, προσέχετε (...)

4. λυόντων δὲ αὐτῶν τὸν πῶλον εἶπαν οἱ κύριοι αὐτοῦ πρὸς αὐτούς, τί λύετε τὸν πῶλον;

5. ἄρα οὖν ζῶντος τοῦ ἀνδρὸς μοιχαλὶς χρηματίσει, (...)

6. Καὶ πληρωθέντων ἐτῶν τεσσεράκοντα ὤφθη (= ἐφανερώθη) αὐτῷ ἐν τῇ ἐρήμῳ τοῦ ὄρους Σινᾶ ἄγγελος ἐν φλογὶ πυρὸς βάτου

7. Προκηρύξαντος Ἰωάννου πρὸ προσώπου τῆς εἰσόδου αὐτοῦ βάπτισμα μετανοίας παντὶ τῷ λαῷ Ἰσραήλ

Capítulo 61

Ejercicio 108: Verbos en -μι *(verbos nasales)*
Identifica el modo, voz, tiempo, persona, número y léxica de la palabra y traduce las formas.

	Forma	Modo	Voz	Tiem	Pers	Núm	Léxica	Traducción
1	ἐπιδείξατε							
2	ῥήγνυνται							
3	μεμιγμένην							
4	ἐνδεικνυμένους							
5	ὑποδείξω							
6	ἀπολοῦνται							
7	ὀμνύειν							
8	ἀπολῶ							
9	δεῖξον							
10	διαρρήξαντες							
11	ὤμοσα							
12	ῥήσσει							
13	ἀπολέσαι							
14	ἐζώννυες							
15	ὤμοσεν							
16	κατέαξεν							
17	ὀμόσῃ							
18	ἔδειξεν							
19	ἀπολέσει							
20	συνέζευξεν							
21	διέζωσεν							
22	σβέννυται							
23	ἔστρωσαν							
24	ἀπολέσῃ							
25	ἀπολλυμένοις							
26	κρεμάσαντες							
27	ἀπώλοντο							
28	συνεκέρασεν							
29	σβέσει							
30	ἀπολέσθαι							

Capítulo 62

Ejercicio 109: Verbos en -μι (verbos radicales)
Identifica el modo, voz, tiempo, persona, número y léxica de la palabra y traduce las formas.

	Forma	Modo	Voz	Tiem	Pers	Núm	Léxica	Traducción
1	ἔφη							
2	ἔξεστιν							
3	κεῖται							
4	ἐκάθητο							
5	προκειμένης							
6	ἀντίκειται							
7	παρεῖναι							
8	ἐπέκειντο							
9	καθήμενος							
10	ἔκειτο							
11	ἀποκειμένην							
12	παρόντος							
13	ἀνακειμένων							
14	φασίν							
15	κατακείμενον							
16	κάθου							
17	πάρεστιν							
18	κειμένην							
19	παράκειται							
20	φημί							
21	συνανακειμένους							
22	παρῆσαν							
23	ἀντικείμενος							
24	καθῆσθαι							
25	συνανέκειντο							
26	κείμενα							
27	καθήμενοι							
28	φησίν							
29	ἐπικεῖσθαι							
30	παρών							

Capítulo 63

Ejercicio 110: Verbos en -μι: διδωμι
Identifica el modo, voz, tiempo, persona y número de la palabra y traduce las formas.

	Forma	Modo	Voz	Tiem	Pers	Núm	Léxica	Traducción
1	δώσω						διδωμι	
2	δοῦναι						διδωμι	
3	ἔδωκεν						διδωμι	
4	ἐδώθη						διδωμι	
5	ἐδίδου						διδωμι	
6	δοθεῖσαν						διδωμι	
7	δοθήσεται						διδωμι	
8	δός						διδωμι	
9	δούς						διδωμι	
10	δέδωκεν						διδωμι	
11	δίδωμι						διδωμι	
12	ἔδωκας						διδωμι	
13	διδόντες						διδωμι	
14	δέδοται						διδωμι	
15	δοθῆναι						διδωμι	
16	δότε						διδωμι	
17	δίδωσιν						διδωμι	
18	δῷ						διδωμι	
19	δώσουσιν						διδωμι	
20	διδόντι						διδωμι	
21	δοθέντος						διδωμι	
22	δώσει						διδωμι	
23	διδόναι						διδωμι	
24	ἐδίδουν						διδωμι	
25	δῶτε						διδωμι	
26	ἔδωκαν						διδωμι	
27	δώσῃ						διδωμι	
28	δεδομένον						διδωμι	
29	δέδωκας						διδωμι	
30	δεδώκεισαν						διδωμι	
31	διδούς						διδωμι	
32	δίδου						διδωμι	
33	δόντα						διδωμι	

Ejercicio 111: verbos en -μι: τίθημι
Identifica el modo, voz, tiempo, persona y número de la palabra y traduce las formas.

	Forma	Modo	Voz	Tiem	Pers	Núm	Léxica	Traducción
1	τίθημι						τιθημι	
2	ἔθηκαν						τιθημι	
3	ἐτίθει						τιθημι	
4	θέντος						τιθημι	
5	ἔθεντο						τιθημι	
6	τίθησιν						τιθημι	
7	ἔθηκεν						τιθημι	
8	τίθεται						τιθημι	
9	θῇ						τιθημι	
10	τιθέτω						τιθημι	
11	ἔθου						τιθημι	
12	Τιθέντες						τιθημι	
13	ἔθετο						τιθημι	
14	τιθέασιν						τιθημι	
15	θήσω						τιθημι	
16	ἔθηκα						τιθημι	
17	θείς						τιθημι	
18	τιθέναι						τιθημι	
19	θέσθε						τιθημι	
20	θέμενος						τιθημι	
21	θῶ						τιθημι	
22	ἐτέθησαν						τιθημι	
23	τιθείς						τιθημι	
24	θεῖναι						τιθημι	
25	θήσει						τιθημι	
26	ἔθηκας						τιθημι	
27	τέθεικα						τιθημι	
28	ἐτέθην						τιθημι	
29	τεθῇ						τιθημι	
30	τεθεικώς						τιθημι	

Ejercicio 112: Verbos en -μι: ἵημι
Identifica el modo, voz, tiempo, persona, número y léxica de la palabra y traduce las formas.

	Forma	Modo	Voz	Tiem	Pers	Núm	Léxica	Traducción
1	ἄφετε							
2	συνῆκαν							
3	ἀφιέναι							
4	καθιέμενον							
5	ἀφήσω							
6	ἀφῆκεν							
7	συνήκατε							
8	ἀφίεται							
9	συνιοῦσιν							
10	ἤφιεν							
11	ἄφες							
12	ἀφίεμεν							
13	ἀνιέντες							
14	ἀφῇ							
15	συνιέναι							
16	ἀφήκαμεν							
17	συνήσουσιν							
18	ἀφείς							
19	καθῆκαν							
20	ἀφίετε							
21	συνιῶσιν							
22	ἀφήσουσιν							
23	ἀφῆτε							
24	συνῆτε							
25	ἀφίησιν							
26	ἀφήσει							
27	ἀνέντες							
28	ἀφίημι							
29	συνίετε							
30	ἀφῆκαν							
31	συνιῶσιν							
32	ἀφέντες							
33	ἀφεθῇ							

Ejercicio 113: Verbos en -μι: ἵστημι
Identifica el modo, voz, tiempo, persona, número y léxica de la palabra y traduce las formas.

	Forma	Modo	Voz	Tiem	Pers	Núm	Léxica	Traducción
1	ἔστη							
2	ἀνθίστανται							
3	ἀνθέστηκεν							
4	εἱστήκει							
5	ἕστηκεν							
6	ἀνθίστατο							
7	ἀνθιστῆναι							
8	μετέστησεν							
9	ἔστησαν							
10	παραστῆσαι							
11	σταθέντες							
12	παρέστη							
13	παριστάνετε							
14	ἑστώς							
15	ἀναστάς							
16	στάς							
17	ἀνέστη							
18	εἱστήκεισαν							
19	ἑστῶτες							
20	ἀνάστηθι							
21	ἑστήκατε							
22	ἀνιστάμενος							
23	σταθείς							
24	ἐξέστησαν							
25	ἑστάναι							
26	ἐπιστάς							
27	σταθήσεται							
28	ἀφίστασο							
29	ἐπίστασθε							
30	στῆθι							
31	καθίσταται							
32	ἑστηκότες							
33	ἐξίσταντο							

Ejercicio 114: διδωμι
Traduce las siguientes oraciones.

1	δώσω σοὶ τὰς κλεῖδας τῆς βασιλείας τῶν οὐρανῶν, καὶ ὃ ἐὰν δήσῃς ἐπὶ τῆς γῆς, ἔσται δεδεμένον ἐν τοῖς οὐρανοῖς, καὶ ὃ ἐὰν λύσῃς ἐπὶ τῆς γῆς, ἔσται λελυμένον ἐν τοῖς οὐρανοῖς
2	καὶ ἔλεγον αὐτῷ· ἐν ποίᾳ ἐξουσίᾳ ταῦτα ποιεῖς; ἢ τίς σοι ἔδωκεν τὴν ἐξουσίαν ταύτην ἵνα ταῦτα ποιῇς;
3	ὅτι ὁ νόμος διὰ Μωϋσέως ἐδόθη, ἡ χάρις καὶ ἡ ἀλήθεια διὰ Ἰησοῦ Χριστοῦ ἐγένετο
4	καὶ εἶπεν αὐτῷ ὁ διάβολος· σοὶ δώσω τὴν ἐξουσίαν ταύτην ἅπασαν καὶ τὴν δόξαν αὐτῶν ὅτι ἐμοὶ παραδέδοται καὶ ᾧ ἐὰν θέλω δίδωμι αὐτήν
5	καὶ ἐπλήσθησαν πάντες πνεύματος ἁγίου καὶ ἤρξαντο λαλεῖν ἑτέραις γλώσσαις καθὼς τὸ πνεῦμα ἐδίδου ἀποφθέγγεσθαι αὐτοῖς
6	Εἰ δέ τις ὑμῶν λείπεται σοφίας, αἰτείτω παρὰ τοῦ διδόντος θεοῦ πᾶσιν ἁπλῶς καὶ μὴ ὀνειδίζοντος καὶ δοθήσεται αὐτῷ
7	Καὶ ἐδόθη αὐτῷ δοῦναι πνεῦμα τῇ εἰκόνι τοῦ θηρίου ἵνα καὶ λαλήσῃ ἡ εἰκὼν τοῦ θηρίου καὶ ποιήσῃ ἵνα ὅσοι ἐὰν μὴ προσκυνήσωσιν τῇ εἰκόνι τοῦ θηρίου ἀποκτανθῶσιν (sean matados)

8 ἔφη αὐτῷ ὁ Ἰησοῦς εἰ θέλεις τέλειος εἶναι, ὕπαγε πώλησόν σοῦ τὰ ὑπάρχοντα καὶ δὸς τοῖς πτωχοῖς καὶ ἕξεις θησαυρὸν ἐν οὐρανοῖς καὶ δεῦρο ἀκολούθει μοι

9 ὁ δὲ θεὸς δίδωσιν αὐτῷ σῶμα καθῶς ἠθέλησεν καὶ ἑκάστῳ τῶν σπερμάτων ἴδιον σῶμα

10 ὁ πατὴρ ἀγαπᾷ τὸν υἱὸν καί πάντα δέδωκεν ἐν τῇ χειρὶ αὐτοῦ. Ὁ πιστεύων εἰς τὸν υἱὸν ἔχει ζωὴν αἰώνιον

Ejercicio 115: τιθημι
Traduce las siguientes oraciones.

1. προσέχετε ἑαυτοῖς καὶ παντὶ τῷ ποιμνίῳ, ἐν ᾧ ὑμᾶς τὸ πνεῦμα τὸ ἅγιον ἔθετο ἐπισκόπους ποιμαίνειν τὴν ἐκκλησίαν τοῦ θεοῦ, ἣν περιεποιήσατο διὰ τοῦ αἵματος τοῦ ἰδίου

2. ἡ δὲ Μαρία ἡ Μαγδαληνὴ καὶ Μαρία ἡ Ἰωσῆτος ἐθεώρουν ποῦ τέθειται

3. ἔγραψεν δὲ καὶ τίτλιον ὁ Πιλᾶτος καὶ ἔθηκεν ἐπὶ τοῦ σταυροῦ

4. Καὶ λέγει αὐτῷ, πᾶς ἄνθρωπος πρῶτον τὸν καλὸν οἶνον τίθησιν καὶ ὅταν μεθυσθῶσιν τὸν ἐλάσσω. Σὺ τετήρηκας τὸν καλὸν οἶνον ἕως ἄρτι

5. Καὶ εἶπεν, ποῦ τεθείκατε αὐτόν; λέγουσιν αὐτῷ, κύριε, ἔρχου καὶ ἴδε (ve)

6. ζητεῖτε δὲ πρῶτον τὴν βασιλείαν τοῦ θεοῦ καὶ τὴν δικαιοσύνην αὐτοῦ καὶ ταῦτα πάντα προστεθήσεται ὑμῖν

7. καὶ οἱ στρατιῶται πλέξαντες στέφανον ἐξ ἀκανθῶν ἐπέθηκαν αὐτοῦ τῇ κεφαλῇ καὶ ἱμάτιον πορφυροῦν περιέβαλον αὐτὸν

8. Θαυμάζω ὅτι οὕτως ταχέως μετατίθεσθε ἀπὸ τοῦ καλέσαντος ὑμᾶς ἐν χάριτι Χριστοῦ εἰς ἕτερον εὐαγγέλιον

9 Ταύτην τὴν παραγγελίαν παρατίθεμαί σοι, τέκνον Τιμόθεε, κατὰ τὰς προαγούσας ἐπὶ σε προφητείας ἵνα στρατεύῃ ἐν αὐταῖς τὴν καλὴν στρατείαν

10 ὃν προέθετο ὁ θεός ἱλαστήριον διὰ τῆς πίστεως ἐν τῷ αὐτοῦ αἵματι εἰς ἔνδειξιν τῆς δικαιοσύνης αὐτοῦ

Ejercicio 116: ἵημι
Traduce las siguientes oraciones.

1. καὶ θεωρεῖ τὸν οὐρανὸν ἀνεῳγμένον καὶ καταβαῖνον σκεῦός τι ὡς ὀθόνην μεγάλην τέσσαρσιν ἀρχαῖς καθιέμενον ἐπὶ τῆς γῆς

2. Τότε ἀποκριθεὶς ὁ Πέτρος εἶπεν αὐτῷ, Ἰδοὺ ἡμεῖς ἀφήκαμεν πάντα καὶ ἠκολουθήσαμέν σοι. Τί ἄρα ἔσται ἡμῖν;

3. Καὶ πᾶς ὃς ἐρεῖ λόγον εἰς τὸν υἱὸν τοῦ ἀνθρώπου, ἀφεθήσεται αὐτῷ, τῷ δὲ εἰς τὸ ἅγιον πνεῦμα βλασφημήσαντι οὐκ ἀφεθήσεται

4. Τότε δύο ἔσονται ἐν τῷ ἀγρῷ, εἷς παραλαμβάνεται καὶ εἷς ἀφίεται

5. τοῖς δὲ γεγαμηκόσιν παραγγέλλω, οὐκ ἐγὼ ἀλλὰ ὁ κύριος, γυναῖκα ἀπὸ ἀνδρὸς μὴ χωρισθῆναι, -ἐὰν δὲ καὶ χωρισθῇ, μενέτω ἄγαμος ἢ τῷ ἀνδρὶ καταλλαγήτω, καὶ ἄνδρα γυναῖκα μὴ ἀφιέναι

6. ὡς οὖν ἔγνω ὁ Ἰησοῦς ὅτι ἤκουσαν οἱ Φαρισαῖοι ὅτι Ἰησοῦς πλείονας μαθητὰς ποιεῖ καὶ βαπτίζει ἢ Ἰωάννης-καίτοιγε Ἰησοῦς αὐτὸς οὐκ ἐβάπτιζεν ἀλλ' οἱ μαθηταὶ αὐτοῦ ἀφῆκεν τὴν Ἰουδαίαν καὶ ἀπῆλθεν πάλιν εἰς τὴν Γαλιλαίαν

7. Κατὰ δὲ τὸ μεσονύκτιον Παῦλος καὶ Σιλᾶς προσευχόμενοι ὕμνουν τὸν θεόν, ἐπηκροῶντο δὲ αὐτῶν οἱ δέσμιοι. Ἄφνω δὲ σεισμὸς ἐγένετο μέγας ὥστε σαλευθῆναι τὰ θεμέλια τοῦ δεσμωτηρίου. Ἠνεῴχθησαν δὲ παραχρῆμα αἱ θύραι πᾶσαι καὶ πάντων τὰ δεσμὰ ἀνέθη.

Ejercicio 117: ἵστημι
Traduce las siguientes oraciones.

1. ἐζήτουν οὖν τὸν Ἰησοῦν καὶ ἔλεγον μετ' ἀλλήλων ἐν τῷ ἱερῷ ἑστηκότες, τί δοκεῖ ὑμῖν; ὅτι οὐ μὴ ἔλθῃ εἰς τὴν ἑορτήν;

2. ἐπιβλέψητε δὲ ἐπὶ τὸν φοροῦντα τὴν ἐσθῆτα τὴν λαμπρὰν καὶ εἴπητε, Σὺ κάθου ὧδε καλῶς, καὶ τῷ πτωχῷ εἴπητε, Σὺ στῆθι ἐκεῖ ἢ κάθου ὑπὸ τὸ ὑποπόδιόν μου

3. Σταθεὶς δὲ ὁ Πέτρος σὺν τοῖς ἕνδεκα ἐπῆρεν τὴν φωνὴν αὐτοῦ καὶ ἀπεφθέγξατο αὐτοῖς, ἄνδρες Ἰουδαῖοι καὶ οἱ κατοικοῦντες Ἰερουσαλὴμ πάντες, (...)

4. σὺ τίς εἶ ὁ κρίνων ἀλλότριον οἰκέτην; τῷ ἰδίῳ κυρίῳ στήκει ἢ πίπτει. Σταθήσεται δέ, δυνατεῖ γὰρ ὁ κύριος στῆσαι αὐτόν

5. καὶ ὅταν προσεύχησθε, οὐκ ἔσεσθε ὡς οἱ ὑποκριταί, ὅτι φιλοῦσιν ἐν ταῖς συναγωγαῖς καὶ ἐν ταῖς γωνίαις τῶν πλατειῶν ἑστῶτες προσεύχεσθαι, ὅπως φανῶσιν τοῖς ἀνθρώποις.

6. χάρις ὑμῖν καὶ εἰρήνη ἀπὸ θεοῦ πατρὸς ἡμῶν καὶ κυρίου Ἰησοῦ Χριστοῦ τοῦ δόντος ἑαυτὸν ὑπὲρ τῶν ἁμαρτιῶν ἡμῶν, ὅπως ἐξέληται ἡμᾶς ἐκ τοῦ αἰῶνος τοῦ ἐνεστῶτος πονηροῦ κατὰ τὸ θέλημα τοῦ θεοῦ καὶ πατρὸς ἡμῶν

7. καὶ συναχθήσονται ἔμπροσθεν αὐτοῦ πάντα τὰ ἔθνη, καὶ ἀφορίσει αὐτοὺς ἀπ' ἀλλήλων, ὥσπερ ὁ ποιμὴν ἀφορίζει τὰ πρόβατα ἀπὸ τῶν ἐρίφων καὶ στήσει τὰ μὲν πρόβατα ἐκ δεξιῶν αὐτοῦ, τὰ δὲ ἐρίφια ἐξ εὐωνύμων

Capítulo 64

Ejercicio 118: Genitivo
Traduce las siguientes oraciones.

1. Παῦλος δοῦλος Χριστοῦ Ἰησοῦ, κλητὸς ἀπόστολος, ἀφωρισμένος εἰς εὐαγγέλιον θεοῦ

2. Ἐν τῇ οἰκίᾳ τοῦ πατρός μου μοναὶ πολλαί εἰσιν

3. ἐδηλώθη γάρ μοι περὶ ὑμῶν, ἀδελφοί μου, ὑπὸ τῶν Χλόης ὅτι ἔριδες ἐν ὑμῖν εἰσιν

4. Βλέπετε, ἀδελφοί, μήποτε ἔσται ἔν τινι ὑμῶν καρδία πονηρὰ ἀπιστίας

5. Οἱ δὲ ἄλλοι μαθηταὶ (ἐν) τῷ πλοιαρίῳ ἦλθον, οὐ γὰρ ἦσαν μακρὰν ἀπὸ τῆς γῆς ἀλλὰ ὡς ἀπὸ πηχῶν διακοσίων, σύροντες τὸ δίκτυον τῶν ἰχθύων

6. Ἐγώ εἰμι ἡ θύρα τῶν προβάτων

7. Ἀλλὰ ἔγνωκα (conozco) ὑμᾶς ὅτι τὴν ἀγάπην τοῦ θεοῦ οὐκ ἔχετε ἐν ἑαυτοῖς

8. Τίς ἡμᾶς χωρίσει ἀπὸ τῆς ἀγάπης τοῦ Χριστοῦ;

9. Καὶ πρὸς οὐδεμίαν αὐτῶν ἐπέμφθη Ἠλίας εἰ μὴ εἰς Σάρεπτα τῆς Σιδωνίας

10. Καὶ ἐὰν ἑπτάκις τῆς ἡμέρας ἁμαρτήσῃ εἰς σὲ καὶ ἑπτάκις ἐπιστρέψῃ πρὸς σὲ λέγων, μετανοῶ, ἀφήσεις αὐτῷ

11. Ὅτι ἦτε (ἐν) τῷ καιρῷ ἐκείνῳ χωρὶς Χριστοῦ, ἀπηλλοτριωμένοι τῆς πολιτείας τοῦ Ἰσραὴλ καὶ ξένοι τῶν διαθηκῶν τῆς ἐπαγγελίας

12. Οὐκ ἔστιν δοῦλος μείζων τοῦ κυρίου αὐτοῦ οὐδὲ ἀπόστολος μείζων τοῦ πέμψαντος αὐτόν

Capítulo 65

Ejercicio 119: Dativo
Traduce las siguientes oraciones.

1	οὐδεὶς γὰρ ἡμῶν ἑαυτῷ ζῇ καὶ οὐδεὶς ἑαυτῷ ἀποθνῄσκει, ἐάν τε γὰρ ζῶμεν τῷ κυρίῳ ζῶμεν, ἐάν τε ἀποθνῄσκομεν, τοῦ κυρίου ἀποθήσκομεν.
2	Εἶπεν δὲ Πέτρος, ἀργύριον καὶ χρυσίον οὐχ ὑπάρχει μοι, ὃ δὲ ἔχω τοῦτό σοι δίδωμι
3	οἵτινες ἀπεθάνομεν τῇ ἁμαρτίᾳ, πῶς ἔτι ζήσομεν ἐν αὐτῇ;
4	Καὶ παραδώσουσιν αὐτὸν τοῖς ἔθνεσιν εἰς τὸ ἐμπαῖξαι καὶ μαστιγῶσαι καὶ σταυρῶσαι καὶ τῇ τρίτῃ ἡμέρᾳ ἐγερθήσεται
5	Μακάριοι οἱ καθαροὶ τῇ καρδίᾳ
6	ὥσπερ γὰρ ὑμεῖς ποτε ἠπειθήσατε τῷ θεῷ, νῦν δὲ ἠλεήθητε τῇ τούτων ἀπειθείᾳ
7	Ἄρατε τὸν ζυγόν μου ἐφ' ὑμᾶς καὶ μάθετε ἀπ' ἐμοῦ ὅτι πραΰς εἰμι καὶ ταπεινὸς τῇ καρδίᾳ, καὶ εὑρήσετε ἀνάπαυσιν ταῖς ψυχαῖς ὑμῶν
8	Μακάριοι οἱ πτωχοὶ τῷ πνεύματι
9	ὑπὲρ Χριστοῦ οὖν πρεσβεύομεν ὡς τοῦ θεοῦ παρακαλοῦντος δι' ἡμῶν. Δεόμεθα ὑπὲρ Χριστοῦ, καταλλάγητε τῷ θεῷ
10	ἀδελφοί, μὴ παιδία γίνεσθε ταῖς φρεσὶν ἀλλὰ τῇ κακίᾳ νηπιάζετε, ταῖς δὲ φρεσὶν τέλειοι γίνεσθε

| 11 | ἐγὼ ἐβάπτισα ὑμᾶς ὕδατι, αὐτὸς δὲ βαπτίσει ὑμᾶς ἐν πνεύματι ἁγίῳ |

| 12 | οὕτως καὶ ὑμεῖς λογίζεσθε ἑαυτοὺς νεκροὺς μὲν τῇ ἁμαρτίᾳ ζῶντας δὲ τῷ θεῷ ἐν Χριστῷ Ἰησοῦ |

| 13 | καὶ στραφεὶς πρὸς τὴν γυναῖκα τῷ Σίμωνι ἔφη, βλέπεις ταύτην τὴν γυναῖκα; εἰσῆλθόν σου εἰς τὴν οἰκίαν, ὕδωρ μοι ἐπὶ πόδας οὐκ ἔδωκας. αὕτη δὲ τοῖς δάκρυσιν ἔβρεξέν μου τοὺς πόδας καὶ ταῖς θριξὶν αὐτῆς ἐξέμαξεν |

| 14 | (...) εἰς τὸ εἶναι (...) πατέρα περιτομῆς τοῖς οὐκ ἐκ περιτομῆς μόνον ἀλλὰ καὶ τοῖς στοιχοῦσιν τοῖς ἴχνεσιν τῆς ἐν ἀκροβυστίᾳ πίστεως τοῦ πατρὸς ἡμῶν Ἀβραάμ |

Capítulo 66

Ejercicio 120: El verbo λέγω
Identifica el modo, voz, tiempo, persona, número y léxica de la palabra y traduce las formas.

	Forma	Modo	Voz	Tiem	Pers	Núm	Léxica	Traducción
1	εἴρηκα							
2	εἶπον							
3	λέγειν							
4	ἐρεῖ							
5	λεγέτω							
6	εἰπέ							
7	λεγομένην							
8	εἰρηκότος							
9	εἰπεῖν							
10	λέγοντες							
11	λέγεται							
12	ἔλεγον							
13	ἐροῦσιν							
14	εἰπών							
15	εἰρημένον							
16	καταλεγέσθω							
17	ἀντέλεγον							
18	προειρηκέναι							
19	προεῖπον							
20	συλλέγουσιν							

Ejercicio 121: λέγω
Traduce las siguientes oraciones.

1. ὑμᾶς δὲ εἴρηκα φίλους ὅτι πάντα ἃ ἤκουσα παρὰ τοῦ πατρός μου ἐγνώρισα ὑμῖν (Jn 15.15)

2. τὸ βάπτισμα τὸ Ἰωάννου πόθεν ἦν; ἐξ οὐρανοῦ ἢ ἐξ ἀνθρώπων; οἱ δὲ διελογίζοντο ἐν ἑαυτοῖς λέγοντες, ἐὰν εἴπωμεν, ἐξ οὐρανοῦ, ἐρεῖ ἡμῖν, Διὰ τί οὖν οὐκ ἐπιστεύσατε αὐτῷ; (Mt 21.25)

3. οὐ δύναται δὲ ὁ ὀφθαλμὸς εἰπεῖν τῇ χειρί, χρείαν σου οὐκ ἔχω (1Co 12.21)

4. καὶ ἐάν τις ὑμῖν εἴπῃ, τί ποιεῖτε τοῦτο; εἴπατε, ὁ κύριος αὐτοῦ χρείαν ἔχει (Mr 11.3)

5. ἀντὶ τοῦ λέγειν ὑμᾶς, ἐὰν ὁ κύριος θελήσῃ καὶ ζήσομεν καὶ ποιήσομεν τοῦτο ἢ ἐκεῖνο (Stg 4.15)

6. καὶ ἐφοβήθησαν φόβον μέγαν καὶ ἔλεγον πρὸς ἀλλήλους, τίς ἄρα οὗτός ἐστιν ὅτι καὶ ὁ ἄνεμος καὶ ἡ θάλασσα ὑπακούει αὐτῷ; (Mr 4.41)

7. ὅταν γὰρ λέγῃ τις, ἐγὼ μέν εἰμι Παύλου, ἕτερος δέ, ἐγὼ Ἀπολλῷ, οὐκ ἄνθρωποί ἐστε; (1Co 3.4)

8. Εἶπεν δὲ αὐτῷ ὁ διάβολος, εἰ υἱὸς εἶ τοῦ θεοῦ, εἰπὲ τῷ λίθῳ τούτῳ ἵνα γένηται ἄρτος (Lc 4.3)

Capítulo 67

Ejercicio 122: El verbo ἔχω
Identifica el modo, voz, tiempo, persona, número y léxica de la palabra y traduce las formas.

	Forma	Modo	Voz	Tiem	Pers	Núm	Léxica	Traducción
1	ἔχει							
2	ἕξεις							
3	εἶχεν							
4	ἔσχεν							
5	ἔχῃ							
6	ἔχειν							
7	ἔχεις							
8	ἔχοντα							
9	εἶχον							
10	ἔχε							
11	ἐχούσαις							
12	ἐσχήκαμεν							
13	σχῶ							
14	ἔχομεν							
15	προσέχειν							
16	ἀνέξομαι							
17	ἀπέχεσθαι							
18	κατέχετε							
19	μετέσχεν							
20	συνέξουσιν							

Ejercicio 123: ἔχω
Traduce las siguientes oraciones.

1. Τί τὸ ὄφελος, ἀδελφοί μου, ἐὰν πίστιν λέγῃ τις ἔχειν, ἔργα δὲ μὴ ἔχῃ; μὴ δύναται ἡ πίστις σῶσαι αὐτόν; (Stg 2.14)

2. δι' οὗ καὶ τὴν προσαγωγὴν ἐσχήκαμεν εἰς τὴν χάριν ταύτην ἐν ᾗ ἑστήκαμεν καὶ καυχώμεθα ἐπ' ἐλπίδι (Ro 5.2)

3. Τί δὲ ὑμῖν δοκεῖ; ἄνθρωπος εἶχεν τέκνα δύο. Καὶ προσελθὼν τῷ πρώτῳ εἶπεν, τέκνον, ὕπαγε σήμερον, ἐργάζου ἐν τῷ ἀμπελῶνι. Ὁ δὲ ἀποκριθεὶς εἶπεν, οὐ θέλω (Mt 21.28)

4. Τὸ δὲ ἔργον ἑαυτοῦ δοκιμαζέτω ἕκαστος καὶ τότε εἰς ἑαυτὸν μόνον τὸ καύχημα ἕξει καὶ οὐκ εἰς τὸν ἕτερον (Gá 6.4)

5. ἔλεγεν γὰρ ὁ Ἰωάννης αὐτῷ, οὐκ ἔξεστίν σοι ἔχειν αὐτήν (Mt 14.4)

6. Γέγραπται γὰρ ὅτι Ἀβραὰμ δύο υἱοὺς ἔσχεν, ἕνα ἐκ τῆς παιδίσκης καὶ ἕνα ἐκ τῆς ἐλευθέρας (Gá 4.22)

7. Καὶ νῦν, τεκνία, μένετε ἐν αὐτῷ ἵνα ἐὰν φανερωθῇ σχῶμεν παρρησίαν καὶ μὴ αἰσχυνθῶμεν ἀπ' αὐτοῦ ἐν τῇ παρουσίᾳ αὐτοῦ (1Jn 2.28)

Capítulo 68

Ejercicio 124: El verbo ἔρχομαι
Identifica el modo, voz, tiempo, persona, número y léxica de la palabra y traduce las formas.

	Forma	Modo	Voz	Tiem	Pers	Núm	Léxica	Traducción
1	ἔρχεται							
2	ἔλθῃ							
3	ἐλήλυθα							
4	ἐλθέτω							
5	ἐρχόμενος							
6	ἐλθεῖν							
7	ἤρχοντο							
8	ἔρχου							
9	ἐλήλυθεν							
10	ἦλθον							
11	ἔρχεσθαι							
12	ἐληλύθει							
13	ἐλεύσονται							
14	ἤλθομεν							
15	ἐλθόντος							
16	συνερχόμενος							
17	ἀπελεύσομαι							
18	διέλθωμεν							
19	εἰσεληλύθασιν							
20	ἐξελθοῦσα							

Ejercicio 125: ἔρχομαι
Traduce las siguientes oraciones.

1	Ἐὰν δὲ εἴπῃ ὁ δοῦλος ἐκεῖνος ἐν τῇ καρδίᾳ αὐτοῦ, χρονίζει ὁ κύριός μου ἔρχεσθαι καὶ ἄρξηται τύπτειν τοὺς παῖδας καὶ τὰς παιδίσκας, ἐσθίειν τε καὶ πίνειν καὶ μεθύσκεσθαι, (Lc 12.45)
2	Καὶ λέγω τούτῳ, πορεύθητι καὶ πορεύεται καὶ ἄλλῳ, ἔρχου καὶ ἔρχεται καὶ τῷ δούλῳ μου, ποίησον τοῦτο καὶ ποιεῖ (Mt 8.9)
3	Μὴ νομίσητε ὅτι ἦλθον καταλῦσαι τὸν νόμον ἢ τοὺς προφήτας, οὐκ ἦλθον καταλῦσαι ἀλλὰ πληρῶσαι (Mt 5.17)
4	Καὶ δι' ὑμῶν διελθεῖν εἰς Μακεδονίαν καὶ πάλιν ἀπὸ Μακεδονίας ἐλθεῖν πρὸς ὑμᾶς καὶ ὑφ' ὑμῶν προπεμφθῆναι εἰς τὴν Ἰουδαίαν (2Co 1.16)
5	Εἴ τις πεινᾷ, ἐν οἴκῳ ἐσθιέτω ἵνα μὴ εἰς κρίμα συνέρχησθε (1Co 11.34)
6	ἀλλ' ἐγὼ τὴν ἀλήθειαν λέγω ὑμῖν, συμφέρει ὑμῖν ἵνα ἐγὼ ἀπέλθω. Ἐὰν γὰρ μὴ ἀπέλθω, ὁ παράκλητος οὐκ ἐλεύσεται πρὸς ὑμᾶς (Jn 16.7)

Capítulo 69

Ejercicio 126: El verbo ὁράω
Identifica el modo, voz, tiempo, persona, número y léxica de la palabra y traduce las formas.

	Forma	Modo	Voz	Tiem	Pers	Núm	Léxica	Traducción
1	ὁρᾶτε							
2	ἰδού							
3	ὄψεσθε							
4	ἑωράκασιν							
5	ἴδῃ							
6	ἴδε							
7	ὀφθήσεται							
8	ἴδωσιν							
9	ὅρα							
10	ἑώρακας							
11	εἶδον							
12	ἰδών							
13	ὄψει							
14	ἰδόντες							
15	ἑωρῶν							
16	ἰδεῖν							
17	ὤφθησαν							
18	ἑώρακεν							
19	ὁρῶ							
20	ἰδοῦσα							

Ejercicio 127: ὁράω
Traduce las siguientes oraciones.

1. Καὶ ἰδοῦσα τὸν Πέτρον θερμαινόμενον ἐμβλέψασα αὐτῷ λέγει, Καὶ σὺ μετὰ τοῦ Ναζαρηνοῦ ἦσθα τοῦ Ἰησοῦ (Mr 14.67)

2. ὁ μόνος ἔχων ἀθανασίαν, φῶς οἰκῶν ἀπρόσιτον, ὃν εἶδεν οὐδεὶς ἀνθρώπων οὐδὲ ἰδεῖν δύναται. ᾧ τιμὴ καὶ κράτος αἰώνιον, ἀμήν (1Ti 6.16)

3. Οὐκ εἰμὶ ἐλεύθερος; οὐκ εἰμὶ ἀπόστολος; οὐχὶ Ἰησοῦν τὸν κύριον ἡμῶν ἑώρακα; οὐ τὸ ἔργον μου ὑμεῖς ἐστε ἐν κυρίῳ; (1Co 9.1)

4. Καὶ λέγει αὐτῷ ὁ Ἰησοῦς, ὅρα μηδενὶ εἴπῃς, ἀλλὰ ὕπαγε σεαυτὸν δεῖξον τῷ ἱερεῖ (Mt 8.4)

5. ἐγὼ δὲ εἶπα, τίς εἶ, κύριε; ὁ δὲ κύριος εἶπεν, ἐγώ εἰμι Ἰησοῦς ὃν σὺ διώκεις, ἀλλὰ ἀνάστηθι καὶ στῆθι ἐπὶ τοὺς πόδας σου. Εἰς τοῦτο γὰρ ὤφθην σοι, προχειρίσασθαί σε ὑπηρέτην καὶ μάρτυρα ὧν τε εἶδές με, ὧν τε ὀφθήσομαί σοι (Hch 26.15-16)

6. Καὶ ὄψονται τὸ πρόσωπον αὐτοῦ καὶ τὸ ὄνομα αὐτοῦ ἐπὶ τῶν μετώπων αὐτῶν καὶ νὺξ οὐκ ἔσται ἔτι καὶ οὐκ ἔχουσιν χρείαν φωτὸς λύχνου καὶ φωτὸς ἡλίου ὅτι κύριος ὁ θεὸς φωτίσει ἐπ' αὐτοὺς καὶ βασιλεύσουσιν εἰς τοὺς αἰῶνας τῶν αἰώνων (Ap 22.4, 5)

Capítulo 70

Ejercicio 128: El verbo ἐσθίω
Identifica el modo, voz, tiempo, persona, número y léxica de la palabra y traduce las formas.

	Forma	Modo	Voz	Tiem	Pers	Núm	Léxica	Traducción
1	ἐσθίει							
2	ἔφαγον							
3	φάγωσιν							
4	ἐσθίειν							
5	φάγετε							
6	ἐφάγομεν							
7	ἐσθιέτω							
8	φαγεῖν							
9	φάγεσαι							
10	ἐσθίοντες							
11	φάγονται							
12	ἔφαγεν							
13	ἐσθίωσιν							
14	ἤσθιον							
15	κατεσθίοντες							
16	συνήσθιεν							
17	καταφάγῃ							
18	κατάφαγε							
19	συνέφαγες							
20	καταφαγών							

Ejercicio 129: ἐσθίω
Traduce las siguientes oraciones.

1. ὁ ἐσθίων τὸν μὴ ἐσθίοντα μὴ ἐξουθενείτω, ὁ δὲ μὴ ἐσθίων τὸν ἐσθίοντα μὴ κρινέτω (Ro 14.3)

2. ἐν τῷ μεταξὺ ἠρώτων αὐτὸν οἱ μαθηταὶ λέγοντες, Ῥαββι, φάγε. ὁ δὲ εἶπεν αὐτοῖς, ἐγὼ βρῶσιν ἔχω φαγεῖν ἣν ὑμεῖς οὐκ οἴδατε (Jn 4.31–32)

3. μὴ γὰρ οἰκίας οὐκ ἔχετε εἰς τὸ ἐσθίειν καὶ πίνειν; ἢ τῆς ἐκκλησίας τοῦ θεοῦ καταφρονεῖτε, καὶ καταισχύνετε τοὺς μὴ ἔχοντας; τί εἴπω ὑμῖν; ἐπαινέσω ὑμᾶς; ἐν τούτῳ οὐκ ἐπαινῶ (1Co 11.22)

4. ὁ γὰρ ἐσθίων καὶ πίνων κρίμα ἑαυτῷ ἐσθίει καὶ πίνει μὴ διακρίνων τὸ σῶμα (1Co 11.29)

5. καὶ τὰ δέκα κέρατα ἃ εἶδες καὶ τὸ θηρίον οὗτοι μισήσουσιν τὴν πόρνην, καὶ ἠρημωμένην ποιήσουσιν αὐτὴν καὶ γυμνὴν καὶ τὰς σάρκας αὐτῆς φάγονται καὶ αὐτὴν κατακαύσουσιν ἐν πυρί (Ap 17.16)

6. οἱ δὲ ἐσθίοντες ἦσαν ἄνδρες ὡσεὶ πεντακισχίλιοι χωρὶς γυναικῶν καὶ παιδίων (Mt 14.21)

Capítulo 71

Ejercicio 130: El verbo φέρω
Identifica el modo, voz, tiempo, persona, número y léxica de la palabra y traduce las formas.

	Forma	Modo	Voz	Tiem	Pers	Núm	Léxica	Traducción
1	φερομένης							
2	ἐνέγκας							
3	οἴσει							
4	ἤνεγκαν							
5	ἔφερον							
6	ἐνεχθεῖσαν							
7	ἤνεγκεν							
8	φέρε							
9	φέρετε							
10	ἠνέχθη							
11	φέρεσθαι							
12	φέρουσιν							
13	ἀνενεγκεῖν							
14	εἰσενέγκωσιν							
15	ἐξοίσουσιν							
16	ἐπέφερον							
17	προσενήνοχεν							
18	διενέγκῃ							
19	ἀπενεχθῆναι							
20	συνενέγκαντες							

Ejercicio 131: φέρω
Traduce las siguientes oraciones.

1. καὶ λέγει αὐτοῖς, ἀντλήσατε νῦν καὶ φέρετε τῷ ἀρχιτρικλίνῳ. Οἱ δε ἤνεγκαν. (Jn 2.8)

2. ἀμὴν, ἀμὴν λέγω σοι, ὅτε ἦς νεώτερος, ἐζώννυες σεαυτὸν καὶ περιεπάτεις ὅπου ἤθελες. ὅταν δὲ γηράσῃς, ἐκτενεῖς τὰς χεῖράς σου καὶ ἄλλος σε ζώσει καὶ οἴσει ὅπου οὐ θέλεις (Jn 21.18)

3. καὶ ταύτην τὴν φωνὴν ἡμεῖς ἠκούσαμεν ἐξ οὐρανοῦ ἐνεχθεῖσαν σὺν αὐτῷ ὄντες ἐν τῷ ἁγίῳ ὄρει (2P 1.18)

4. καὶ τὸ μὲν σάββατον ἡσύχασαν κατὰ τὴν ἐντολήν, τῇ δὲ μιᾷ τῶν σαββάτων ὄρθρου βαθέως ἐπὶ τὸ μνῆμα ἦλθον φέρουσαι ἃ ἡτοίμασαν ἀρώματα (Lc 24.1)

5. καὶ ἔρχονται φέροντες πρὸς αὐτὸν παραλυτικὸν αἰρόμενον ὑπὸ τεσσάρων (Mr 2.3)

6. μείνατε ἐν ἐμοί, κἀγὼ ἐν ὑμῖν. Καθὼς τὸ κλῆμα οὐ δύναται καρπὸν φέρειν ἀφ' ἑαυτοῦ ἐὰν μὴ μένῃ ἐν τῇ ἀμπέλῳ, οὕτως οὐδὲ ὑμεῖς ἐὰν μὴ ἐν ἐμοί μένητε (Jn 15.4)

Capítulo 72

Ejercicio 132: El verbo αἱρεω
Identifica el modo, voz, tiempo, persona, número y léxica de la palabra y traduce las formas.

	Forma	Modo	Voz	Tiem	Pers	Núm	Léxica	Traducción
1	αἱρήσομαι							
2	εἵλετο							
3	ἀναιρεῖ							
4	ἀφαιρηθήσεται							
5	αἱρούμενος							
6	περιῃρεῖτο							
7	προαιρεῖται							
8	διεῖλεν							
9	καθαιροῦντες							
10	ἔξελε							
11	ἀνεῖλες							
12	ἀφαιρεῖται							
13	ἀφαιρήσεις							
14	ἀφαιρεῖν							
15	καθελῶ							
16	περιελόντες							
17	ἀνῃρέθη							
18	ἐξέλεσθαι							
19	ἀνελεῖν							
20	ἀνεῖλεν							

Ejercicio 133: αἱρέω
Traduce las siguientes oraciones.

1	εἰ δὲ τὸ ζῆν ἐν σαρκί, τοῦτό μοι καρπὸς ἔργου καὶ τί αἱρήσομαι οὐ γνωρίζω (Fil 1.22)
2	ὅτι οὕτως μοι πεποίηκεν κύριος ἐν ἡμέραις αἷς ἐπεῖδεν ἀφελεῖν ὄνειδός μου ἐν ἀνθρώποις (Lc 1.25)
3	εἰ δὲ ὁ ὀφθαλμός σου ὁ δεξιὸς σκανδαλίζει σε, ἔξελε αὐτὸν καὶ βάλε ἀπὸ σοῦ. (Mt 5.29)
4	ἕκαστος καθὼς προῄρηται τῇ καρδίᾳ, μὴ ἐκ λύπης ἢ ἐξ ἀνάγκης, ἱλαρὸν γὰρ δότην ἀγαπᾷ ὁ θεός (2Co 9.7)
5	ἀνεῖλεν δὲ Ἰάκωβον τὸν ἀδελφὸν Ἰωάννου μαχαίρῃ (Hch 12.2)
6	πάντα δὲ ταῦτα ἐνεργεῖ τὸ ἓν καὶ τὸ αὐτὸ πνεῦμα διαιροῦν ἰδίᾳ ἑκάστῳ καθὼς βούλεται (1Co 12.11)

Capítulo 73

Ejercicio 134: Los verbos πασχω, πιπτω, τικτω, τρεχω
Identifica el modo, voz, tiempo, persona, número y léxica de la palabra y traduce las formas.

	Forma	Modo	Voz	Tiem	Pers	Núm	Léxica	Traducción
1	πάσχων							
2	πίπτει							
3	ἔτεκεν							
4	τρέχετε							
5	πέπονθεν							
6	ἐπέπεσεν							
7	πεσεῖν							
8	ἔδραμον							
9	ἔπεσα							
10	πάσχειν							
11	ἐμπεσεῖται							
12	τέξεται							
13	πεπτωκυῖαν							
14	ἔτρεχον							
15	πεπόνθασιν							
16	τεχθείς							
17	πεσοῦνται							
18	ἔπαθεν							
19	προσέπιπτεν							
20	τέκῃ							
21	παθόντος							
22	ἀνάπεσον							
23	τρέχουσιν							
24	καταπίπτειν							
25	παθοῦσα							
26	ἐκπέπτωκας							
27	εἰσδραμοῦσα							
28	τέξῃ							
29	παθεῖν							
30	προέδραμεν							

Ejercicio 135: πάσχω, πίπτω, τίκτω, τρέχω
Traduce las siguientes oraciones.

1. ἀπὸ τότε ἤρξατο ὁ Ἰησοῦς δεικνύειν τοῖς μαθηταῖς αὐτοῦ ὅτι δεῖ αὐτὸν εἰς Ἱεροσόλυμα ἀπελθεῖν καὶ πολλὰ παθεῖν ἀπὸ τῶν πρεσβυτέρων καὶ ἀρχιερέων καὶ γραμματέων καὶ ἀποκτανθῆναι καὶ τῇ τρίτῃ ἡμέρᾳ ἐγερθῆναι (Mt 16.21)

2. λόγον ζωῆς ἐπέχοντες, εἰς καύχημα ἐμοὶ εἰς ἡμέραν Χριστοῦ, ὅτι οὐκ εἰς κενὸν ἔδραμον οὐδὲ εἰς κενὸν ἐκοπίασα (Fil 2.16)

3. καὶ ἔτεκεν υἱόν, ἄρσεν, ὃς μέλλει ποιμαίνειν πάντα τὰ ἔθνη ἐν ῥάβδῳ σιδηρᾷ καὶ ἡρπάσθη τὸ τέκνον αὐτῆς πρὸς τὸν θεὸν καὶ πρὸς τὸν θρόνον αὐτοῦ (Ap 12.5)

4. καὶ ὁ τρίτος ἄγγελος ἐσάλπισεν καὶ ἔπεσεν ἐκ τοῦ οὐρανοῦ ἀστὴρ μέγας καιόμενος ὡς λαμπὰς καὶ ἔπεσεν ἐπὶ τὸ τρίτον τῶν ποταμῶν καὶ ἐπὶ τὰς πηγὰς τῶν ὑδάτων (Ap 8.10)

5. τὰ κρυπτὰ τῆς καρδίας αὐτοῦ φανερὰ γίνεται καὶ οὕτως πεσὼν ἐπὶ πρόσωπον πρσοκυνήσει τῷ θεῷ ἀπαγγέλλων ὅτι ὄντως ὁ θεός ἐν ὑμῖν ἐστιν (1Co 14.25)

6. δραμὼν δέ τις γεμίσας σπόγγον ὄξους περιθεὶς καλάμῳ ἐπότιζεν αὐτὸν λέγων, ἄφετε ἴδωμεν εἰ ἔρχεται Ἡλίας καθελεῖν αὐτόν (Mr 15.36)

7. τέξεται δὲ υἱόν καὶ καλέσεις τὸ ὄνομα αὐτοῦ Ἰησοῦν, αὐτὸς γὰρ σώσει τὸν λαὸν αὐτοῦ ἀπὸ τῶν ἁμαρτιῶν αὐτῶν (Mt 1.21)

8. ἐν ᾧ γὰρ πέπονθεν αὐτὸς πειρασθείς, δύναται τοῖς πειραζομένοις βοηθῆσαι (Heb 2.18)

Capítulo 74

Ejercicio 136: Los verbos con -ν: μανθανω, πινω, αυξανω, ἁμαρτανω *(parte 1)*
Identifica el modo, voz, tiempo, persona, número y léxica de la palabra y traduce las formas.

	Forma	Modo	Voz	Tiem	Pers	Núm	Léxica	Traducción
1	μανθανέτωσαν							
2	πέπωκεν							
3	ηὔξανεν							
4	ἁμαρτάνει							
5	ηὔξησεν							
6	μαθεῖν							
7	ἔπινον							
8	ἁμαρτάνοντες							
9	μάθετε							
10	πίε							
11	αὐξάνει							
12	ἁμάρτῃ							
13	πιεῖν							
14	αὐξάνειν							
15	μεμαθηκώς							
16	πίεσθε							
17	ἁμαρτήσομεν							
18	ἐμάθετε							
19	αὔξει							
20	πίνειν							
21	ἡμαρτήκαμεν							
22	μαθών							
23	πίνητε							
24	ἥμαρτον							
25	αὐξανομένης							
26	πίνων							
27	μανθάνουσιν							
28	πίω							
29	ἁμάρτανε							
30	ἔπιον							

Ejercicio 137: Los verbos con -ν: λαμβανω, βαινω, λανθανω, τυγχανω *(parte 2)*
Identifica el modo, voz, tiempo, persona, número y léxica de la palabra y traduce las formas.

	Forma	Modo	Voz	Tiem	Pers	Núm	Léxica	Traducción
1	εἴληφεν							
2	ἀποβήσεται							
3	ἔλαθεν							
4	μεταβεβήκαμεν							
5	τέτευχεν							
6	προσανάβηθι							
7	ἐλάβετε							
8	ὑπερβαίνειν							
9	λανθάνει							
10	ἀναβαίνει							
11	λήψεται							
12	τυχεῖν							
13	ἐπελάθοντο							
14	ἀναβάς							
15	λαβών							
16	τύχωσιν							
17	διαβῆναι							
18	λανθανέτω							
19	λαμβάνουσιν							
20	καταβαῖνον							
21	ἐπέτυχεν							
22	κατελή(μ)φθην							
23	ἐπιλελησμένον							
24	καταβάντες							
25	συντυχεῖν							
26	συνειληφυῖα							
27	λαθεῖν							
28	ἀνέβη							
29	ἐνέτυχον							
30	προσελάβοντο							

Ejercicio 138: Verbos con -ν
Traduce las siguientes oraciones.

1. φεύγετε τὴν πορνείαν. Πᾶν ἁμάρτημα ὃ ἐὰν ποιήσῃ ἄνθρωπος ἐκτὸς τοῦ σώματός ἐστιν, ὁ δὲ πορνεύων εἰς τὸ ἴδιον σῶμα ἁμαρτάνει (1Co 6.18)

2. ἐκ τούτων γάρ εἰσιν οἱ ἐνδύνοντες εἰς τὰς οἰκίας καὶ αἰχμαλωτίζοντες γυναικάρια σεσωρευμένα ἁμαρτίαις, ἀγόμενα ἐπιθυμίαις ποικίλαις, πάντοτε μανθάνοντα καὶ μηδέποτε εἰς ἐπίγνωσιν ἀληθείας ἐλθεῖν δυνάμενα (2Ti 3.6, 7)

3. εἰ δέ τις χήρα τέκνα ἢ ἔκγονα ἔχει, μανθανέτωσαν πρῶτον τὸν ἴδιον οἶκον εὐσεβεῖν καὶ ἀμοιβὰς ἀποδιδόναι τοῖς προγόνοις, τοῦτο γάρ ἐστιν ἀπόδεκτον ἐνώπιον τοῦ θεοῦ (1Ti 5.4)

4. καὶ ὁ λόγος τοῦ θεοῦ ηὔξανεν καὶ ἐπληθύνετο ὁ ἀριθμὸς τῶν μαθητῶν ἐν Ἰερουσαλὴμ σφόδρα, πολύς τε ὄχλος τῶν ἱερέων ὑπήκουον τῇ πίστει (Hch 6.7)

5. ἓν δὲ τοῦτο μὴ λανθανέτω ὑμᾶς, ἀγαπητοί, ὅτι μία ἡμέρα παρὰ κυρίῳ ὡς χίλια ἔτη καὶ χίλια ἔτη ὡς ἡμέρα μία (2P 3.8)

6. ἐκεῖνος ἐμὲ δοξάσει, ὅτι ἐκ τοῦ ἐμοῦ λήμψεται καὶ ἀναγγελεῖ ὑμῖν. Πάντα ὅσα ἔχει ὁ πατὴρ ἐμά ἐστιν. Διὰ τοῦτο εἶπον ὅτι ἐκ τοῦ ἐμοῦ λαμβάνει καὶ ἀναγγελεῖ ὑμῖν (Jn 16.14–15)

7 ὁ δὲ λέγει αὐτοῖς, διὰ τὴν ὀλιγοπιστίαν ὑμῶν, ἀμὴν γὰρ λέγω ὑμῖν, ἐὰν ἔχητε πίστιν ὡς κόκκον σινάπεως, ἐρεῖτε τῷ ὄρει τούτῳ, μετάβα ἔνθεν ἐκεῖ καὶ μεταβήσεται καὶ οὐδὲν ἀδυνατήσει ὑμῖν (Mt 17.20)

8 ἤδη δὲ τῆς ἑορτῆς μεσούσης ἀνέβη Ἰησοῦς εἰς τὸ ἱερὸν καὶ ἐδίδασκεν, ἐθαύμαζον οὖν οἱ Ἰουδαῖοι λέγοντες, πῶς οὗτος γράμματα οἶδεν μὴ μεμαθηκώς; (Jn 7.14–15)

Capítulo 75

Ejercicio 139: Los verbos con -σκ: ἀποθνησκω, εὑρισκω, διδασκω, γινωσκω
Identifica el modo, voz, tiempo, persona, número y léxica de la palabra y traduce las formas.

	Forma	Modo	Voz	Tiem	Pers	Núm	Léxica	Traducción
1	εὗρεν							
2	τέθνηκεν							
3	ἐδιδάχθητε							
4	γινώσκει							
5	εὑρέθη							
6	διδάξαι							
7	ἀποθνήσκειν							
8	εὑρισκόμεθα							
9	γνούς							
10	δίδασκε							
11	γνῶναι							
12	εὑρών							
13	ἐδίδαξεν							
14	γνώσονται							
15	εὑρήσει							
16	ἀποθάνῃ							
17	διδάσκειν							
18	ἐγνώκαμεν							
19	εὑρηκέναι							
20	ἀπέθανεν							
21	διδάσκων							
22	ἔγνωσαν							
23	εὑρηθησόμεθα							
24	ἀποθανεῖν							
25	γνώτω							
26	ἤρεσεν							
27	γηράσῃς							
28	ἀναμνήσει							
29	πραθῆναι							
30	ὑπεμνήθη							

Ejercicio 140: Verbos con -σκ
Traduce las siguientes oraciones.

1. γυνὴ ἐν ἡσυχίᾳ μανθανέτω ἐν πάσῃ ὑποταγῇ. Διδάσκειν δὲ γυναικὶ οὐκ ἐπιτρέπω, οὐδὲ αὐθεντεῖν ἀνδρός ἀλλ' εἶναι ἐν ἡσυχίᾳ (1Ti 2.11)

2. εἶπον οὖν οἱ Ἰουδαῖοι πρὸς ἑαυτούς, ποῦ οὗτος μέλλει πορεύεσθαι ὅτι ἡμεῖς οὐχ εὑρήσομεν αὐτόν; μὴ εἰς τὴν διασπορὰν τῶν Ἑλλήνων μέλλει πορεύεσθαι καὶ διδάσκειν τοὺς Ἕλληνας; (Jn 7.35)

3. εὑρισκόμεθα δὲ καὶ ψευδομάρτυρες τοῦ θεοῦ ὅτι ἐμαρτυρήσαμεν κατὰ τοῦ θεοῦ ὅτι ἤγειρεν τὸν Χριστόν, ὃν οὐκ ἤγειρεν εἴπερ ἄρα νεκροὶ οὐκ ἐγείρονται (1Co 15.15)

4. ἡ ἐπιστολὴ ἡμῶν ὑμεῖς ἐστε, ἐγγεγραμμένη ἐν ταῖς καρδίαις ἡμῶν γινωσκομένη καὶ ἀναγινωσκομένη ὑπὸ πάντων ἀνθρώπων (2Co 3.2)

5. Καὶ ἐγένετο ἐν τῷ εἶναι αὐτὸν ἐν τόπῳ τινὶ προσευχόμενον, ὡς ἐπαύσατο, εἶπέν τις τῶν μαθητῶν αὐτοῦ πρὸς αὐτόν, κύριε, δίδαξον ἡμᾶς προσεύχεσθαι καθὼς καὶ Ἰωάννης ἐδίδαξεν τοὺς μαθητὰς αὐτοῦ (Lc 11.1)

6. ἀποκριθεὶς δὲ εἷς ὀνόματι Κλεοπᾶς εἶπεν πρὸς αὐτόν, σύ μόνος παροικεῖς Ἰερουσαλὴμ καὶ οὐκ ἔγνως τὰ γενόμενα ἐν αὐτῇ ἐν ταῖς ἡμέραις ταύταις; (Lc 24.18)

7. ἐγὼ δὲ ἀπέθανον καὶ εὑρήθη μοι ἡ ἐντολὴ ἡ εἰς ζωὴν, αὕτη εἰς θάνατον, ἡ γὰρ ἁμαρτία ἀφορμὴν λαβοῦσα διὰ τῆς ἐντολῆς ἐξηπάτησέν με καὶ δι' αὐτῆς ἀπέκτεινεν (Ro 7.10, 11)

8. ἐάν τε γὰρ ζῶμεν, τῷ κυρίῳ ζῶμεν, ἐάν τε ἀποθνῄσκωμεν, τῷ κυρίῳ ἀποθνῄσκομεν, ἐάν τε οὖν ζῶμεν ἐάν τε ἀποθνῄσκωμεν, τοῦ κυρίου ἐσμέν (Ro 14.8)

9. μόλις γὰρ ὑπὲρ δικαίου τις ἀποθανεῖται, ὑπὲρ γὰρ τοῦ ἀγαθοῦ τάχα τις καὶ τολμᾷ ἀποθανεῖν (Ro 5.7)

Capítulo 76

Ejercicio 141: El verbo οἶδα
Identifica el modo, voz, tiempo, persona, número y léxica de la palabra y traduc las formas.

	Forma	Modo	Voz	Tiem	Pers	Núm	Léxica	Traducción
1	οἴδαμεν							
2	ᾔδει							
3	εἰδότες							
4	εἰδήσουσιν							
5	εἰδυῖα							
6	οἴδατε							
7	ᾔδεισαν							
8	εἰδότα							
9	εἰδῇς							
10	εἰδότι							
11	οἶδα							
12	εἰδῶ							
13	ᾔδειτε							
14	εἰδῆτε							
15	οἶδας							
16	εἰδότας							
17	εἰδέναι							
18	οἶδεν							
19	ᾔδειν							
20	εἰδώς							

Ejercicio 142: οἶδα
Traduce las siguientes oraciones.

1. Περὶ δὲ τῶν εἰδωλοθύτων, οἴδαμεν ὅτι πάντες γνῶσιν ἔχομεν, ἡ γνῶσις φυσιοῖ, ἡ δὲ ἀγάπη οἰκοδομεῖ (1Co 8.1)

2. ἡμεῖς δὲ οὐ τὸ πνεῦμα τοῦ κόσμου ἐλάβομεν ἀλλὰ τὸ πνεῦμα τὸ ἐκ τοῦ θεοῦ ἵνα εἰδῶμεν τὰ ὑπὸ τοῦ θεοῦ χαρισθέντα ἡμῖν (1Co 2.12)

3. τοῦτο γάρ ἐστιν θέλημα τοῦ θεοῦ, ὁ ἁγιασμὸς ὑμῶν, ἀπέχεσθαι ὑμᾶς ἀπὸ τῆς πορνείας, εἰδέναι ἕκαστον ὑμῶν τὸ ἑαυτοῦ σκεῦος κτᾶσθαι ἐν ἁγιασμῷ καὶ τιμῇ (1Ts 4.3–4)

4. ὥστε, ἀδελφοί μου ἀγαπητοί, ἑδραῖοι γίνεσθε, ἀμετακίνητοι, περισσεύοντες ἐν τῷ ἔργῳ τοῦ κυρίου πάντοτε, εἰδότες ὅτι ὁ κόπος ὑμῶν οὐκ ἔστιν κενὸς ἐν κυρίῳ (1Co 15.58)

5. εἰδότι οὖν καλὸν ποιεῖν καὶ μὴ ποιοῦντι ἁμαρτία αὐτῷ ἐστιν (Stg 4.17)

6. κἀγὼ οὐκ ᾔδειν αὐτόν, ἀλλ' ἵνα φανερωθῇ τῷ Ἰσραὴλ διὰ τοῦτο ἦλθον ἐγὼ ἐν ὕδατι βαπτίζων (Jn 1.31)

7. οἶδα τὰ ἔργα σου καὶ τὸν κόπον καὶ τὴν ὑπομονήν σου καὶ ὅτι οὐ δύνῃ βαστάσαι κακούς καὶ ἐπείρασας τοὺς λέγοντας ἑαυτοὺς ἀποστόλους καὶ οὐκ εἰσίν καὶ εὗρες αὐτοὺς ψευδεῖς (Ap 2.2)

Capítulo 77

Ejercicio 143: El verbo γίνομαι
Identifica el modo, voz, tiempo, persona, número y léxica de la palabra y traduce las formas.

	Forma	Modo	Voz	Tiem	Pers	Núm	Léxica	Traducción
1	γίνεται							
2	ἐγένετο							
3	γεγενημένα							
4	γενομένης							
5	γίνεσθε							
6	ἐγενήθη							
7	γέγονα							
8	γενόμενος							
9	γίνεσθαι							
10	γενήσεται							
11	ἐγενομην							
12	γινόμενα							
13	γενηθέντες							
14	γεγόναμεν							
15	γίνου							
16	ἐγίνετο							
17	γέγονεν							
18	γινώμεθα							
19	ἐγένου							
20	γένοιτο							

Ejercicio 144: γίνομαι
Traduce las siguientes oraciones.

1. τί γάρ; εἰ ἠπίστησάν τινες, μὴ ἡ ἀπιστία αὐτῶν τὴν πίστιν τοῦ θεοῦ καταργήσει; μὴ γένοιτο, γινέσθω δὲ ὁ θεὸς ἀληθής, πᾶς δὲ ἄνθρωπος ψεύστης (Ro 3.3–4)

2. γίνεσθε ὡς ἐγὼ ὅτι κἀγὼ ὡς ὑμεῖς, ἀδεφοί, δέομαι ὑμῶν (Gá 4.12)

3. καὶ γὰρ ὅτε πρὸς ὑμᾶς ἦμεν, προελέγομεν ὑμῖν ὅτι μέλλομεν θλίβεσθαι καθὼς καὶ ἐγένετο καὶ οἴδατε (1Ts 3.4)

4. ἐγίνετο δὲ πάσῃ ψυχῇ φόβος, πολλά τε τέρατα καὶ σημεῖα διὰ τῶν ἀποστόλων ἐγίνετο (Hch 2.43)

5. ἐγενόμην τοῖς ἀσθενέσιν ἀσθενής, ἵνα τοὺς ἀσθενεῖς κερδήσω, τοῖς πᾶσιν γέγονα πάντα ἵνα πάντως τινὰς σώσω (1Co 9.22)

6. μηδ' ὡς κατακυριεύοντες τῶν κλήρων ἀλλὰ τύποι γινόμενοι τοῦ ποιμνίου (1P 5.3)

7. ἀπεκρίθησαν πρὸς αὐτόν, σπέρμα Ἀβραάμ ἐσμεν καὶ οὐδενὶ δεδουλεύκαμεν πώποτε. Πῶς σὺ λέγεις ὅτι ἐλεύθεροι γενήσεσθε; (Jn 8.33)

Capítulo 78

Ejercicio 145: El verbo εἰμὶ
Identifica el modo, voz, tiempo, persona, número y léxica de la palabra y traduce las formas.

	Forma	Modo	Voz	Tiem	Pers	Núm	Léxica	Traducción
1	εἶ							
2	εἶναι							
3	ἔσεσθαι							
4	εἰσίν							
5	ἔστω							
6	εἴη							
7	ἦμεν							
8	ἐσμέν							
9	ἔσῃ							
10	ἤτω							
11	ἦν							
12	ἐστέ							
13	ὤν							
14	ἔσομαι							
15	οὔσῃ							
16	ὄντος							
17	ἔσονται							
18	ὄντες							
19	ἦσαν							
20	οὖσαν							